Aspekte|neu
Mittelstufe Deutsch

Lehr- und Arbeitsbuch 3, Teil 1

von
Ute Koithan
Helen Schmitz
Tanja Sieber
Ralf Sonntag

Filmseiten von Ralf-Peter Lösche und den Aspekte-Autoren

Ernst Klett Sprachen
Stuttgart

Von: Ute Koithan, Helen Schmitz, Tanja Sieber, Ralf Sonntag
Filmseiten von: Ralf-Peter Lösche und den Aspekte-Autoren

Redaktion: Annerose Remus in Zusammenarbeit mit Cornelia Rademacher
Layout: Andrea Pfeifer
Zeichnungen: Daniela Kohl
Umschlaggestaltung: Studio Schübel, München (Foto Birnbaum: dp@pic – Fotolia.com; Foto Glühbirne: chones – Fotolia.com)

Verlag und Autoren danken Harald Bluhm, Ulrike Moritz und Margret Rodi für die Begutachtung sowie allen Kolleginnen und Kollegen, die *Aspekte | neu* erprobt und mit wertvollen Anregungen zur Entwicklung des Lehrwerks beigetragen haben.

Symbole in Aspekte | neu

🔊 1.2 Hören Sie auf der CD 1 zum Lehrbuch Track 2.

🔊 2 Hören Sie auf der CD zum Arbeitsbuch Track 2.

▶ Ü 1 Hierzu gibt es eine Übung im gleichen Modul im Arbeitsbuch.

P TELC → www Hier gibt es ein Arbeitsblatt zur Prüfung unter www.aspekte.biz

🖱 Rechercheaufgabe

🔑 Zu dieser Übung finden Sie die Lösung im Anhang.

Aspekte	neu 3 – Materialien	
Lehrbuch mit DVD	605034
Lehrbuch	605035
Audio-CDs zum Lehrbuch	605039
Arbeitsbuch mit Audio-CD	605036
Lehr- und Arbeitsbuch 3 mit Audio-CD, Teil 1	605037
Lehr- und Arbeitsbuch 3 mit Audio-CD, Teil 2	605038
Unterrichtshandbuch inkl. Digitalem Unterrichtspaket	605246
Intensivtrainer mit Prüfungstraining (DSH / Test DaF)	605041

www.aspekte.biz
www.klett-sprachen.de/aspekte-neu

Die Audio-CDs zum Lehr- und zum Arbeitsbuch finden Sie als mp3-Download unter www.aspekte.biz im Bereich „Medien". Der Zugangscode lautet Asp&N3 für das Lehrbuch und aS3o*E9 für das Arbeitsbuch.

In einigen Ländern ist es nicht erlaubt, in das Kursbuch hineinzuschreiben. Wir weisen darauf hin, dass die in den Arbeitsanweisungen formulierten Schreibaufforderungen immer auch im separaten Schulheft erledigt werden können.

1. Auflage 1 ¹¹ ¹⁰ ⁹ | 2024 23 22

© Ernst Klett Sprachen GmbH, Rotebühlstraße 77, 70178 Stuttgart, 2017
Erstausgabe erschienen 2016 bei der Klett-Langenscheidt GmbH, München

Das Werk und seine Teile sind urheberrechtlich geschützt. Jede Verwendung in anderen als den gesetzlich zugelassenen Fällen bedarf der vorherigen schriftlichen Einwilligung des Verlags.

Satz und Repro: Satzkasten, Stuttgart
Druck und Bindung: Elanders GmbH, Waiblingen

ISBN 978-3-12-605037-1

Inhalt

Alltägliches 1

Auftakt	Über kurze Geschichten sprechen		8
Modul 1	**Zeitgefühl** Wichtige Aussagen zu einem Interview über das Thema „Zeitempfinden" zusammenfassen	**Grammatik:** Konnektoren *(andernfalls, folglich, außer wenn …)*	10
Modul 2	**Vereine heute** Aussagen über das Engagement in Vereinen verstehen und andere von einem Verein überzeugen	**Strategie:** Gemeinsamkeiten in Äußerungen und Aussagen erkennen	12
Modul 3	**Zuletzt online …** Notizen zu einem Artikel über Handynutzung machen und eigene Erfahrungen austauschen	**Grammatik:** trennbare und untrennbare Verben	14
Modul 4	**Unser Zuhause** Über Probleme in Wohngemeinschaften diskutieren und gemeinsam Lösungen finden Einen Beschwerdebrief zu Mängeln in der Wohnung schreiben		16
Porträt	**Dinge des Alltags – Made in D-A-CH**		20
Grammatik	**Rückschau**		21
Film	**Dorf der Nachhaltigkeit**		22

Arbeitsbuchteil

Wortschatz	Alltag		88
Modul 1	**Zeitgefühl** Aussagen zu einem Interview lesen	**Wortschatz:** Zeit **Grammatik:** Konnektoren *(andernfalls, folglich, außer wenn …)*	90
Modul 2	**Vereine heute** Artikel über Freizeitbeschäftigungen der Deutschen lesen		92
Modul 3	**Zuletzt online …** Gespräch über Computernutzung hören	**Grammatik:** trennbare und untrennbare Verben	93
Modul 4	**Unser Zuhause** Gespräch in der WG führen Nachrichten an Mitbewohner schreiben	**Wortschatz:** Mängel in der Wohnung, Beschwerde **Aussprache:** schnelles Sprechen – Verschmelzungen und Verschleifungen **Tipp:** Texte korrigieren	95
Selbsteinschätzung			99
Kapitelwortschatz			100

Inhalt

Hast du Worte?   2

Auftakt	Über Witze und Cartoons sprechen		24
Modul 1	**Immer erreichbar** Vor- und Nachteile moderner Medien aus einem Artikel herausarbeiten und Meinungen wiedergeben	**Grammatik:** Möglichkeiten der Redewiedergabe	26
Modul 2	**Gib Contra!** Strategien aus einem Interview zum Thema „Schlagfertigkeit" zusammenfassen		28
Modul 3	**Sprachen lernen** Einen Fachtext über „Sprachen lernen und erwerben" kommentieren	**Grammatik:** Nominal- und Verbalstil	30
Modul 4	**Sag mal was!** Aussagen von Personen mit dialektalen Färbungen verstehen und über die Verwendung von Dialekten sprechen Einen Leserbrief zum Thema „Dialekt" schreiben		32
Porträt	LaBrassBanda		36
Grammatik	Rückschau		37
Film	Mit den Händen sprechen		38

Arbeitsbuchteil

Wortschatz	Sprechen, Kommunikation		102
Modul 1	**Immer erreichbar** Umfrage zum Thema „Erreichbarkeit" hören	**Grammatik:** Möglichkeiten der Redewiedergabe	104
Modul 2	**Gib Contra!** Text über mögliche Reaktionen auf unverschämte Äußerungen lesen		107
Modul 3	**Sprachen lernen**	**Wortschatz:** Sprachenlernen **Grammatik:** Nominal- und Verbalstil	108
Modul 4	**Sag mal was!** Aussagen zur Beliebtheit von Dialekten lesen über eine Grafik zum Thema „Deutsch und Fremdsprachen" schreiben	**Wortschatz:** Leserbrief **Aussprache:** komplexe Lautfolgen **Tipp:** Schreiben eines argumentativen Textes	110
Selbsteinschätzung			113
Kapitelwortschatz			114

An die Arbeit! 3

Auftakt	Qualifikationen für Berufe notieren		40
Modul 1	**Ein bunter Lebenslauf** Einem Artikel Ratschläge für die Bewerbung mit „buntem" Lebenslauf entnehmen	**Grammatik:** Subjekt- und Objektsätze	42
Modul 2	**Probieren geht über Studieren?** Über Studium und Ausbildung sprechen und Stichworte zu einem Beratungsgespräch notieren		44
Modul 3	**Multitasking** Einen Artikel zum Thema „Multitasking" zusammenfassen und darüber diskutieren	**Grammatik:** Weiterführende Nebensätze	46
Modul 4	**Soft Skills** Notizen zu einem Radiointerview über „Soft Skills" machen Kurze Vorträge zum Thema „flexibler Arbeitsplatz" oder „Sabbatical" halten	**Strategie:** Mit einem Schreibplan arbeiten	48
Porträt	Junge Unternehmen		52
Grammatik	Rückschau		53
Film	Wie wird man ... und was macht eigentlich ...?		54

Arbeitsbuchteil

Wortschatz	Arbeit, Wirtschaft		116
Modul 1	**Ein bunter Lebenslauf** Interview zum Thema „Erfolgreich bewerben" hören Bewerbungsschreiben verfassen	**Grammatik:** Subjekt- und Objektsätze	118
Modul 2	**Probieren geht über Studieren?** Vertrag lesen	**Wortschatz:** Vertragssprache **Tipp:** Fragengeleitetes Lesen	120
Modul 3	**Multitasking** eine Zusammenfassung ergänzen	**Grammatik:** Weiterführende Nebensätze	122
Modul 4	**Soft Skills** Artikel über Assessment Center lesen	**Wortschatz:** Soft Skills, Vortrag **Aussprache:** kleine Wörter, große Wirkung – Varianten von *ah*, *so*, *ja* und *oh*	124
Selbsteinschätzung			127
Kapitelwortschatz			128

5

Inhalt

Wirtschaftsgipfel 4

Auftakt	Wortschatz zum Thema „Wirtschaft" klären		56
Modul 1	**Vom Kohlenpott …** Einem Vortrag über die Entwicklung des Ruhrgebiets Informationen entnehmen und einen eigenen Vortrag halten	**Grammatik:** Nominalisierung und Verbalisierung von Temporalsätzen **Strategie:** Mit Notizen frei sprechen	58
Modul 2	**Mit gutem Gewissen?** Sich mit „Gewissensfragen" auseinandersetzen und die eigene Meinung dazu vertreten		60
Modul 3	**Die Welt ist ein Dorf** Einen Begriff definieren und zu Vor- und Nachteilen der Globalisierung Stellung nehmen	**Grammatik:** Nominalisierung und Verbalisierung von Kausal- und Modalsätzen	62
Modul 4	**Wer soll das bezahlen?** Das Konzept von Crowdfunding verstehen und eine Projektidee beschreiben Bei einem Vortrag über Bankgespräche mitschreiben und ein Bankgespräch führen		64
Porträt	**Petra Jenner**		68
Grammatik	**Rückschau**		69
Film	**Perfektes Timing – ein Crowdfunding-Video**		70

Arbeitsbuchteil

Wortschatz	Wirtschaft		130
Modul 1	**Vom Kohlenpott …** Text über den Strukturwandel im Rhein-Main-Gebiet lesen	**Grammatik:** Nominalisierung und Verbalisierung von Temporalsätzen	132
Modul 2	**Mit gutem Gewissen?** Text über das Gewissen lesen E-Mail zu einer Gewissensfrage schreiben		135
Modul 3	**Die Welt ist ein Dorf**	**Wortschatz:** Globalisierung **Grammatik:** Nominalisierung und Verbalisierung von Kausal- und Modalsätzen **Tipp:** Verbalisierung von Nomen mit Partizip	136
Modul 4	**Wer soll das bezahlen?** Gespräch über Crowdfunding-Aktionen hören	**Wortschatz:** Firmengründung **Aussprache:** Links- und Rechtsherausstellung	138
Selbsteinschätzung			141
Kapitelwortschatz			142

Ziele 5

Auftakt	Ziele in einem Blogeintrag formulieren		72
Modul 1	**Vernetzt** Einen Leserkommentar zu einem Interview über soziale Netzwerke schreiben	**Grammatik:** Negative Konsekutivsätze mit *zu …*, *um zu / als dass*	74
Modul 2	**Der Weg ist das Ziel** Notizen zu einem Gespräch über berufliche Ziele machen		76
Modul 3	**Ab morgen!** Einen Artikel über gute Vorsätze verstehen und Tipps zum Erreichen von Vorsätzen geben	**Grammatik:** Nominalisierung und Verbalisierung von Konzessiv- und Finalsätzen	78
Modul 4	**Ehrenamtlich** Einen Aufsatz über freiwilliges Engagement schreiben Kurze Berichte von engagierten Menschen zusammenfassen	**Strategie:** Auf Textzusammenhänge achten	80
Porträt	**Hermann Gmeiner**		84
Grammatik	**Rückschau**		85
Film	**Lügendetektor der Zukunft**		86

Arbeitsbuchteil

Wortschatz	Planung, Zielsetzung		144
Modul 1	**Vernetzt**	**Wortschatz:** Internet und Vernetzung **Grammatik:** Negative Konsekutivsätze mit *zu …*, *um zu / als dass*	146
Modul 2	**Der Weg ist das Ziel** Ratgebertext zum Thema „Ziele" lesen	**Wortschatz:** Ziele	149
Modul 3	**Ab morgen!** E-Mail mit Tipps schreiben Umfrage zum Thema „Gute Vorsätze" hören	**Grammatik:** Nominalisierung und Verbalisierung von Konzessiv- und Finalsätzen	150
Modul 4	**Ehrenamtlich** Texte zum Thema „Ehrenamt" lesen über freiwilliges Engagement sprechen	**Aussprache:** Knacklaut vor Vokalen, Umlauten und Diphthongen **Tipp:** In der Prüfung	152
Selbsteinschätzung			155
Kapitelwortschatz			156

Anhang:

Redemittel	158	Unregelmäßige Verben	189
Grammatik	166	Verben, Nomen und Adjektive mit Präpositionen	192
Prüfungsvorbereitung	174		
Auswertung	174	Nomen-Verb-Verbindungen	196
Vorlage für eigene Porträts	175	Bild- und Textnachweis	199
Lösungen zum Arbeitsbuch	176	Quellennachweis DVD/CD	200
Transkript zum Arbeitsbuch	183		

Alltägliches

2 Ein Traumtag
Ich stand zeitig auf, trank zusammen mit meiner Mutter Kaffee und erzählte ihr die Träume, die ich in der Nacht gehabt hatte. Darüber wurde es Abend.
Kurz nach 22 Uhr hatte ich alle meine Träume erzählt: Mutter gab mir einen Gutenachtkuss und sagte, sie freue sich schon sehr auf die Träume, die ich ihr am nächsten Tag erzählen würde.
Christian Futscher

1 Scheidungsgrund
Ein Ehepaar, das sich nach vierundfünfzig Jahren Ehe und drei Kindern einvernehmlich scheiden ließ, gab vor dem Richter als Begründung an, sie hätten herausgefunden, dass sie nicht zueinander passen.
Jakob Arjouni

Sie lernen
Modul 1 | Wichtige Aussagen zu einem Interview über das Thema „Zeitempfinden" zusammenfassen
Modul 2 | Aussagen über das Engagement in Vereinen verstehen und andere von einem Verein überzeugen
Modul 3 | Notizen zu einem Artikel über Handynutzung machen und eigene Erfahrungen austauschen
Modul 4 | Über Probleme in Wohngemeinschaften diskutieren und gemeinsam Lösungen finden
Modul 4 | Einen Beschwerdebrief zu Mängeln in der Wohnung schreiben

Grammatik
Modul 1 | Konnektoren *(andernfalls, folglich, außer wenn …)*
Modul 3 | trennbare und untrennbare Verben

4 Verabschiedung

Und vor Freude darüber, dass die Gäste endlich gingen, sagte die Frau des Hauses: „Bleiben Sie doch noch ein wenig."

Anton Čechov

3 Eine kurze Geschichte

Kommst du den Kindern noch gute Nacht sagen?, rief die Frau ihrem Mann zu, als sie um acht Uhr aus dem Kinderzimmer kam. Ja, rief der Mann aus seinem Arbeitszimmer, ich muss nur noch den Brief zu Ende schreiben.
Er kommt gleich, sagte die Mutter zu den Kindern, die beide noch aufgerichtet in ihren Betten saßen, weil sie dem Vater zeigen wollten, wie sie die Stofftiere angeordnet hatten.
Als der Vater mit dem Brief fertig war und ins Kinderzimmer trat, schliefen die Kinder schon.

Franz Hohler

1a Lesen Sie die kurzen Geschichten und sehen Sie die Bilder an. Was passt zusammen?

 b Welche Geschichte beschreibt etwas Alltägliches, welche etwas Besonderes? Begründen Sie Ihre Entscheidung.

2 Wählen Sie eine Geschichte und schreiben Sie zu zweit einen Dialog oder einen Tagebucheintrag dazu. Spielen Sie Ihren Dialog oder lesen Sie Ihren Tagebucheintrag im Kurs vor.

Zeitgefühl

SPRACHE IM ALLTAG
Ausdrücke zum Thema „Zeit"
Die Zeit rast.
Mir läuft die Zeit davon.
Die Zeit vergeht wie im Flug.
Es ist höchste Zeit!
Lass uns keine Zeit verlieren.

1a Wählen Sie ein Wort und erklären Sie es im Kurs.

> Zeitgeist zeitweise Zeitverschwendung Zeitdruck Zeitpunkt
> zeitraubend zeitaufwendig zeitgemäß Zeitunterschied
> zeitgleich Zeitraum zeitsparend zeitlos Zeitalter zeitig

▶ Ü 1

b Lesen Sie das Interview. Was wird zu den folgenden Themen gesagt? Machen Sie Notizen.

A Zeit und Routine
B Zeit und Gedächtnis
C Zeit und Konzentration
D Entschleunigung
E Zeit und Alter
F Zeit und Planung

Kann man Zeit empfinden?

Haben Sie schon einmal darüber nachgedacht, warum die Zeit gefühlt im Urlaub schneller vergeht als im Alltag, warum ältere Menschen den Lauf der Zeit als schneller empfinden als jüngere? Im Interview erklärt Zeitforscher Marc Wittmann die Gründe dafür und rät, auch mal nichts zu tun.

Viele Menschen sagen: „Schon wieder ein Jahr vorbei. Das geht ja immer schneller." Woran liegt das?
Der Hauptfaktor für das Empfinden von längerer Zeitdauer ist das Gedächtnis. Je mehr emotionale Erinnerungen und Gedächtnisinhalte ich an einen bestimmten Zeitraum habe, desto länger kommt mir die Zeitdauer vor. Wer wenig erlebt, hat den Eindruck, die Zeit ist schnell vergangen, weil er sich kaum etwas gemerkt hat.

Ist das der Grund dafür, dass man die erste Hälfte eines Urlaubs als länger empfindet als die zweite?
Genau. In den ersten Tagen sieht man viel Neues, einen anderen Ort, neue Eindrücke – das speichert sich in unserem Gedächtnis ab. Das kommt uns dann unheimlich lang vor. Die späteren Tage vergehen gefühlt schneller, weil man alles kennt und die Neuartigkeit fehlt.

Leben wir zu wenig in der Gegenwart?
Ja. Gerade wir Mitteleuropäer sind sehr zukunftsorientiert. Wir planen alles. Wir leben nicht in der Gegenwart, weil wir in Gedanken schon wieder bei der nächsten Aktion, dem nächsten Termin sind. Deshalb erleben wir die Dinge nicht so intensiv, das Gedächtnis speichert sie nicht so tief ab.

Empfinden ältere Menschen eher, dass die Zeit schnell vergeht, als jüngere?
Ja. Wir werden grundsätzlich immer routinierter in unserem Leben. Am Anfang des Lebens hat alles den Charakter der Neuartigkeit. Im Kinder- und Jugendalter passiert alles zum ersten Mal, ist unheimlich wichtig und wird emotional erlebt. Vergleichen Sie mal die Lebensspanne zwischen 12 und 16 Jahren mit der zwischen 52 und 56 Jahren. Im ersten Fall ist das ein dramatischer Wandel. Im zweiten passiert nicht mehr viel. Viele Menschen gehen morgens ins Büro, kommen dann nach Hause und sehen fern. Der nächste Tag ist genauso. Wenn man nach ein paar Wochen zurückblickt, ist überhaupt nichts passiert, aber die Zeit ist vergangen.

Was kann man tun, um seine Zeit sinnvoller zu empfinden?
Der Alltag darf keine Routine sein, andernfalls vergeht die Zeit immer schneller. Man muss versuchen, eine Neuartigkeit in sein Leben zu holen, sich anders zu positionieren. Nicht immer mit denselben Leuten zusammen sein, sondern versuchen, andere kennenzulernen, eine Fremdsprache lernen, ein anderes Urlaubsziel auswählen.

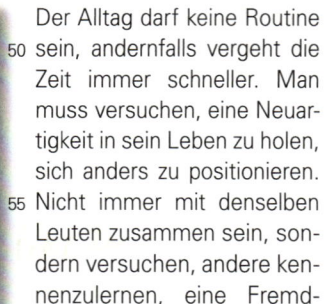

Nun ist jede Stunde definitiv 60 Minuten lang. Warum empfinde ich eine Stunde beim Zahnarzt länger, als wenn ich im selben Zeitraum ein spannendes Buch lese?
Man empfindet die Zeit nicht, außer wenn man sich auf sie konzentriert. Wenn ich einen spannenden Krimi lese, achte ich nicht auf die Zeit. Das ist beim Zahnarzt, von dem ich schnell wieder weg will, anders.

Sollte man sein Leben entschleunigen, einfach mal nichts tun?
Ja. Ich sollte mich nicht immer ablenken, sonst erfahre ich mich nicht selbst. Man sollte einfach einmal nichts tun, dann kommen auch viele wichtige Gedanken zum eigenen Leben oder auch zu wichtigen Projekten.

Modul 1

c Arbeiten Sie zu zweit: Vergleichen Sie Ihre Notizen aus 1b und formulieren Sie zu jedem Thema eine Aussage. Vergleichen Sie dann in Gruppen.

d Wie sind Ihre Erfahrungen zu den Themen im Interview? Tauschen Sie sich in Gruppen aus.

Ich finde, Marc Wittmann hat recht. In Prüfungen vergeht die Zeit immer viel zu schnell, weil …
Ich glaube nicht, dass das stimmt. Im Urlaub unternehme ich jeden Tag was Neues. Trotzdem …

▶ Ü 2

2a Aussagen zum Zeitempfinden. Ergänzen Sie die Satzanfänge.

| kommt man seltener auf neue Ideen | wird ihm langweilig | empfindet es die Zeit sehr intensiv |
| sollten wir sie vermeiden | spüren sie die Gegenwart kaum |

1. Im Alltag denken viele heute schon an morgen, *folglich* _spüren sie die Gegenwart kaum_
2. Ein Kind erlebt täglich etwas Neues, *somit* _sollten wir sie vermeiden_
3. Der Mensch braucht Abwechslung im Leben, *sonst* _wird ihm langweilig_
4. Routinen lassen die Zeit schneller vergehen, *demnach* _kommt man seltener auf neuen Ideen_
5. Auch mal nichts zu tun ist wichtig, *andernfalls* _empfindet es die Zeit sehr intensiv_

b Welche Konnektoren in 2a drücken eine Folge aus, welche eine negative Folge? Ergänzen Sie die Regel.

Konnektoren *andernfalls, demnach, folglich, somit* und *sonst*

| **Folge** | folglich, _somit, demnach, deshalb, deswegen_ |
| **negative Folge** | _sonst, andernfalls_ |

Diese Konnektoren verbinden immer zwei _____ sätze.

▶ Ü 3–4

c Konditionale Konnektoren. Markieren Sie die Verben im Beispiel und ergänzen Sie die Regel.

Die Zeit vergeht sehr schnell, …   *außer wenn* man jung ist.
                                    es sei denn, man ist jung.

Die Konnektoren *außer wenn* und *es sei denn* …

… leiten eine Bedingung ein und schränken die vorangehende Aussage ein.
„_Es sei denn_" verbindet zwei Hauptsätze, „_außer wenn_" leitet einen Nebensatz ein.

▶ Ü 5

→ subordinate clause

d Ergänzen Sie die Satzanfänge.

1. Als Kind habe ich die Zeit als lang empfunden, außer wenn _ich gespielt habe_.
2. Komm pünktlich, andernfalls _verpassen wir den Bus_.
3. Du musst mal Urlaub machen, demnach _wärest du nicht so stressig_
4. Ich habe wenig Freizeit, es sei denn, _ich kündige_
5. Wir haben keine Zeit mehr, folglich _können wir uns nicht treffen_
6. Ich mache endlich mal was Neues, somit _sollst du auch mal was Neues probieren_
7. Ihr solltet Routinen vermeiden, sonst _fühlt ihr euch die Zeit fliegen / vergehen wie_

▶ Ü 6

3 Arbeiten Sie zu dritt: Schreiben Sie Karten mit den Konnektoren aus 2d. Dann schreibt jede/r drei Karten mit einem Satzanfang. Die Karten werden gemischt. A beginnt und liest einen Satzanfang vor, B zieht einen Konnektor und ergänzt den Satz. Dann liest B einen Satzanfang vor usw.

Vereine heute

1a Lesen Sie den kurzen Infotext und geben Sie den Inhalt in ein bis zwei Sätzen wieder.

> **„Treffen sich drei Deutsche, gründen sie einen Verein."** – Ganz so ist es natürlich nicht, aber Tatsache ist, dass es in Deutschland viele Vereine gibt, und es werden immer mehr. Im Moment sind es ca. 600.000 Vereine – fünf Mal mehr als vor 40 Jahren. Und das, obwohl die Anzahl der Vereinsmitglieder abnimmt. Die Vereine werben also eifrig um Mitglieder. Im Moment sind ca. 45 % der Deutschen in einem Verein aktiv. Am beliebtesten sind Sportvereine. Hier hat man die Möglichkeit, zu relativ günstigen Preisen die unterschiedlichsten Sportarten zu praktizieren und Gleichgesinnte zu treffen.

b Was bedeuten die Ausdrücke? Ordnen Sie zu.

_g_ 1. Mitglied in einem Verein werden
_c_ 2. der/die Vorsitzende eines Vereins sein
_f_ 3. etw. bewirken
_a_ 4. etw. ehrenamtlich machen
_d_ 5. das Vereinsleben gestalten
_e_ 6. der Vereinsgeist
_b_ 7. die Vereinsmeierei

a eine Aufgabe übernehmen, ohne dafür Geld zu bekommen
b die Einstellung von Menschen, die im Verein sehr engagiert sind und fast kein anderes Thema kennen
c einen Verein leiten
d aktiv in einem Verein mitwirken
e das Zusammengehörigkeitsgefühl der Vereinsmitglieder
f etw. erreichen
g einem Verein beitreten

c Was machen Sie in Ihrer Freizeit? Gibt es bei Ihnen Vereine oder ähnliche Organisationen? Sprechen Sie im Kurs.

2a (1.2-9) Sie hören jetzt Aussagen von acht Personen. Entscheiden Sie beim Hören, welche Aussage (a, b oder c) zu welcher Person passt. Lesen Sie zuerst die Aussagen.

Gründe für das Engagement im Verein

Die Person …

a möchte vor allem Leute kennenlernen. _(above all would like to know ppl)_
b möchte anderen helfen oder ihnen etwas beibringen.
c möchte Dinge lernen und erfahren. _(would like to learn things and experience)_

	a	b	c
Sprecher/in 1			☒
Sprecher/in 2	☒		
Sprecher/in 3		☒	
Sprecher/in 4		☒	
Sprecher/in 5			☒
Sprecher/in 6		☒	
Sprecher/in 7			☒
Sprecher/in 8			☒

12

Modul 2

b Sie hören die acht Personen jetzt ein zweites Mal. Entscheiden Sie beim Hören, welche der Aussagen a–j zu welcher Person passt. Zwei Aussagen bleiben übrig. Lesen Sie zuerst die Aussagen.

STRATEGIE — Gemeinsamkeiten in Äußerungen und Aussagen erkennen
In der Prüfung passen nur Aussagen, die das Gesagte umschreiben. Achten Sie also auf Synonyme und ähnliche Formulierungen. Es ist nicht wichtig, welche Vermutungen Sie über die Personen haben; wichtig ist nur, was die Personen tatsächlich sagen.

a Ich habe im Verein die Chance, Dinge zu lernen, die man auch im Berufsleben braucht.
b Ich hoffe, zusammen mit anderen im Verein Menschen in Notlagen helfen zu können.
c Ich finde besonders positiv, dass ich im Verein fast alle Leute kenne und wir zusammenhalten.
d Zum Glück bin ich durch den Verein versichert, wenn mal etwas kaputtgeht.
e Ich hatte schon als kleiner Junge Interesse an meinem jetzigen Hobby.
f Auslöser für meine Mitgliedschaft im Verein waren eigentlich die günstigen Gebühren.
g Die Vereinsarbeit kostet viel Zeit, aber mir ist soziales Engagement in einem Verein sehr wichtig.
h Ich bin im Verein aktiv, um die Langeweile aus meinem Alltag zu vertreiben.
i Nur wenige Menschen wissen, dass wir in unserem Verein sehr wissenschaftlich arbeiten.
j Ich bin froh, dass ich jetzt keine Angst mehr habe, laut zu sagen, was ich denke.

c Tauschen Sie sich über die Vereine aus der Umfrage aus. Welche würden Sie interessieren, welche nicht? Begründen Sie Ihre Meinung.

3 Überlegen Sie sich in Gruppen einen Verein. Es kann auch ein Fantasieverein sein. Stellen Sie ihn vor und überzeugen Sie die anderen im Kurs von der Mitgliedschaft. Welcher Verein bekommt die meisten Mitglieder?

JEMANDEN ÜBERREDEN	ARGUMENTE ANFÜHREN
Ich würde vorschlagen, dass du …	Das Besondere daran ist, dass man …
Wie wäre es, wenn du mal …?	Beim/Im … kannst du viele interessante/lustige/… Dinge lernen/machen.
Du könntest doch einfach mal zu … mitkommen.	Im Gegensatz zu anderen Organisationen kannst du hier …
Spring doch einfach über deinen Schatten und komm mit zu …!	Wichtig für uns ist, dass …
Hättest du nicht mal Lust, …?	Für uns spricht …

Freunde der Zahl Pi

Freizeit mit Menschen mit Behinderung

Stand-up-paddling

▶ Ü 1

Zuletzt online …

1 Wie oft haben Sie heute auf Ihr Handy geschaut? Wann ist es unhöflich, auf das Handy zu schauen? Wann legen Sie es weg? Wann ist es nützlich? Diskutieren Sie im Kurs.

2a Ordnen Sie die Ausdrücke ihrem Gegenteil zu.

1. achtsam sein   2. das Handy entsperren
3. klammheimlich   4. der Klickgarant
5. eine Runde zocken   6. überrannt werden

A das Handy sperren   B stundenlang spielen
C das erfolglose Internetangebot   D nicht aufpassen
E nicht beachtet werden
F offensichtlich, nicht versteckt

b Lesen Sie den Artikel. Um welche Themen geht es? Kreuzen Sie an.

- ☐ 1. zu früher Handybesitz bei Jugendlichen
- ☒ 2. Bedeutung von Phasen des Nichtstuns
- ☒ 3. Hinweise auf Spielsucht
- ☐ 4. Studie zur Verbreitung und Nutzung von Computerspielen
- ☒ 5. Auswirkungen häufigen Spielens auf mobilen Geräten

Die Zeit-Raffer

Von Patrick Bauer

Kann es sein, dass Mobiltelefone ihre Besitzer klammheimlich spielsüchtig machen?

Computerspiele sind plötzlich überall. Selbst auf seriösen Nachrichtenseiten sind sie Klickgaranten. Und auf Facebook schickt mir meine Großtante stündlich Einladungen für »FarmVille«, wo sie eine ausgezeichnete Schweinezüchterin sein soll. »Früher war das Computerspielen für wenige eine Pause vom Alltag, heute ist es für viele Teil des Alltags geworden.« So sagt es der Psychologe Florian Rehbein vom Kriminologischen Forschungsinstitut Niedersachsen, ein Experte für Computerspiel- und Internetsucht.

Fast die Hälfte der Deutschen über 14 Jahren zockt regelmäßig, das sind 29 Millionen Menschen. 41 Prozent der Nutzer sind über 39 Jahre alt. Die mobilen Geräte haben das Computerspielen in die Mitte der Gesellschaft gebracht. Der Playstation-Chef Jack Tretton sagte kürzlich: »In Zukunft wird es schwer sein, Menschen zu finden, die noch nie ein Videospiel gespielt haben. Es wird bald so normal sein wie Fernsehgucken.«

Mal dramatisch gefragt: Sind wir dabei, zu einer Gesellschaft der Spielsüchtigen zu werden?

Florian Rehbein ist keiner, der voreilig Alarm schlägt. Bis er von einer Sucht spricht, müssen fünf von neun Kriterien erfüllt sein. Nur etwa ein Prozent der Gesamtbevölkerung, meistens junge Männer, sei demnach computerspielsüchtig, sagt er, halte sich also so viel in virtuellen Welten auf, dass Privat- und Berufsleben scheitern. »Aber je mehr Menschen spielen, desto mehr werden es auch exzessiv tun«, sagt Rehbein. »Durch die Handy-Games entstehen neue Vorstufen der Spielsucht. Wer mehrfach am Tag an ein Spiel denkt oder sich vielleicht schämt, es schon wieder zu spielen, und dafür auf die Toilette geht, der ist im wissenschaftlichen Sinne nicht süchtig, aber es passiert etwas mit ihm.«

»Wir wissen, dass sich manche Hirnareale durch übermäßiges Spielen verändern, wir wissen aber noch nichts über die Langzeitfolgen«, sagt Rehbein. »Wir befinden uns mitten in einem gesamtgesellschaftlichen Experiment mit offenem Ausgang.«

Alexander Markowetz ist Juniorprofessor für Informatik an der Universität Bonn. Er sagt: »Wir wollen uns mit diesen kleinen Spielen ständig maximal zerstreuen. Aber das zwischenzeitliche Nichtstun ist ja für etwas gut.« In der Verhaltenstherapie unterscheidet man zwischen dem »doing mode« und dem »being mode« unseres Gehirns: Im »being mode« sind wir einfach nur da, »achtsam für unsere Umgebung, aber unbeschäftigt«, wie Markowetz sagt, »das sind Erholungsphasen, die wegbrechen. Sie denken, eine Runde Zocken in der S-Bahn entspannt Sie. Aber Ihr Gehirn wird dabei gestresst.«

Mit einem Team aus Computerwissenschaftlern und Psychologen erforscht Markowetz gerade unsere Smartphone-Nutzung – und ihre Folgen. Der Anfang ist eine App namens »Menthal«, die aufzeichnet, wie oft und wofür das Handy benutzt wird. 150 000 Probanden haben »Menthal« freiwillig installiert. »Wir wurden überrannt«, sagt Markowetz. »Das zeigt, dass die Leute über ihren Umgang mit diesen Geräten verunsichert sind.«
Im Schnitt nutzen die Teilnehmer ihr Smartphone drei Stunden pro Tag, der bisherige Topwert beträgt neun Stunden – und 25 Minuten für Spiele. »Wir sollten endlich aufhören, von Mobiltelefonen zu sprechen«, sagt Markowetz, »denn telefoniert wird im Schnitt unter zehn Minuten am Tag. Das sind tragbare Onlinecomputer, die wir leider viel zu oft wie einen Glücksspielautomaten nutzen.«
Was Markowetz aber vor allem nachdenklich gemacht hat: Im Schnitt entsperren die Probanden das Telefon 60 Mal am Tag. Zwölf Prozent sogar 96 Mal, das bedeutet: Alle zehn Minuten gucken sie auf ihr Handy. »Das müssen wir erforschen«, sagt Alexander Markowetz: »Wozu führt eine solch reduzierte Aufmerksamkeit? Wie soll man sich dabei noch konzentrieren? Ich weiß nicht, ob es so etwas Extremes wie Handysucht gibt. Mich interessiert viel mehr die breite Masse, die diese Geräte bereits in einem zunehmend ungesunden Maß nutzt.«
Die Zukunft der Smartphones muss Reduktion heißen. Wir brauchen gesellschaftliche Regeln für unsere Kommunikation, die verhindern, dass wir uns permanent unterbrechen. Und die Geräte müssen uns dabei unterstützen, sie auch mal liegen zu lassen. »Ein allererster Schritt«, sagt Markowetz, »wäre eine App, die alle fünf Minuten daran erinnert, dass schon wieder fünf Minuten vergangen sind.« Eine Art Stoppuhr, die das Spielcasinoprinzip von Las Vegas umkehren würde. Dort gibt es keine Uhren: damit man sich im Spiel verliert.

c Notieren Sie zu den Aussagen Informationen und Beispiele aus dem Artikel.

1. Früher haben die Menschen ihre Tätigkeiten nicht so häufig unterbrochen wie heute. 69–71
2. Heute umgehen viele Menschen echte Ruhepausen. 40–51
3. Forscher haben ein Experiment mit einer App durchgeführt. 52–67
4. Wir sollten den Umgang mit unseren Handys überdenken. 75–78
5. Wir müssen dem Wunsch, ständig das Handy zu checken, öfter widerstehen. 78–87

d Tauschen Sie sich zu zweit über Ihre Notizen aus. Was fanden Sie besonders interessant?

▶ Ü 1

3a Markieren Sie die Verben in den Hauptsätzen 1–5 und in 2c und ordnen Sie sie in eine Tabelle. Nutzen Sie auch ein Wörterbuch.

1. Der häufige Blick auf das Handy spiegelt die Hektik unserer Zeit wider.
2. Wir sollten dazu übergehen, unser Nutzungsverhalten stärker zu kontrollieren.
3. Viele haben noch nicht durchschaut, wie viel Zeit sie mit ihrem Handy verspielen.
4. Eine Stoppuhr soll den Effekt umkehren, dass wir beim Spielen die Zeit vergessen.
5. Manche Leute ordnen ihr Verhalten dem Handy regelrecht unter.

trennbar	untrennbar
widerspiegeln, übergehen, umkehren, unterordnen	vergessen, unterbrechen, sollen, kontrollieren, durchschauen, verspielen

b Sehen Sie sich die Vorsilben der Verben in Ihrer Tabelle an. Was fällt Ihnen auf? Ergänzen Sie die Regel.

Trennbare und untrennbare Verben

Die Vorsilben _durch_, _unter_, _über_, _um_ und _wider_ können trennbar oder untrennbar sein. Die Betonung der Vorsilbe kann eine Verstehenshilfe sein:
Vorsilbe betont → Verb trennbar; Vorsilbe nicht betont → Verb untrennbar

c Arbeiten Sie zu zweit mit dem Wörterbuch. Suchen Sie zu den Vorsilben aus 3b Beispiele für trennbare und untrennbare Verben. Bilden Sie je einen Satz.

▶ Ü 2–4

Unser Zuhause

1a Leben in der Wohngemeinschaft (WG). Welche Eigenschaften sollte ein neuer Mitbewohner / eine neue Mitbewohnerin haben? Sammeln Sie.

Für mich ist nichts schlimmer als …
Ein WG-Mitglied sollte deshalb …

b Was möchte man bei einem WG-Casting von den Bewerbern/Bewerberinnen erfahren? Sammeln Sie Fragen.

▶ Ü 1

2a Hören Sie den ersten Teil aus einem Radiobeitrag zum Thema „Leben in WGs". Ergänzen Sie die Informationen zu Jonas und Arne.

Hörer Jonas Bahr fragt, _worauf sollte ich achten_

Studiogast Arne Wissmann arbeitet im _Studierenden Werk bei Dresden-Uni_

als _Tutor_ ; seine Aufgabe: _die Beratung_

für neue Studenten in Wohnungfrage.

b Lesen Sie die WG-Regeln und klären Sie unbekannte Wörter.

趁
和平行

Regel	Beispiele/Vorschläge
2 Gleich und gleich gesellt sich gern	Eine Gemeinsamkeit wie Hobby
10 Gehen, wenn's noch schön ist	Leave when you haven't had an alteration
4 Putzplan einhalten	Putz als den Plan.
3 Nicht meckern, sondern anpacken	keine Mahnungen, sondern _besprechen_ (→ do something)
6 Dein WG-Tag ist heilig	(holy/absolute priority) etwas gemeinsam macht, wie _ins Kino gehen_
1 Ehrlich bleiben	die Wahrheit sagen
5 Lerne teilen	gemeinsam zahlen, was alle brauchen (Milch)
8 Meins ist nicht deins	_gekochte Essen_ Finger weg von dem nichts deins ist.
7 Pflege deine Freundschaften	Halt deine Freundschaften
9 Partylöwe ja – Nervensäge nein	Rücksicht nehmen: nicht zu lange feiern

Party animal

c Hören Sie jetzt die Top Ten der WG-Regeln. Nummerieren Sie die Regeln in der richtigen Reihenfolge und ergänzen Sie Beispiele oder Vorschläge.

d Welche Regeln finden Sie am wichtigsten? Welche Regel würden Sie noch ergänzen? Welche Regel finden Sie überflüssig?

3 Spielen Sie zu dritt Casting-Gespräche. Verwenden Sie Ihre Fragen aus 1b.

Fertigkeitstraining

Modul 4

4a Zoff in der Wohngemeinschaft. Lesen Sie die Rollenkarten. Welche Probleme gibt es in der WG?

Carina (22), Architekturstudentin, hat das Zimmer mit Balkon. Sie jobbt in einem Büro und finanziert ihr Studium selbst. Jedes zweite Wochenende kommt ihr Freund Fritz zu Besuch. Dann gehen sie gerne lange aus. Sie mag es, wenn es in der WG ordentlich ist. Gestern hat sie wieder für Nele geputzt, heute ist aber schon wieder alles dreckig. Jetzt will sie endlich mal was sagen!

Timo (21), macht eine Ausbildung zum Mechaniker, wohnt im kleinsten Zimmer. Er steht morgens meistens als Erster auf und fährt am Wochenende nach Hause. Von seinen Eltern bekommt er Pakete mit Lebensmitteln, die er mit allen teilt. Er hört zwar gerne Musik, aber in der WG ist sie ihm oft zu laut. Überhaupt gehen ihm die vielen Gäste auf die Nerven. Kann denn keiner verstehen, dass er mal seine Ruhe haben will?

Konstantin (23), Hauptmieter der Wohnung, wohnt im größten Zimmer. Seine Eltern finanzieren die Wohnung und das Architekturstudium. Seine Freundin Sina ist Dauergast in der Wohnung, beteiligt sich im Gegensatz zu Konstantin aber weder am Putzplan noch an den Kosten. Konstantin findet das okay, weil er ja auch am meisten zahlt und öfter Partys in der WG organisiert und finanziert.

Nele (24), studiert Maschinenbau, ist viel in der Uni, isst in der Mensa und arbeitet als studentische Hilfskraft. Sie ist nicht so oft zu Hause und die nächsten zwei Monate macht sie ein Praktikum in Paris. Das Putzen hat Carina schon mehrfach für sie übernommen. Ihre Katze macht auch Arbeit. Wenn sie zu Hause ist, entspannt sie bei lauter Musik oder kocht mit Freunden in der WG-Küche. Sie findet, die anderen könnten ruhig lockerer sein.

b Bereiten Sie zu viert das WG-Gespräch vor. Wählen Sie eine Rolle und sammeln Sie Argumente, die Sie in der Diskussion anbringen möchten. ▶ Ü 2

c Spielen Sie die Diskussion in der WG. Versuchen Sie, die Probleme gemeinsam zu lösen.

EIN PROBLEM ANSPRECHEN	WIDERSPRECHEN
Ich finde es nicht gut, wenn …	Es stimmt, dass … Trotzdem finde ich …
Es gefällt mir nicht, dass …	Aus meiner Sicht ist es aber wichtig, dass …
Ich habe ein Problem mit …	Ich sehe das anders: …
Es ist nicht fair / in Ordnung, wenn …	Ich kann verstehen, dass du/ihr …, aber ich …
Ich ärgere mich immer, wenn …	Das ist deine/eure Meinung. Ich bin aber der Ansicht, dass …
Es ist doch ungerecht, wenn …	Aus deiner Sicht ist das vielleicht richtig. Trotzdem …
EINE LÖSUNG VORSCHLAGEN	Ich sehe ein, dass … Dennoch …
Vielleicht könnten wir das Problem lösen, indem …	
Ich schlage vor, dass wir …	
Könnten wir uns darauf einigen, dass …?	
Wie wäre es, wenn …?	

d Welche Vereinbarungen haben Sie in „Ihrer" WG getroffen? Vergleichen Sie mit den anderen „Wohngemeinschaften" im Kurs. ▶ Ü 3

Unser Zuhause

5a Neue Formen der WG: Lesen Sie den Artikel. Welche drei Arten von Wohngemeinschaften werden genannt? Was ist typisch dafür? Notieren Sie Stichworte.

Wohnen in der Gemeinschaft?

Hört man das Kürzel „WG", dann denken viele Menschen an die wilden, jungen Jahre mit wenig Geld und viel Spaß. Die Wohnform ist nach wie vor beliebt – und inzwischen nicht nur bei den Jüngeren. Wohngemeinschaften entstehen heute aus den unterschiedlichsten Motiven. Wir stellen Ihnen drei Varianten mit Zukunftsperspektive vor.

1 Feste Arbeitsverträge und Arbeitszeiten finden Berufstätige zwischen 20 und 40 heute immer seltener. Flexibilität, Belastbarkeit und Mobilität werden in vielen Branchen von den Mitarbeitern verlangt. Und so ziehen sie von Job zu Job, von München nach Hamburg und von dort nach Berlin. Vielen gefällt diese Vielfalt und Auswahl im neuen Arbeitsleben. Nur das Wohnen wird oft ein Problem, wenn man nicht lange am gleichen Ort bleibt. Viele haben keine Lust mehr auf anonyme Hotelzimmer oder Apartments. Die Lösung für so manchen heißt: Business-WG. Große Wohnungen auf kompletten Hausetagen bieten bis zu 20 Bewohnern große Vorteile: Einerseits sind die modern und komfortabel eingerichteten Zimmer viel billiger als im Hotel. Zudem bekommt man für das Geld in einigen WGs noch so manches Extra wie Sauna oder Arbeitsräume. Die Zimmer sind außerdem nicht nur günstiger, sondern auch leichter und schneller wieder kündbar. Andererseits ist nicht zu unterschätzen, dass man hier private und berufliche Netzwerke knüpfen kann. Es ist also nicht verwunderlich, dass sich in teuren deutschen Großstädten wie Hamburg oder Düsseldorf immer mehr Business-WGs finden.

2 Ein bewährtes Prinzip von Wohngemeinschaften ist, sich vieles zu teilen: den Wohnraum, den Einkauf, die Hausarbeit. Aber alles zu teilen: Geld, Arbeit, Eigentum und Entscheidungen? Das können sich nur wenige Menschen vorstellen. Und trotzdem haben es sich manche Gemeinschaften zu ihrem Lebensprinzip gemacht, beispielsweise die nordhessische Kommune Niederkaufungen in der Nähe von Kassel. Sie lebt mit ca. 60 Erwachsenen und 20 Kindern dieses soziale Experiment bereits mehrere Jahrzehnte mit großem Erfolg. Alle leben und arbeiten zusammen auf dem Hof mit Kühen und Schweinen, bauen Obst und Gemüse an, stellen Käse her und betreiben eine Holzwerkstatt. Was die Bewohner an Geld verdienen, fließt direkt in die Gemeinschaftskasse. Wer Geld braucht, nimmt es sich aus der gemeinsamen Kasse. Ab 150 Euro werden Ausgaben gemeinsam besprochen. Die Bewohner führen sicher kein Leben im finanziellen Überfluss, aber mit dem Luxus, überall mitentscheiden und mitgestalten zu können; ein Prinzip, das allen wichtig ist, in der realen Umsetzung erfolgreich alle Mitglieder versorgt und sich finanziell rechnet.

3 Was Jung kann, kann Alt schon lange: Vera Pauli wollte nach dem Tod ihres Mannes nicht alleine leben. Mit einer Freundin überlegte sie, wie man das alte, aber große Haus umbauen könnte, um mehrere Zimmer mit eigenem Bad sowie freundliche Gemeinschaftsräume für Senioren zu gestalten. „Wichtig war uns, dass alle ihre eigenen vier Wände haben und man trotzdem weiß, dass jemand da ist, der hilft." Nach zwei Jahren Umbau zogen die ersten Mitbewohner ein. Die WG kocht gemeinsam und verbringt die Freizeit zusammen, aber jeder kann sich auch zurückziehen, wenn ihm danach ist. Gemeinsam teilt man sich die Kosten für Einkäufe und die Unterstützung durch professionelle Kräfte wie eine Haushälterin, einen Physiotherapeuten und einen Techniker. „Ich bin sehr zufrieden mit meiner Entscheidung. Und unser WG-Leben klappt besser, als ich dachte", ist Vera Paulis Fazit nach vier Jahren.

b Vergleichen Sie Ihre Notizen. Welche Informationen finden Sie am wichtigsten?

Fertigkeitstraining

Modul 4

c **Entscheiden Sie, zu welcher WG die Ausdrücke am besten passen.**

1. sich in die eigenen vier Wände zurückziehen können
2. anonymen Hotelzimmern entkommen
3. Geld für die Gemeinschaftskasse verdienen
4. sich gegenseitig helfen
5. ein gemeinsames Lebensprinzip teilen
6. soziale und berufliche Netzwerke knüpfen
7. über alles gemeinsam entscheiden
8. flexibel ein Zimmer mieten und kündigen
9. Kosten für professionelle Kräfte teilen

d **In welche WG würden Sie gerne, in welche gar nicht ziehen?**

▶ Ü 4

6a **Welche Mängel kann es in einer Wohnung geben, die man dem Vermieter mitteilen sollte? Sammeln Sie.**

▶ Ü 5

b **Hören Sie das WG-Gespräch und lesen Sie die beiden Beschwerdebriefe. Welcher Brief trifft am besten auf die Situation in der Wohngemeinschaft zu? Warum?**

1.13

Sehr geehrter Herr Schrauber,

leider mussten wir feststellen, dass in unserer Wohnung, Laubenweg 17, 3. OG links, seit mehreren Wochen einige Mängel aufgetreten sind. Hierbei handelt es sich um folgende Probleme:
a) defekte Heizung / Warmwasser: Die Zimmer können nicht ausreichend beheizt werden und das Wasser aus der Leitung ist nur kalt oder lauwarm.
b) Undichte Fenster und Wohnungstür: Einige Fenster schließen nicht richtig, ebenso die Wohnungstür. Es zieht in der Wohnung und es wird zu schnell kalt. Unseres Erachtens wäre es dringend notwendig, die Mängel umgehend zu beseitigen, denn wir frieren und brauchen warmes Wasser. Den Hausmeister haben wir bereits mehrfach auf die Mängel hingewiesen. Passiert ist jedoch leider bisher nichts. Wir möchten Sie deshalb bitten, die Mängel zu beheben, und hoffen auf deren Beseitigung bis zum 15. Januar.

Mit freundlichen Grüßen

Sehr geehrter Herr Schrauber,

heute möchten wir Sie mit diesem Schreiben bitten, folgende Mängel in unserer Wohnung, Laubenweg 17, 3. OG links, zu beseitigen.
Schon vor einigen Wochen ist uns aufgefallen, dass die Heizung nicht einwandfrei funktioniert. Alle Zimmer werden nicht richtig warm.
Außerdem sind die Fenster nicht dicht. Dies führt zu einem zusätzlichen unnötigen Verlust von Wärme im gesamten Wohnbereich.
Dem Hausmeister haben wir bereits von diesen Mängeln berichtet. Zu unserer Enttäuschung wurde trotzdem nichts unternommen.
Daher müssen wir Sie heute auffordern, die Mängel bis zum 15. Januar zu beheben.
Bitte kommen Sie unserer Aufforderung innerhalb der Frist nach, sonst müssen wir die Angelegenheit an den Mieterschutzbund übergeben.

Mit freundlichen Grüßen

c **Sammeln Sie weitere Redemittel aus den Texten.**

PROBLEME SCHILDERN	FORDERUNGEN STELLEN
Wir müssen Sie darüber informieren, dass …	Bitte kümmern Sie sich darum, dass …
Es ist nicht in Ordnung, dass …	Wir erwarten, dass …
Wir sind enttäuscht, dass …	Eine Behebung der Mängel sollte …
Wir möchten uns darüber beschweren, dass …	

▶ Ü 6

d **Schreiben Sie zu zweit einen Beschwerdebrief an die Hausverwaltung / den Vermieter / die Vermieterin / … Wählen Sie zwei Mängel aus Ihrer Sammlung in 6a.**

e **Vergleichen Sie Ihre Briefe im Kurs. Wer hat über ähnliche Mängel geklagt? Welche Beschwerde könnte Erfolg haben? Warum (Argumente, Klarheit …)?**

Porträt

Dinge des Alltags – Made in DACH

Kaffeefilter

Mitte des 17. Jahrhunderts begann der Kaffee, Europa zu erobern. 1673 eröffnete in Bremen das erste Kaffeehaus Deutschlands. Die Methode, das Kaffeepulver mit brühendem Wasser aufzugießen oder die Wasser-Kaffee-Mischung zusammen aufzukochen, fand schon bald bei vielen Menschen großen Gefallen. Dennoch trübte der Kaffeesatz oft die Freude am Getränk. Eine findige Hausfrau in Dresden hatte 1908 die zündende Idee: Melitta Bentz erfand den Kaffeefilter. Ein Löschblatt ihres Sohnes, ein alter Messingtopf, der kurzerhand mit Nagel und Hammer perforiert wurde, und schon war der erste Melitta-Filter geboren.

Klettverschluss

Der Schweizer Ingenieur Georges de Mestral war viel mit seinen Hunden in der Natur unterwegs. Immer wieder kamen einige Früchte der Großen Klette mit dem Fell der Hunde in Kontakt und blieben darin hängen. Er legte die Früchte unter sein Mikroskop und entdeckte, dass sie winzige elastische Häkchen haben, die auch bei gewaltsamem Entfernen aus Haaren oder Kleidern nicht abbrechen. Die Beschaffenheit der Früchte gab ihm die Vorlage für einen neuen textilen Verschluss.1951 meldete de Mestral seine Idee zum Patent an.

Schmerzmittel Aspirin

Schmerz, lass nach! Schon seit Urzeiten war bekannt, dass ein Sud aus Weidenrinde gegen Fieber und Schmerzen hilft. Dem deutschen Chemiker Felix Hoffmann gelang es 1897, den Wirkstoff der Weidenrinde künstlich herzustellen: die Acetylsalicylsäure, kurz ASS. Er nannte sein Schmerzmittel „Aspirin" und es wurde schnell zu einem der erfolgreichsten und meistverkauften Arzneimittel der Welt.

Strandkorb

Das Markenzeichen deutscher Strände ist der Strandkorb. Elfriede Maltzahn aus dem Ostseebad Kühlungsborn hatte 1882 die Idee, sich einen schützenden Korbstuhl für den Strand bauen zu lassen. Sie liebte den Strand, litt aber unter Rheuma. Mit ihrer Idee ging sie zum Rostocker Hof-Korbmacher Wilhelm Bartelmann, der für sie den Ur-Strandkorb aus Weide, spanischem Rohr und Markisenstoff baute. Nur ein Jahr später ging die Strandkorbproduktion in Serie und Wilhelm Bartelmann wurde der erste Strandkorbvermieter der Welt.

Schnuller

Der „Wonnesauger", mit dem sich Kinder so wunderbar ruhigstellen lassen, ist eigentlich eine alte Erfindung. Harte Sauger führten früher aber oft zu Missbildungen des Gaumens und zu Fehlstellungen der Zähne. Zwei deutsche Zahnmediziner, Dr. Adolf Müller und Professor Wilhelm Balters, machten sich daran, einen gaumenfreundlichen Schnuller zu entwickeln. 1949 gelang ihnen der Durchbruch: Sie hatten den zahn- und kiefergerechten Beruhigungssauger aus Gummi erfunden.

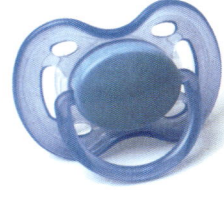

Nähmaschine

Von 1807 bis 1839 arbeitete der Kufsteiner Joseph Madersperger an der Herstellung und Verbesserung seiner Nähmaschine. Die Nadel wurde mit einer Spitze mit einem integrierten Nadelöhr ausgestattet. Vor allem erfand er aber eine Möglichkeit, mit der Maschine einen Doppelstich auszuführen. Leider gelang es ihm damals nicht, die Öffentlichkeit zu überzeugen, und er starb 1850 in einem Wiener Armenhaus.

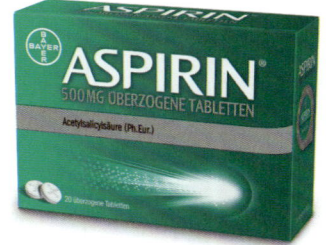

www Mehr Informationen zu „Dingen des Alltags".

Sammeln Sie Informationen über Dinge des Alltags, die in Deutschland, Österreich oder der Schweiz erfunden wurden, und stellen Sie sie im Kurs vor.

Beispiele aus dem deutschsprachigen Bereich: MP3 – Homöopathie – Scanner – Airbag – Dübel – Bobby-Car – Currywurst – Würfelzucker – Fahrradkette

Grammatik-Rückschau

1 Konnektoren

Konnektor	leitet ein	Bedeutung	Beispiel
wenn, falls	Nebensatz	Bedingung	Ich achte nicht auf die Zeit, wenn ein spannender Krimi im Fernsehen läuft.
außer wenn	Nebensatz	Bedingung, die die vorangehende Aussage einschränkt (= wenn ... nicht)	Die Zeit vergeht schnell, außer wenn man jung ist.
es sei denn	Hauptsatz		Die Zeit vergeht schnell, es sei denn, man ist jung.
dann	Hauptsatz	meist positive Folge	Man muss auch mal nichts tun, dann kommen viele neue Gedanken.
folglich, demnach, somit, infolgedessen	Hauptsatz	Folge	Ein Kind erlebt täglich etwas Neues, somit empfindet es die Zeit sehr intensiv.
sonst, andernfalls	Hauptsatz	negative Folge	Der Mensch braucht Abwechslung im Leben, sonst wird ihm langweilig.

2 trennbare und untrennbare Verben

Die Vorsilben *durch-*, *über-*, *um-*, *unter-*, *wider-* und *wieder-* können trennbar oder untrennbar sein.
Die Betonung der Vorsilbe kann eine Verstehenshilfe sein:
- Vorsilbe betont → Verb trennbar
- Vorsilbe nicht betont → Verb untrennbar

	trennbar	untrennbar	trennbar und untrennbar
durch-	durchfallen, durchführen, durchhalten, durchkommen, durchmachen, durchsehen	durchleben, durchqueren	durchbrechen, durchdenken, durchdringen, durchfahren, durchlaufen, durchschauen, durchsetzen
über-	überlaufen, übersiedeln, überkochen	(sich) überarbeiten, überblicken, überdenken, überfordern, übergeben, überraschen, überreden, überrennen, übertreiben	übergehen, übersetzen, überstehen, übertreten, überziehen
um-	umbauen, umdenken, umfallen, umkehren, umladen, umsteigen, umstoßen, umtauschen, umziehen	umarmen, umgeben, umkreisen, umzäunen	umfahren, umfliegen, umgehen, umschreiben, umstellen
unter-	unterbringen, untergehen, unterordnen	unterbrechen, unterdrücken, unterschätzen, unterscheiden, unterschreiben	unterhalten, unterstellen, unterziehen
wider-	widerhallen, widerspiegeln	widerfahren, widerlegen, sich widersetzen, widersprechen, widerstehen	
wieder-	wiederfinden, wiederkommen, wiedersehen		wiederholen

Nachhaltig leben

1a Wie kann man im Alltag nachhaltig und ökologisch leben? Sammeln Sie im Kurs.

Weniger Müll produzieren, indem man …   *Regionale Lebensmittel …*

b Welche Ideen aus 1a sind leicht umzusetzen, welche schwer? Diskutieren Sie.

2 Sieben Linden – Dorf der Nachhaltigkeit. Sehen Sie den Film ohne Ton. Notieren Sie die Aktivitäten der Dorfbewohner.

3a Arbeiten Sie in Gruppen und sehen Sie den Film noch einmal mit Ton. Jede Gruppe notiert die wichtigsten Informationen zu einem Thema und präsentiert sie anschließend.

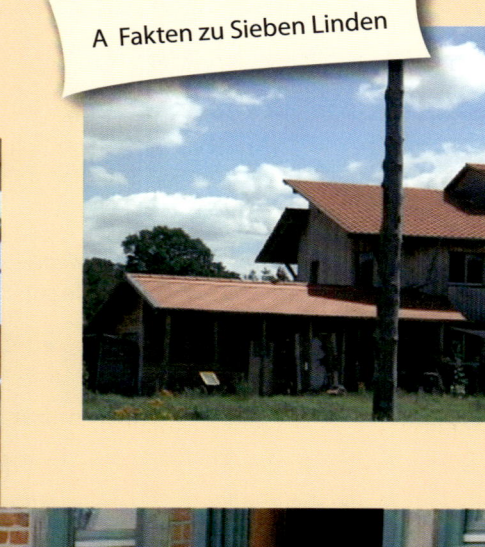

A Fakten zu Sieben Linden

B Hausbau

C Gemeinschaft

b Was bedeuten die Wörter? Wählen Sie eines und erklären Sie.

ökonomisch   Bürgermeister   Probezeit   dauerhaft   Verpflegung   energieeffizient   laufende Unkosten   Küchendienst   Acker

sehen | nachdenken | diskutieren | spielen | ...

1

4a Warum entscheiden sich Menschen für ein Leben in einem Dorf wie Sieben Linden? Sammeln Sie Gründe.

b Was kann gegen ein solches Leben sprechen? Diskutieren Sie.

c Lesen Sie den Ausschnitt aus einem Interview mit dem Filmemacher Michael Würfel. Warum hat er sich für ein Leben in Sieben Linden entschieden und was findet er dort besonders gut?

Frage: Herr Würfel, Sie sind vor fünf Jahren ins Ökodorf Sieben Linden gezogen. Sie mussten einiges dafür tun: einen Gemeinschaftskurs absolvieren, eine Abstimmung der Bewohner gewinnen, ein Probejahr vor Ort leben und schließlich 12.000 Euro
5 für Genossenschaftsanteile zahlen. Warum wollten Sie unbedingt in die ökologisch-soziale Modellsiedlung?
Würfel: Ich war einfach genervt von der Stadt. In Hannover wohnte ich wegen meiner damaligen Freundin, obwohl ich nie dort leben wollte. Ich fand die ganze Werbung, den dichten Verkehr
10 unerträglich. Ich habe mich permanent genötigt gefühlt, dieses oder jenes cool zu finden und zu kaufen. Der Bewerbungsprozess in Sieben Linden war zwar langwierig, aber ich konnte in Ruhe prüfen, ob ich mit den Menschen dort auch leben will.
Frage: Was gefällt Ihnen in Sieben Linden?
15 **Würfel:** Ich fühle mich integriert. Die Mischung hier ist sehr bunt: von jungen hippen Menschen über Selbstversorger bis zu Eltern, die für ihre Kinder ein anderes Umfeld suchen. Ich zahle monatlich einen Betrag in die Essenskasse und kann mir in der Küche nehmen, was ich möchte. Ich habe aber auch ein Privatleben. Ob ich abends im Haupthaus mit den anderen esse oder mich mit einer Stulle in meinen Bauwagen zurückziehe, ist meine Sache.
20 **Frage:** Was könnte sich unsere Gesellschaft von Sieben Linden abgucken?
Würfel: Gemeinschaftlicher zu leben! In Sieben Linden sitzen längst nicht mehr die Einzigen, die sich für Nachhaltigkeit interessieren. Nur: In der großen Gesellschaft sucht jeder nach individuellen Lösungen. Nachhaltigkeit und Gemeinschaft gehen aber miteinander einher. Hier im Ort teilen wir Autos und Rasenmäher, kümmern uns zusammen um Gemüsebeete oder den
25 Hausbau. Nur weil jede Arbeit allen Bewohnern zugute kommt, haben wir eine gute Ökobilanz. Allein ist das kaum zu schaffen.

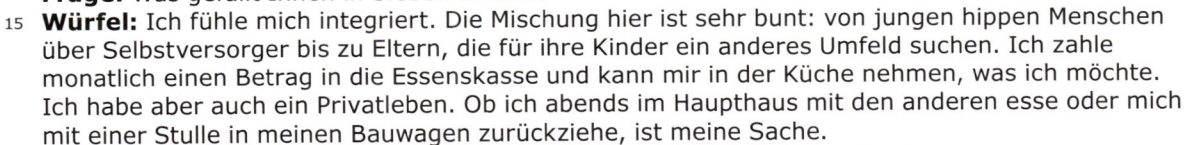

5 Wählen Sie eine Aufgabe und bearbeiten Sie sie.

A
1 Arbeiten Sie in Gruppen und gestalten Sie einen Informations- und Werbeflyer für das Dorf.
2 Wählen Sie im Kurs den besten Flyer aus.

B
1 Auch in einer Gemeinschaft wie dem Dorf Sieben Linden können unter den Bewohnern Konflikte entstehen. Sammeln Sie mögliche Konfliktsituationen.
2 Spielen Sie die Situationen vor. Am Ende sollten Sie zu einem Kompromiss kommen.

Hast du Worte?

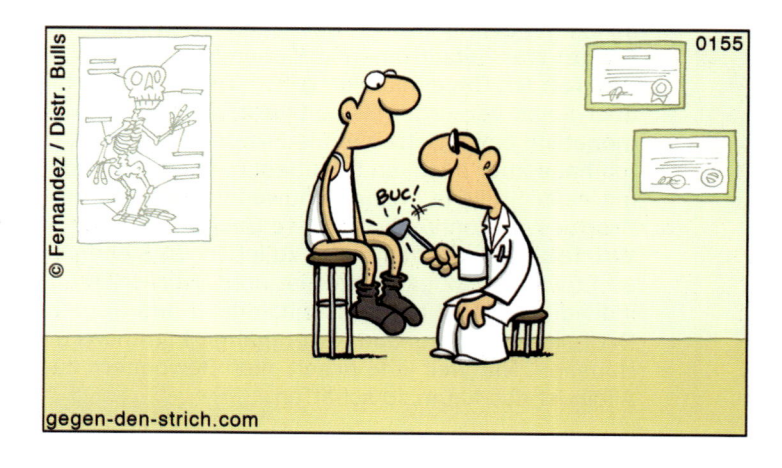

Sie lernen
Modul 1 | Vor- und Nachteile moderner Medien aus einem Artikel herausarbeiten und Meinungen wiedergeben

Modul 2 | Strategien aus einem Interview zum Thema „Schlagfertigkeit" zusammenfassen

Modul 3 | Einen Fachtext über „Sprachen lernen und erwerben" kommentieren

Modul 4 | Aussagen von Personen mit dialektalen Färbungen verstehen und über die Verwendung von Dialekten sprechen

Modul 4 | Einen Leserbrief zum Thema „Dialekt" schreiben

Grammatik
Modul 1 | Möglichkeiten der Redewiedergabe

Modul 3 | Nominal- und Verbalstil

1a Was ist witzig? Sehen Sie sich die Cartoons an. Worüber können Sie am meisten lachen? Vergeben Sie Platz 1–3. Welcher Cartoon steht am häufigsten auf Platz 1?

Platz 1: _____ Platz 2: _____ Platz 3: _____

b Was sind typische Witze in Ihrer Heimat? Welche Komiker und welche Themen sind sehr beliebt?

2a Hören Sie, wie jemand einen Witz erzählt. Was könnte er besser machen?

b Hören Sie den gleichen Witz noch einmal von einer anderen Person. Was hat der Mann beim Erzählen gut/besser gemacht?

3 Recherchieren Sie nach einem Witz, der Ihnen gut gefällt. Üben Sie zuerst zu zweit, erzählen Sie den Witz dann im Kurs.

Immer erreichbar

▶ Ü 1 **1** Sind Sie immer erreichbar? Wann sind Sie für wen erreichbar?

2a Arbeiten Sie zu zweit. Jeder liest einen Text und ergänzt die Tabelle mit Stichwörtern.

Müssen wir immer erreichbar sein?

Ja, denn das bringt Vorteile im Beruf

*Dr. Kerstin Cuhls
Zukunftsforscherin,
Fraunhofer-Institut*

Die technischen Möglichkeiten, durch die man immer und überall erreichbar ist, schätze ich sehr. Sie geben mir die Chance, meinen Beruf, so wie er sich entwickelt hat, überhaupt ausüben zu können. Ich kann von zu Hause aus arbeiten, und das nicht nur zu den klassischen Arbeitszeiten. Ohne mein mobiles Büro wäre für mich die Vereinbarkeit von Beruf und Familie gar nicht möglich oder würde ich meine Kinder fast nur am Wochenende sehen. Ein weiterer Vorteil ist es, überall und zu jeder Zeit Zugriff auf meine eigenen Daten und anderweitige Informationen zu haben. Das ist für mich als Innovationsforscherin – und sicher auch für viele andere Menschen – enorm wichtig und angenehm. Ich kann mit Personen kommunizieren und gemeinsam Projekte bearbeiten, ohne mich allzu oft mit ihnen zu treffen. Ich muss auch nicht mehr ganz so viele Dienstreisen machen. Trotzdem manage ich derzeit ein relativ großes Forschungsprojekt mit vielen Beteiligten.

Kommunikation braucht Sendepausen

*Prof. Miriam Meckel
Professorin für Kommunikationsmanagement*

Nein, wir müssen auch abschalten dürfen. Niemand ist verpflichtet, auf die umfassenden Ansprüche der modernen Kommunikationskultur einzugehen. Natürlich wollen wir per Handy vernetzt sein, aber eben dabei nicht den Überblick verlieren und ständig in der Pflicht zur Kommunikation stehen. Ein erster Schritt kann es sein, Zeiten für die eigene Erreichbarkeit zu definieren. Denn: Wenn ich immer für alle erreichbar bin, bin ich in Wahrheit nie voll und ganz für jemanden da. Schalte ich hingegen beim Treffen mit Freunden das Handy einmal bewusst aus, erreicht mich derjenige wirklich, der diesen Moment mit mir teilt. Es bedarf der gelegentlichen Sendepause, um auf Information Kommunikation folgen zu lassen. Schließlich muss der Mensch verarbeiten können, was auf ihn zukommt. Hat er dazu im Dauerfeuer der Botschaften keine Zeit, fällt die Information ins Nichts. Es ist daher wichtig, Platz im Kopf und Zeit zum Denken zu schaffen.

Pro	Contra

Modul 1

b Redewiedergabe in wissenschaftlichen Texten, Zeitungen und Nachrichten. Lesen Sie die Regeln und formulieren Sie die Meinungen und Argumente aus Ihrem Text in 2a mithilfe der folgenden Möglichkeiten.

Möglichkeiten zur Redewiedergabe

Präpositionale Ausdrücke mit Dativ
laut   *Laut* der Professorin Miriam Meckel …
nach   *Nach* Kerstin Cuhls … / Miriam Meckels Meinung *nach* …
zufolge   Dem zweiten Text *zufolge* …

Nebensätze mit *wie*
Wie Kerstin Cuhls berichtet/erklärt/…, …
Wie im linken/rechten Text beschrieben wird, …
Wie es im Text heißt, …

Konjunktiv I

Gegenwart	Infinitivstamm + Endung (*-e, -est, -e, -en, -et, -en*) Ausnahme *sein*: *ich sei, du sei(e)st, er sei* … Sind die Formen von Konjunktiv I und Indikativ identisch, verwendet man den Konjunktiv II (z. B. *ich habe → ich hätte*).
Vergangenheit	*sei/habe* + Partizip II

Kerstin Cuhls sagt, sie schätze es sehr, immer erreichbar zu sein. So könne sie …

---

c Informieren Sie jetzt Ihren Partner / Ihre Partnerin über Ihren Text. Lesen Sie Ihre Sätze aus 2b vor, der/die andere ergänzt die fehlenden Informationen in der Tabelle in 2a.   ▶ Ü 2–5

3 Immer erreichbar. Was denken Sie? Diskutieren Sie die folgenden Fragen.

1 Sind 50 bis 100 E-Mails pro Tag normal?

2 Sollte man das Handy am Abend oder am Wochenende ausschalten?

3 Muss man alle Menschen immer gleich zurückrufen?

4 Muss man auch am Wochenende für Kollegen und Chefs erreichbar sein?

4a Lesen Sie die Meldung und geben Sie sie mit den Möglichkeiten der Redewiedergabe wieder. Was ist Ihre Meinung zum Thema?

Komme später!

Hat man sich früher verabredet, kam man normalerweise auch zur geplanten Zeit an den geplanten Ort. Und heute? Schnell eine Nachricht zu senden, dass man es leider doch nicht schafft oder sich um
5 eine Stunde verspätet, ist ganz normal. Man muss sich dann auch nicht der Enttäuschung des anderen stellen. Da die meisten Menschen ständig erreichbar sind, fallen Verabredungen heutzutage unverbindlicher aus. Selten gelingen Verabredungen auf An-
10 hieb, sondern meistens werden mehrere Anläufe benötigt. Zusagen bleiben oft vage. Jeder hat schon mal ein „Ich melde mich" oder „Lass uns telefonieren" gehört.

---

b Spielen Sie Nachrichtensprecher/in. Recherchieren Sie einen interessanten Artikel und geben Sie den Inhalt wieder. Verwenden Sie die verschiedenen Möglichkeiten der Redewiedergabe.

Laut einem Bericht der Bundesregierung wird es im nächsten Jahr …   ▶ Ü 6

Gib Contra!

1a Was bedeuten die Aussagen? Ordnen Sie zu.

___ 1. Der neue Kollege nimmt den Mund aber ganz schön voll. Er sollte sich mehr zurückhalten.

___ 2. Ihr Verhalten war so unverschämt. Er war vollkommen sprachlos.

___ 3. Herr Bockelberg kann wirklich gut Contra geben.

___ 4. Mein Bruder weiß viel und ist nicht auf den Mund gefallen.

a Er kann sich gut ausdrücken.
b Er kann schnell auf eine Provokation reagieren.
c Er ist ein Angeber.
d Ihm fiel nichts ein, was er hätte sagen können.

b Sehen Sie sich die Zeichnung an. Welche Antwort der Frau finden Sie am schlagfertigsten?

Hey, heute mal pünktlich?

Echt? Bin ich zu früh?

Entschuldige, kommt nicht wieder vor!

Ja, leider! Ich fürchte, meine Uhr geht falsch.

Äh … pünktlich? Was ist das???

▶ Ü 1

2 Sie hören ein Interview zum Thema „Schlagfertigkeit trainieren". Kreuzen Sie die richtige Antwort (a, b oder c) an. Sie hören den Text zweimal.

1. Wer wird leichter Opfer von verbalen Angriffen?
   a Jeder, der nicht gern Streitgespräche führt.
   b Jeder, der nicht schnell verbal reagieren kann.
   c Jeder, der negative Erfahrungen mit Spott gemacht hat.

2. Das LBS-Kinderbarometer stellt fest, dass …
   a etwa ein Drittel der Befragten unter verbalen Angriffen leidet.
   b sich 9- bis 14-Jährige besonders oft attackieren.
   c sich Kinder seltener verbal angreifen als Erwachsene.

3. Laut Dr. Traber finden die verbalen Attacken Erwachsener …
   a indirekter als bei Kindern statt.
   b meist im Berufskontext statt.
   c meist vor Publikum statt.

4. Dr. Traber zufolge ist ein häufiger Grund für verbale Attacken: …
   a das Bedürfnis, Überlegenheit zu zeigen.
   b das Gefühl, selbst angegriffen worden zu sein.
   c die schwächere Position des Opfers.

5. Das passiert laut Dr. Traber, wenn sich das Opfer nicht wehrt:
   a Das Opfer sieht keinen Ausweg mehr.
   b Das Opfer wird auch von anderen angegriffen.
   c Der Angreifer startet immer neue Attacken.

6. Wie reagieren Attackierte, wenn sie die „Strategie des Ironisierens" anwenden?
   a Sie geben eine Antwort aus einem anderen Kontext.
   b Sie stimmen dem Angreifer zu und erweitern die Aussage.
   c Sie tun so, als sei das Gesagte egal, und antworten desinteressiert.

28

7. Beim Schlagfertigkeitstraining ist am wesentlichsten, ...
   - [a] die Defensive zu verlassen.
   - [b] mit Freunden oder der Familie zu trainieren.
   - [c] schnell einen Schritt weiter zu kommen.

8. Im persönlichen Trainingsbuch sollten laut Dr. Traber ...
   - [a] alle Attacken, die man erlebt hat, notiert werden.
   - [b] Strategien und Äußerungen, die man ausprobiert hat, stehen.
   - [c] Strategien und Äußerungen für eventuelle Angriffe aufgeschrieben werden.

9. Die Seminare werden für verschiedene Situationen angeboten, weil ...
   - [a] die Seminarlänge von Situation zu Situation unterschiedlich ist.
   - [b] sich die Kunden Seminare für unterschiedliche Situationen gewünscht haben.
   - [c] verschiedene Situationen unterschiedliche Reaktionen erfordern.

10. Was wird im Seminar neben der Sprache trainiert?
    - [a] Auf die Körperhaltung zu achten und gleichgültiger gegen Provokationen zu werden.
    - [b] Auf die Körperhaltung zu achten und Konfliktsituationen zu vermeiden.
    - [c] Auf die Körperhaltung zu achten und mit dem Körper auf Angriffe zu reagieren.

3a Welche Begriffe passen zu welcher Abwehrstrategie aus dem Interview? Hören Sie den zweiten Abschnitt noch einmal und ordnen Sie zu.

A dem Gegner das Gefühl geben, er hat etwas verpasst
B das Thema aufgreifen
C den Gegner zwingen, einen Moment zu überlegen
D dem Gegner zustimmen
E gelangweilt reagieren
F übertreiben
G den Gegner schlecht dastehen lassen
H mit einem anderen Thema reagieren
I das Thema für sich selbst nutzen
J gleichgültig tun

1. Überraschung	2. Ironisierung	3. Kontern
4. Verwirren	5. Ins Leere laufen lassen	

b Welche Strategie würden Sie in den Situationen nutzen? Überlegen Sie, was Sie sagen könnten.

A: *Ich darf doch vor, oder?*

B: *Ist der Platz noch frei?* — *Ja schon, aber mein Koffer ist so schwer.*

C: *Kleiner Tipp unter Freunden: Das Outfit steht nicht jedem!*

Sprachen lernen

1 Wann, wie, wo, wozu und mit wem lernen wir Sprachen? Erstellen Sie eine Mindmap.

2a Lesen Sie den Artikel aus einer Fachzeitschrift. Welche Wege zur Sprache werden beschrieben?

1 *Wie wir uns eine Sprache aneignen, untersuchen unterschiedliche wissenschaftliche Disziplinen, z. B. die Linguistik, die Entwicklungspsychologie, die Didaktik und andere. Die Forschung beobachtet dabei den Spracherwerb und das Sprachenlernen.*

2 *Wenn wir uns bei Kindern ansehen, über welches sprachliche Repertoire sie in der Muttersprache verfügen, dann können wir bemerken: Sie erwerben auch Sprachregeln, die in ihrer Alltagssprache nur selten vorkommen.*

3 *Kinder üben die Strukturen aber nur mit einer begrenzten Anzahl von Regeln. Es ist ein Bestandteil des Lernprozesses, dass sie dabei von den Normen der Muttersprache abweichen.*

4 *Selbst wenn Eltern Fehler nicht korrigieren, erwerben Kinder ihre Muttersprache dennoch vollständig.*

5 *Kinder erwerben eine Sprache mit dem Ziel, soziale Kontakte aufzubauen, und nicht, um Informationen weiterzugeben. Daher nimmt man an, dass sich das Sprachvermögen auch in der Schule verbessert, wenn man die Anzahl der Sprachkontakte erhöht.*

6 *Bei Erwachsenen kann man jedoch allgemein feststellen, dass sich ihre Fremdsprachenkenntnisse nicht allein durch Sprachkontakte verbessern.*

Wege zur Sprache

Die Aneignung einer Sprache ist Forschungsgegenstand sowohl der Linguistik als auch der Entwicklungspsychologie, der Didaktik und anderer wissenschaftlicher Disziplinen. In der Forschung gibt es Beobachtungen zum Spracherwerb und zum Sprachenlernen:

Erwerb meint unbewusste und implizite Vorgänge in natürlicher Umgebung, etwa beim Einkaufen oder auf der Straße. Beispiel: Der Erwerb der Sprache bei Immigranten im Zielland. *Lernen* beschreibt bewusste und explizite Vorgänge mit einer klaren Steuerung. Beispiel: Lernen mithilfe einer Lehrperson.

Bei Kindern ist das Repertoire in der Muttersprache bemerkenswert: Ihr Erwerb umfasst auch Sprachregeln, deren Vorkommen in ihrer Alltagssprache selten ist. Und das, obwohl das Üben von Strukturen nur mit einer begrenzten Anzahl von Regeln erfolgt. Abweichungen von den Normen der Muttersprache sind dabei ein Bestandteil des Lernprozesses.

Selbst ohne Korrektur der Fehler durch die Eltern ist der Erwerb der Muttersprache durch die Kinder dennoch vollständig. Beim Lernen von Fremdsprachen in der Schule erfolgen Korrekturen durch die Lehrenden. Trotzdem ist der Erwerb der neuen Sprache am Ende unvollständig. Es gibt viele Gründe für dieses Phänomen – wie der Umfang an Trainingszeit, Möglichkeiten des Sprachkontakts, Maß der Motivation oder das Lernziel.

Das Ziel von Kindern beim Spracherwerb liegt im Aufbau von sozialen Kontakten und weniger in der Weitergabe von Informationen. Es besteht daher die Annahme, dass eine Verbesserung des Sprachvermögens in der Fremdsprache auch in der Schule mit Erhöhung der Anzahl von Sprachkontakten z. B. durch Korrespondenz, Schüleraustausch oder Klassenfahrten eintritt.

Bei Erwachsenen gibt es jedoch die allgemeine Feststellung, dass eine Verbesserung der Fremdsprachenkenntnisse im Gegensatz zu Kindern nicht unbedingt mit Sprachkontakten verbunden ist. Der Lebensmittelpunkt in Deutschland ist z. B. allein kein Garant für gute Sprachkenntnisse.

b Was wissen Sie jetzt über das Lernen bzw. den Erwerb von Sprache? Kommentieren Sie die Aussagen aus dem Artikel aufgrund Ihrer Erfahrungen schriftlich. Welchen stimmen Sie zu?

Modul 3

3a Vergleichen Sie die Aussagen in den Sprechblasen mit denen im Artikel. Was stellen Sie in Bezug auf Verständlichkeit, Länge und Verwendung von Nomen und Verben fest?

b Verbalstil und Nominalstil. Ergänzen Sie die Regel.

Der **Verbalstil** wird vor allem in erzählenden Texten und in der mündlichen Sprache verwendet. _____ und _____ werden ungefähr gleich oft benutzt. Die _____ haben eine starke eigene Bedeutung. Texte im Verbalstil wirken lebendiger.	Der **Nominalstil** wird vor allem in Fachtexten und in wissenschaftlichen Texten verwendet. Es werden besonders viele _____ benutzt. Die _____ tragen die Hauptbedeutung. Texte im Nominalstil sind eher abstrakt.

▶ Ü 1

c Wie werden Nominalisierungen gebildet? Ergänzen Sie die Nominalformen aus dem Artikel in 2a.

Verbalform	**Nominalform**
1. Akkusativ-/Dativergänzung →	**Präpositionalattribut**
Die Forschung beobachtet dabei den Spracherwerb und das Sprachenlernen.	In der Forschung gibt es _____ Spracherwerb und _____ Sprachenlernen.
2. Personalpronomen →	**Possessivartikel**
Sie erwerben auch Sprachregeln, die … nur selten vorkommen.	_____ umfasst auch Sprachregeln, deren Vorkommen … selten ist.
3. Präpositionalergänzung →	**Präpositionalattribut**
…, dass sie dabei von den Normen der Muttersprache abweichen.	_____ den Normen der Muttersprache sind …
4. transitive Verben: → **Akkusativergänzung im Aktivsatz** → **Subjekt im Passivsatz** → **handelnde „Person"**	**Genitiv** *oft durch + „Person"*
Selbst wenn Eltern Fehler nicht korrigieren, erwerben Kinder …	Selbst ohne _____ Fehler _____ die Eltern ist der Erwerb …
5. intransitive/reflexive Verben: **Subjekt im Aktivsatz** →	**Genitiv**
Daher nimmt man an, dass sich das Sprachvermögen … verbessert, wenn …	Es besteht daher die Annahme, dass eine _____ des _____ … eintritt.
6. Adverb →	**Adjektiv vor der Nominalisierung**
Bei Erwachsenen kann man jedoch allgemein feststellen, dass …	Bei Erwachsenen gibt es jedoch die _____, dass …

▶ Ü 2–6

d Überlegen Sie im Kurs: Wie lauten die Nominalisierungen? Notieren Sie die passenden Regeln aus 3c und formen Sie um.

1. Wir interessieren uns für Kommunikation. → Ab der Geburt haben wir …
2. Es ist ausreichend bewiesen, … → Es gibt …, dass Kinder Sprache schneller lernen.
3. Kinder lernen Laute und Silben. → Kinder erweitern durch … ihren Wortschatz.
4. Kinder entwickeln sich schnell. → Eltern beobachten …
5. Kinder nehmen die Sprache wahr. → … ist meist spielerisch.
6. Sie kommunizieren. → … wird vom Umfeld geprägt.

4 Welche Hinweise und Tipps zum Lernen von Sprachen finden Sie wichtig? Sammeln Sie zu zweit und vergleichen Sie im Kurs.

Sag mal was!

1a Werden in Ihrem Land Dialekte gesprochen? Unterscheiden sich diese sehr von der Hochsprache? Sprechen viele Menschen diese Dialekte? Nimmt die Zahl der Dialektsprecher zu oder eher ab?

b Welche deutschen Dialekte kennen Sie? Haben Sie sich schon einmal in einer deutschsprachigen Region aufgehalten, in der ein Dialekt gesprochen wird? Wie gut haben Sie diesen Dialekt verstanden?

c Hören Sie einige Dialektbeispiele. Wo werden diese Dialekte wohl gesprochen? Ergänzen Sie die Zahlen auf der Karte.

1.20-27

d Was sagen die Personen zu ihrem Dialekt? Hören Sie noch einmal und notieren Sie.

   1. *spricht Dialekt nur in der Familie*

2a Lesen Sie den folgenden Text und die Aussagen 1–8 dazu. Markieren Sie bei jeder Aussage, ob
   a) die Aussage mit dem Text übereinstimmt,
   b) die Aussage nicht mit dem Text übereinstimmt,
   c) zu dieser Aussage nichts im Text steht.
   Es gibt jeweils nur eine richtige Lösung.

SPRACHE IM ALLTAG
Ich liebe dich im Dialekt

Bairisch:	*I mog di.*
Saarländisch:	*Isch hann disch lieb.*
Platt:	*Ick heff di leev.*
Kölsch:	*Isch hann disch jään.*

Die neue Dialektik

Die allermeisten Menschen, die heute erwachsen sind und statt Hochdeutsch zuerst einmal einen Dialekt gelernt haben, dürften eine solche oder ähnliche Geschichte erlebt haben: Sie hatten sich verliebt, fragil noch war die Partnerschaft, und dann klingelte irgendwann das Telefon, und die Mutter war dran. Oder der Vater. Oder ein alter Freund von früher. Und zum allerersten Mal hörte einer der neue Partner Dialekt sprechen. Die Angerufenen fürchteten nach solchen Telefonaten, sofort wieder verlassen zu werden.

Bis vor wenigen Jahren galt, wer Dialekt spricht, als ungebildet, als ein bisschen minderbemittelt. Wer etwas auf sich hielt, legte seinen Dialekt ab, lernte Hochdeutsch und vermied, den Dialekt auch nur anklingen zu lassen. Seit einigen Jahren löst sich dieses Stigma langsam auf. In Niedersachsen bringen einige Schulen Kindern Platt bei. In Hamburg dürfen fortan Stadtteilschilder in dieser Sprache aufgestellt werden. In Bayern bilden Theaterleute junge Schauspieler im Bairischen aus. In ganz Deutschland sind Radio-Tatorte zu hören, in denen die Kommissare einen noch stärkeren Dialekt sprechen als die Kommissare im Fernsehen, und Asterix-Bände sind mittlerweile in 22 deutschen Dialekten erschienen, *Däm Asterix singe Jung* heißt *Der Sohn des Asterix* auf Kölsch. Dabei passt es besonders gut, dass die Geschichten des Galliers Asterix als Vorlage dienen. Mit ein bisschen Fantasie ist die Übermacht der Römer mit der der Hochsprache gleichzusetzen. Wer die Hefte liest, denkt sich: „Ganz Deutschland ist vom Hochdeutsch beherrscht ... Ganz Deutschland? Nein!"

Jahrelang überlebte der Dialekt in Deutschland fast ausschließlich in zwei Formen: im Komödiantischen und in der Politik. Kabarettisten benutzten den Dialekt, um komischer zu wirken. Ein Satz auf Sächsisch, und das Publikum lachte. Und Politiker sprachen Dialekt, weil sie glaubten, damit den Menschen in ihrem Wahl-

32

kreis imponieren zu können. Jetzt vermehrt sich der Dialekt auch anderswo: im ernsthaften Theater, im Film, in der Musik, in der Werbung. Es gibt eine Renaissance der Dialekte.

Es gibt keine wissenschaftlichen Zahlen darüber, wie angesehen Dialekte zu welchen Zeiten waren und es heute sind. Alfred Lameli vom Forschungsinstitut für deutsche Sprache in Marburg sagt, dass zwar von Jahr zu Jahr weniger Menschen einen echten Dialekt sprechen, weil die Alten, die ihn noch beherrschen, sterben und weil es für die Jungen immer weniger Gelegenheiten gibt, ihn zu sprechen: Aus den Schulen, den Büros, den Ämtern wurde der Dialekt vertrieben. Allerdings scheint es so, als steige im gleichen Maße, wie die ursprünglichen Dialektsprecher verschwinden, die Liebe der Nachkommen zu diesen Dialekten. Vor ein paar Jahren ist es Lameli zum ersten Mal aufgefallen: Die Nachrichtensprecher im Privatradio sprechen kein Hochdeutsch, sondern eine Mischform aus Dialekt und Hochdeutsch, Regiolekt nennt er das. Die Menschen sollen Vertrautes zu hören bekommen, das Radio will ihre Gefühle erreichen, nicht nur ihren Verstand. Dann fiel Lameli auf, dass auch die Moderatoren der Fernsehnachrichten kein perfektes Hochdeutsch mehr sprechen, nicht die der privaten Sender und auch nicht die des ZDF. Im Grunde genommen, sagt Lameli, gebe es das Hochdeutsch in seiner Reinform nur noch in der *Tagesschau* und in den *Tagesthemen*.

Mitte der zwanziger Jahre haben viele Deutsche zum allerersten Mal Hochdeutsch gehört – weil es das Radio gab. Das Radio hat nicht nur Nachrichten verbreitet, sondern auch das Hochdeutsche im Land. Heute hören die meisten Menschen im Radio und im Fernsehen keine reine Hochsprache mehr. Es ist anzunehmen, dass sie diese Sprache so langsam wieder verlernen. Lameli hat zwei seiner Studenten einen Versuch machen lassen. Sie spielten zwei Gruppen von Testpersonen verschiedene um die Stadt Kassel herum gesprochene Dialekte vor. In der ersten Gruppe waren Menschen zwischen 60 und 70 Jahren. Die zweite Gruppe bestand aus Schülern der neunten Klasse. Sie alle sollten die Himmelsrichtung angeben, von der sie glaubten, dass der jeweilige Dialekt, von Kassel aus betrachtet, gesprochen wird. Was Lameli und seine Studenten verblüfft hat: Die Jüngeren schnitten dabei besser ab als die Alten, obwohl doch früher mehr Dialekt gesprochen wurde. Die Jüngeren haben offenbar ein besseres Gehör, ein größeres Interesse für die Unterschiede.

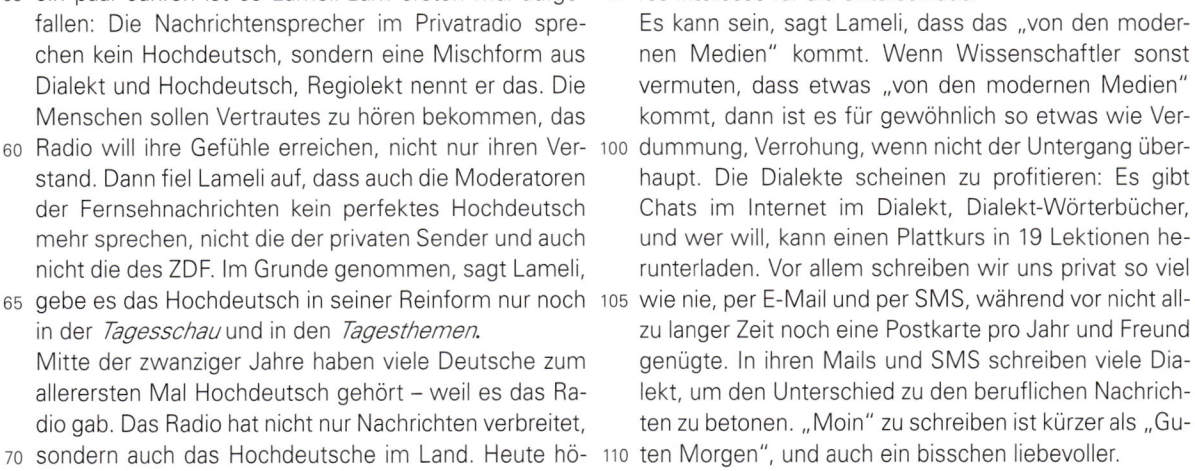

Es kann sein, sagt Lameli, dass das „von den modernen Medien" kommt. Wenn Wissenschaftler sonst vermuten, dass etwas „von den modernen Medien" kommt, dann ist es für gewöhnlich so etwas wie Verdummung, Verrohung, wenn nicht der Untergang überhaupt. Die Dialekte scheinen zu profitieren: Es gibt Chats im Internet im Dialekt, Dialekt-Wörterbücher, und wer will, kann einen Plattkurs in 19 Lektionen herunterladen. Vor allem schreiben wir uns privat so viel wie nie, per E-Mail und per SMS, während vor nicht allzu langer Zeit noch eine Postkarte pro Jahr und Freund genügte. In ihren Mails und SMS schreiben viele Dialekt, um den Unterschied zu den beruflichen Nachrichten zu betonen. „Moin" zu schreiben ist kürzer als „Guten Morgen", und auch ein bisschen liebevoller.

Wenn der Dialekt gerade jetzt zurückkommt, dann hat das sicher mit der Globalisierung zu tun. Die Welt, in der wir leben, ist unüberschaubar groß geworden und arm an Unterschieden: Wir essen überall die gleichen Gerichte, trinken die gleichen Säfte. Der Mensch will sich aber unterscheiden und viele sehnen sich gleichzeitig nach einer kleineren Welt, in der sie sich zurechtfinden, die so etwas wie Heimat gibt.

1. Bis vor einigen Jahren noch wurde Dialektsprechenden Bildung und Intelligenz abgesprochen. a b c
2. Im Bundesland Niedersachsen können Schulkinder jetzt Dialekt im Unterricht lernen. a b c
3. Auch andere Bundesländer planen, die Dialekt-Vermittlung in der Schule einzuführen. a b c
4. Immer weniger Menschen sprechen echten Dialekt und immer weniger interessieren sich dafür. a b c
5. Radiosender versuchen, die Menschen durch die Verwendung von regional gefärbter Sprache auf einer emotionalen Ebene zu erreichen. a b c
6. Im Fernsehen erreichen Sendungen, in denen nicht Hochdeutsch gesprochen wird, hohe Einschaltquoten. a b c
7. Die neuen Medien tragen dazu bei, dass immer weniger Dialekt verwendet wird. a b c
8. Durch Dialekt kann man sich von anderen absetzen. a b c

Sag mal was!

b Was bedeuten die markierten Ausdrücke aus dem Text? Formulieren Sie die Sätze um und vergleichen Sie im Kurs.

| einen Vorteil haben | erfolgreicher sein | überraschen | hervorheben |
| der Intellekt | auf seinen guten Ruf achten | | |

1. <u>Wer etwas auf sich hielt</u>, legte seinen Dialekt ab. (Z. 13–14)
2. Das Radio will ihre Gefühle erreichen, nicht nur ihren <u>Verstand</u>. (Z. 59–61)
3. Was Lameli und seine Studenten <u>verblüfft</u> hat: … (Z. 87–89)
4. Die Jüngeren <u>schnitten</u> dabei <u>besser ab</u> als die Alten. (Z. 89–91)
5. Die Dialekte scheinen zu <u>profitieren</u>: … (Z. 101)

▶ Ü 1
6. In SMS schreiben viele Dialekt, um den Unterschied zu den beruflichen Nachrichten zu <u>betonen</u>. (Z. 107–109)

c Arbeiten Sie zu dritt. Notieren Sie auf Karten wichtige Informationen aus dem Text. Tauschen Sie Ihre Karten mit einer anderen Gruppe. Sprechen Sie dann über die Notizen auf den Karten. Welche Informationen finden Sie interessant? Welche eigenen Erfahrungen können Sie ergänzen?

P TELC **3** Diskutieren Sie mit Ihrem Partner / Ihrer Partnerin das folgende Thema. Wie verstehen Sie diese Aussage? Sagen Sie, inwieweit Sie mit der Aussage übereinstimmen oder sie ablehnen. Geben Sie dazu Gründe und Beispiele an. Gehen Sie auch auf die Argumente Ihres Partners / Ihrer Partnerin ein.

Dialekte sind Teil der Kultur und müssen erhalten werden!

EIGENE MEINUNG AUSDRÜCKEN	GRÜNDE/BEISPIELE ANFÜHREN
Meiner Auffassung nach …	Das hat folgende Gründe: …
Ich bin der festen Überzeugung, dass …	Das kann man beispielsweise an … sehen.
Ich bin der Meinung, dass …	Dazu möchte ich folgende Beispiele/Gründe anführen: …
Meines Erachtens ist das …	Man kann das mit den folgenden Beispielen verdeutlichen: …
Ich vertrete die Ansicht, dass …	
Für mich steht fest, dass …	Man muss hierbei berücksichtigen, dass …

EINER AUSSAGE ZUSTIMMEN	EINE AUSSAGE ABLEHNEN
Ich bin der gleichen Ansicht, da …	Dieser Aussage muss ich widersprechen, denn …
Dem kann ich zustimmen, weil …	Dagegen kann man einwenden, dass …
Dem kann ich mich nur anschließen.	Gegen diese Behauptung spricht, dass …
Für mich klingt einleuchtend/überzeugend, wie …	Dem kann ich nicht / nur bedingt / nur teilweise zustimmen, da …
Dieses Argument leuchtet mir ein und ich finde auch, dass …	Ich kann nicht nachvollziehen, wie/warum …
Da kann ich dir/Ihnen nur völlig recht geben, denn …	Das überzeugt mich nicht, weil …
	Dazu habe ich eine andere Meinung, und zwar …
Das ist auch meine Meinung, da …	

▶ Ü 2

Fertigkeitstraining

Modul 4

4a Lesen Sie die Texte und entscheiden Sie, auf welchen Sie in einem Leserbrief reagieren möchten.

Karrierebremse *Dialekt*

Die junge Bankangestellte Sabine F. hatte beste Arbeitsergebnisse und gute Manieren. Aber als sie im Unternehmen aufsteigen wollte, wurde ihr Wunsch von ihren Vorgesetzten beharrlich ignoriert, denn Sabine sprach starkes Sächsisch, lebte aber im feinen Hamburg. Die Bank war der Meinung, die reichen Kunden würden irritiert reagieren, wenn sie plötzlich von der Sächsin beraten werden würden. Der jungen Frau blieb nichts anderes übrig, als für ihren nächsten Karriereschritt wieder in ihre Heimat zurückzukehren.

Dialekt als Zweitsprache

Spricht ein Kind von klein auf Dialekt und Standardsprache, gilt das für die Hirnforschung als eine Variante der Mehrsprachigkeit und als enormer Vorteil für die geistige Entwicklung. Kinder, die mit einem Dialekt aufwachsen, haben in der Regel ein besseres Sprachgefühl und -verständnis. Außerdem lernen sie viel leichter Fremdsprachen, weil sie schon früh gelernt haben, mit verschiedenen Sprachgefügen, Aussprachen und unterschiedlichen grammatischen Strukturen umzugehen.

b Nummerieren Sie die Teile eines Leserbriefs in der richtigen Reihenfolge.

_1_ Absender   ____ Schluss   ____ Hauptteil

____ Anrede   ____ Grußformel + Unterschrift ____ Anschrift

____ Betreff   ____ Einleitung   ____ Ort/Datum

c Welche Teile aus 4b passen zu den inhaltlichen Beschreibungen? Notieren Sie.

Betreff	Angabe des Artikels, auf den Sie reagieren
	Bezug zum Artikel: Warum schreiben Sie? Warum ist das Thema für Sie wichtig?
	Darstellung der eigenen Meinung, Argumente, Beispiele
	kurze Zusammenfassung, eventuell Ausblick/Forderung für die Zukunft

d Notieren Sie in Stichworten, was Sie im Hauptteil schreiben möchten. Formulieren Sie dann Ihren Leserbrief. Denken Sie an alle Teile aus 4b.

e Besprechen Sie Ihre Leserbriefe in Gruppen.

Kontrollieren Sie:
- Haben Sie ausreichend Konnektoren verwendet?
- Wurden auch schwierigere grammatische Strukturen verwendet?
- Ist der Wortschatz differenziert genug?

Markieren Sie, wo es Verbesserungsmöglichkeiten gibt, und schreiben Sie Ihren Brief noch einmal.

▶ Ü 3

Porträt

LaBrassBanda
Moderne Blasmusik aus Bayern

LaBrassBanda ist eine bayrische Band, deren moderne Blasmusik die Menschen einfach mitreißt. Die Musik der Band vom Chiemsee zählt zum Genre der „Neuen Volksmusik" und verbindet Blasmusik mit Reggae, Ska und anderen Musikstilen. Die Band selbst nennt ihre Musik auch ironisch „Bayrischen Gypsy Brass", „Funk Brass" oder „Alpen Jazz Techno".

LaBrassBanda

2007 wurde LaBrassBanda um Leadsänger und Trompeter Stefan Dettl gegründet. Dettl selbst wurde bei einem Aufenthalt in New York zu dieser in Deutschland neuen Musikart inspiriert, als er dort Konzerte von Bands besuchte, die Blasmusik mit Funk und Jazz verbanden.
Kennengelernt haben sich die Vollblutmusiker von LaBrass Banda am Musikkonservatorium in München. 2009 spielten sie auf Einladung des Goethe-Instituts mehrere Konzerte in Russland und traten auch auf Festivals in Simbabwe und Dänemark auf. Im gleichen Jahr entstanden zwei Filme über die mittlerweile sehr bekannte Band: ein Konzertfilm des Regisseurs Marcus H. Rosenmüller und ein Dokumentarfilm. Seitdem spielten sie mehrere hundert Konzerte und waren Gast auf zahlreichen nationalen und internationalen Festivals. 2011 spielten sie in der Münchner Olympiahalle vor 12.000 Leuten. Dieses Konzert wurde aufgezeichnet und 2012 als Livealbum veröffentlicht. Das Album „Kiah Royal" hat die Band 2014 in einem Kuhstall aufgenommen. Die Bandmitglieder verfolgen neben LaBrassBanda auch zahlreiche andere Projekte.

Die Band tritt immer in Lederhosen und barfuß auf – sowohl in großen Hallen als auch bei kleinen Clubkonzerten. Ihre Blasinstrumente spielen sie mit atemberaubender Geschwindigkeit in einem Rhythmus, zu dem man sich einfach bewegen muss. Obwohl sie ausschließlich auf Bairisch singen, gehören sie heute zu den populärsten Bands Deutschlands. In einem Interview mit der Münchner Abendzeitung sagte Sänger Stefan Dettl einmal: „Bayerisch, das bin einfach ich. Wenn ich Ansagen auf Hochdeutsch machen muss, bin ich unglaublich nervös und hab ein ganz schlechtes Körpergefühl. Sobald ich aber auf der Bühne so sein kann, wie ich eben bin, dann fließt es einfach aus mir heraus. Außerhalb von Bayern versteht man die Texte vielleicht nicht ganz, aber man versteht die Stimmfarbe oder die Gestik des Musikers. Das funktioniert in Karlsruhe genauso wie in Simbabwe."
Zu den bekanntesten Liedern von LaBrassBanda gehören „Autobahn" und „Nackert".

www Mehr Informationen zu LaBrassBanda.

Sammeln Sie Informationen über Persönlichkeiten aus dem In- und Ausland, die für das Thema „Kommunikation" interessant sind, und stellen Sie sie im Kurs vor. Sie können dazu die Vorlage „Porträt" im Anhang verwenden.

Beispiele aus dem deutschsprachigen Bereich: Ina Müller – Yared Dibaba – Stefan Eicher – Gölä – Badesalz – Hubert von Goisern – Kofelgschroa – Patent Ochsner – Wolfgang Niedecken und BAP – Marcus H. Rosenmüller

Grammatik-Rückschau

1 Möglichkeiten der Redewiedergabe

Präpositionale Ausdrücke mit Dativ

vorangestellt	nachgestellt	
laut		Laut der Professorin Miriam Meckel …
nach	nach	Nach Angaben von Kerstin Cuhls … Ihrer Meinung nach …
	zufolge	Dem zweiten Text zufolge …

Nebensätze mit *wie*
Wie Kerstin Cuhls berichtet, wird durch moderne Kommunikationsmittel vieles möglich.
Wie im zweiten Text beschrieben wird, braucht der Mensch auch Auszeiten.
Wie es im ersten Text heißt, ist der ständige Zugriff auf Daten ein großer Vorteil.

Konjunktiv I
Gegenwart: Infinitivstamm + Endung

ich	sei	habe → hätte	könne	sehe → würde sehen
du*	sei(e)st	habest	könnest	sehest
er/es/sie	sei	habe	könne	sehe
wir	seien	haben → hätten	können → könnten	sehen → würden sehen
ihr*	sei(e)t	habet	könnet	sehet
sie/Sie	seien	haben → hätten	können → könnten	sehen → würden sehen

* Die Formen in der 2. Person sind sehr ungebräuchlich. Hier wird meist der Konjunktiv II verwendet.

Sind die Formen von Konjunktiv I und Indikativ identisch, verwendet man den Konjunktiv II.

Vergangenheit: Konjunktiv I von *haben/sein* + Partizip II: *sie habe erkannt, sie sei gewesen*

2 Nominal- und Verbalstil

Verbalform (gesprochene Sprache, erzählende Texte)		**Nominalform** (Fachtexte, wissenschaftliche Texte)
Akkusativ-/Dativergänzung	→	**Präpositionalattribut**
Die Forschung beobachtet dabei den Spracherwerb und das Sprachenlernen.		In der Forschung gibt es Beobachtungen zum Spracherwerb und zum Sprachenlernen.
Personalpronomen	→	**Possessivartikel**
Sie erwerben auch Sprachregeln, die … nur selten vorkommen.		Ihr Erwerb umfasst auch Sprachregeln, deren Vorkommen … selten ist.
Präpositionalergänzung	→	**Präpositionalattribut**
…, dass sie dabei von den Normen der Muttersprache abweichen.		Abweichungen von den Normen der Muttersprache sind …
transitive Verben: → **Akkusativergänzung im Aktivsatz** → **Subjekt im Passivsatz** → **handelnde „Person"**	→	**Genitiv** oft *durch* + „Person"
Selbst wenn Eltern Fehler nicht korrigieren, erwerben Kinder …		Selbst ohne Korrektur der Fehler durch die Eltern ist der Erwerb …
intransitive/reflexive Verben: **Subjekt im Aktivsatz**	→	**Genitiv**
Daher nimmt man an, dass sich das Sprachvermögen … verbessert, wenn …		Es besteht daher die Annahme, dass eine Verbesserung des Sprachvermögens … eintritt.
Adverb	→	**Adjektiv vor der Nominalisierung**
Bei Erwachsenen kann man jedoch allgemein feststellen, dass …		Bei Erwachsenen gibt es jedoch die allgemeine Feststellung, dass …

Mit den Händen sprechen

1a Lesen Sie die Aussage. Welche Sprache könnte gemeint sein? Für wen ist diese Sprache wichtig?

... mit den Augen hören und mit den Händen sprechen ...

b Was ist ein Gebärdendolmetscher? In welchen Situationen braucht man ihn?

2a Welche Wörter passen zusammen? Bilden Sie Paare.

gehörlos   die Gebärdensprache   die Kommunikation   die Mimik   dolmetschen   die Verständigung
die Gestik   übersetzen   das Einfühlungsvermögen   die Lautsprache   schwerhörig   die Sensibilität

b Sehen Sie den Film. In welchen Arbeitssituationen wird Uwe Schönfeld gezeigt?

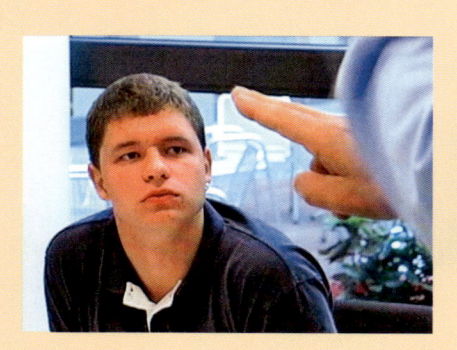

3 Sehen Sie die erste Filmsequenz und beantworten Sie die Fragen.

1. Wie beschreibt Herr Schönfeld seine Arbeit?
2. Welche Aspekte sind laut Herrn Schönfeld wichtig bei der Übersetzung in Gebärdensprache?

38

sehen | nachdenken | diskutieren | spielen | ...

2

4a Sehen Sie die zweite Filmsequenz. Wann und wo hat Herr Schönfeld die Gebärdensprache gelernt? Wie beschreibt er seine Rolle den Eltern gegenüber?

b Was ist das Besondere an der Beziehung zwischen Herrn Schönfeld und seiner Partnerin? Welche Probleme haben beide befürchtet?

5a Was denken Sie: Was ist für Gehörlose im Alltag besonders schwierig? In welchen Situationen könnte ein fehlendes Gehör problematisch sein?

Durchsagen am Bahnhof ...

b Sehen Sie die Fotos an. Wie helfen diese Gegenstände Gehörlosen in ihrem Alltag? Vermuten Sie.

A   B   C

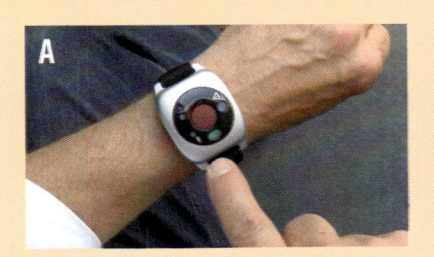

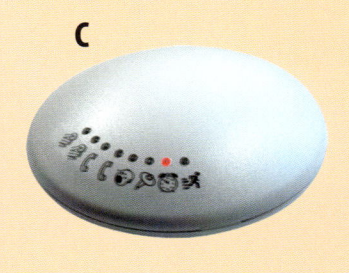

c Lesen Sie die Texte und ordnen Sie sie den Fotos in 5b zu. Waren Ihre Vermutungen richtig?

1 Wenn es an der Tür klingelt, wird Gehörlosen dies durch ein Lichtsignal gemeldet. Auch auf eingehende Anrufe werden sie so aufmerksam gemacht.

2 Alle akustischen Ereignisse, z. B. Telefon- und Türklingeln, das Weinen eines Babys usw. wird als Vibration auf das Armband übertragen. An der Art der Vibration kann man erkennen, welches Geräusch signalisiert wird.

3 Das Rüttelkissen wird mit dem Wecker verbunden und unter das Kopfkissen gelegt. Zum eingestellten Zeitpunkt vibriert es und weckt so den gehörlosen Menschen auf.

6 Wie wäre es mit einem kleinen Gebärdensprachkurs?

Recherchieren Sie einige einfache Gebärden für die Alltagskommunikation (z. B. Ja/Nein sagen, sich begrüßen/verabschieden, sich nach dem Befinden erkundigen, um etwas bitten, sich bedanken ...). Versuchen Sie dann im Kurs, mit diesen Gebärden zu kommunizieren.

39

An die Arbeit!

A

Wir suchen Verstärkung in Hamburg

Unsere Firma ist eines der erfolgreichsten Technologieunternehmen in Deutschland. Mit mehr als 1.100 Mitarbeitern entwickeln wir am Standort Hamburg innovative Produkte, die von über 230 Millionen Menschen in über 200 Ländern und in 25 Sprachen weltweit gekauft werden.

Deine Qualifikation:
- _sehr genaue Arbeitsweise_
- _____
- _____
- _____

Deine Aufgaben:
- unsere Produkte testen und überprüfen
- Fehler analysieren und bewerten
- Fehler zusammenfassen und übertragen
- Kommunikation mit dem Entwicklerteam

B

Stelle frei!

Suchen Sie einen abwechslungsreichen Beruf?
Sorgen Sie gern für Sicherheit?
Dann kommen Sie zu uns! Wir sind 8.000 Mitarbeiter in rund 100 Niederlassungen.

Ihre Aufgaben:
- Aufsicht und Betreuung der Gäste
- Überwachung und Durchsetzung der Hausordnung
- Bedienung der technischen Anlagen
- Durchführung von Reinigungs- und Desinfektionsarbeiten

Ihre Qualifikation:
- _____
- _____
- _____
- _____
- _____

Sie lernen
Modul 1 | Einem Artikel Ratschläge für die Bewerbung mit „buntem" Lebenslauf entnehmen
Modul 2 | Über Studium und Ausbildung sprechen und Stichworte zu einem Beratungsgespräch notieren
Modul 3 | Einen Artikel zum Thema „Multitasking" zusammenfassen und darüber diskutieren
Modul 4 | Notizen zu einem Radiointerview über „Soft Skills" machen
Modul 4 | Kurze Vorträge zum Thema „flexibler Arbeitsplatz" oder „Sabbatical" halten

Grammatik
Modul 1 | Subjekt- und Objektsätze
Modul 3 | Weiterführende Nebensätze

3

▶ AB Wortschatz

Die feine kurfürstliche Lebensart – hier ist sie zu Hause. Jährlich über 160.000 Gäste lassen sich bei Führungen und Veranstaltungen in unserem Schloss von erlesenem Genuss begeistern. Unsere vielfach prämierten Speisen und Getränke genießen bei Experten ein hervorragendes Renommee und erfreuen sich bei den Verbrauchern einer großen Beliebtheit und stark steigender Nachfrage. Dafür suchen wir Verstärkung!

Willkommen im Reich der Sinne!

C Ihre Qualifikation:
– _____
– _____
– _____
– _____
– _____

Ihre Aufgaben:
– Kalkulation, Vorbereitung und Durchführung unserer Veranstaltungen
– Betreuung unserer Gäste
– Empfehlung unserer Angebote

Willkommen im Reich der Sinne!

D

Kommen Sie zu uns!

Seit über 100 Jahren schlägt unser Herz für ein Ziel: Den Menschen ein wenig Freude zu schenken. Unsere Firmengruppe zählt heute zu den größten Unternehmen der Lebensmittelindustrie. Unsere Marken sind bereits in über 100 Ländern erfolgreich. Wir freuen uns auf neue Mitarbeiterinnen und Mitarbeiter, die sich mit uns und unseren Marken weiterentwickeln wollen.

Ihre Aufgaben:
· Qualitäts- und Gewichtskontrollen unserer Fertigwaren
· Dokumentation von Daten
· Beurteilung von Roh- und Zusatzstoffen
· Herstellung, Verpackung und Lagerung

Ihre Qualifikation:
· _____
· _____
· _____
· _____

1a Lesen Sie zu zweit die Stellenanzeigen. Wer könnte hier wen suchen?

🔊 1.28-31
b Hören Sie vier Aussagen. Welche Person hat sich auf welche Stelle beworben?

c Hören Sie die vier Personen noch einmal. Ergänzen Sie in den Anzeigen, welche Qualifikationen man in diesen Berufen braucht.

d In welchem der Berufe würden Sie gern oder niemals arbeiten wollen? Begründen Sie.

Ein bunter Lebenslauf

1a Was könnte ein „bunter" Lebenslauf sein?

b Lesen Sie den ersten Absatz des Artikels. Haben sich Ihre Vermutungen bestätigt?

Bewerben mit „**buntem**" Lebenslauf

Ein abgebrochener Studiengang, verschiedene Jobs, die mit der angestrebten Berufslaufbahn nichts zu tun haben, und Lücken im Lebenslauf: Absolventen und Berufseinsteiger mit solch einer „bunten" Vita sind häufig verunsichert, wie sie diese im Bewerbungsgespräch plausibel
5 erklären sollen. Dabei besteht eigentlich kein Grund zur Sorge, wie Dr. Frank Stefan Becker, Personalexperte der Siemens AG, weiß. Jedoch gilt es, einige Stolpersteine zu umgehen.

c Worauf sollte Ihrer Meinung nach ein Bewerber / eine Bewerberin mit „buntem" Lebenslauf achten?

d Lesen Sie den Artikel weiter. Welche Ratschläge gibt Dr. Becker Bewerbern mit „buntem" Lebenslauf? Welche Tipps würden Sie noch ergänzen?

Ein nur mäßig zielstrebiger Lebenslauf, der beispielsweise ein abgebrochenes Studium vor dem erfolgreich abgeschlossenen enthält, ist für viele Personaler eine
10 Frage des Alters. „Zwischen 20 und 30 Jahren formt sich ein Mensch", so Frank Stefan Becker. „Hier sind thematische Richtungswechsel nichts Außergewöhnliches. Wichtig ist aber, dass der Bewerber die Um- bzw. Neuorientierung schlüssig darlegen kann. Ältere Bewerber
15 hingegen tun sich in der Regel schwerer, zu erklären, warum sie die Richtung noch einmal komplett gewechselt haben."
Ebenso zentral wie selbstverständlich ist, dass die Begründung von Richtungswechseln oder zeitlichen
20 Lücken im Lebenslauf auf Ehrlichkeit beruht. „Unabhängig davon, welche Auszeit der Bewerber genommen oder welchen Richtungswechsel er vollzogen hat, wird er sich dabei etwas gedacht und Erkenntnisse gewonnen haben. Genau das ist es, was den Personaler interessiert." Im Bewerbungsgespräch zu sagen, dass das zunächst begonnene Studium doch nicht das war, was man sich vorgestellt hatte, muss kein Nachteil sein. „Der
25 Personaler sieht es so: Der Bewerber hat eine falsche Entscheidung getroffen und diese revidiert. So wird er später nicht irgendwann einmal feststellen müssen, dass er sich für den falschen Beruf entschieden hat. Fehler zu machen ist normal – der Umgang mit ihnen ist aufschlussreich", so der Personalexperte. Begründungen wie „das bewusst absolvierte Grundstudium meines abgebrochenen Studiengangs brachte mir wichtige Erfahrungen, die mein späteres Studium
30 ergänzten" sind hingegen Verlegenheitsargumente bzw. haben etwas Phrasenhaftes, das vom Personaler schnell erkannt wird und dem Bewerber eher schadet.
Im Hinblick auf vorherige Tätigkeiten und Nebenjobs, die mit der angestrebten Stelle nichts gemein haben, raten viele Bewerbungsratgeber hingegen dazu, eine Brücke zum gewünschten Job zu schaffen.
35 Dabei ist aber Vorsicht geboten: „Der Bewerber sollte nicht auf Biegen und Brechen versuchen, seine vorherigen Tätigkeiten per se als wichtige Erfahrung für die gewünschte Stelle zu ver-argumentieren – beispielsweise seinen früheren Nebenjob als Briefträger, wenn in der Stellenanzeige eine hohe Mobilität gewünscht wird. Personaler hören solche Argumente täglich und können plausible durchaus von allzu fantasiereichen Konstrukten unterscheiden." Im Zweifel gilt
40 daher: Im Lebenslauf sollte auch Berufserfahrung angegeben werden, die mit der gewünschten Stelle nichts gemein hat. Es ist jedoch davon abzuraten, diese um jeden Preis in einen Zusammenhang mit der Stelle bringen zu wollen.

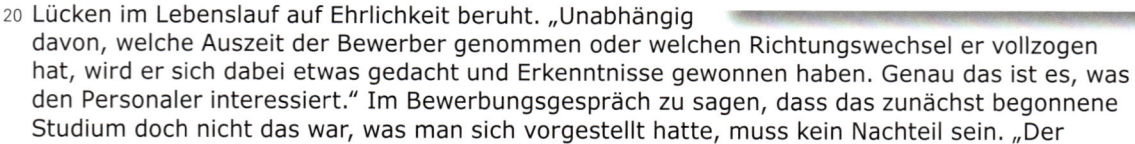

▶ Ü 1

Modul 1

2 Wie wichtig ist ein lückenloser Lebenslauf in Ihrem Land?

3a Lesen Sie die Zusammenfassung des Artikels. Bestimmen Sie die unterstrichenen Satzteile und ordnen Sie sie in eine Tabelle.

1. Viele Bewerber fürchten <u>die Kritik des Personalchefs an ihrem bunten Lebenslauf</u>.
2. Personalchefs stört <u>ein Berufs- oder Studienwechsel der Bewerber</u> nicht so sehr.
3. <u>Eine Um- bzw. Neuorientierung des Bewerbers</u> ist in der Regel positiv.
4. <u>Die Wahl eines passenden Berufs</u> ist sehr wichtig.
5. Doch beim Vorstellungsgespräch wird vom Bewerber <u>eine schlüssige Begründung für den Wechsel</u> erwartet.
6. Dabei ist <u>die Angabe erfundener Erklärungen</u> nicht ratsam.
7. Die Personalchefs fordern <u>Ehrlichkeit bei der Erläuterung von Lücken und Richtungswechseln</u>.

Subjekt	Akkusativobjekt
2. ein Berufs- oder Studienwechsel der Bewerber	1. die Kritik des Personalchefs an ihrem bunten Lebenslauf

b Subjekte und Akkusativobjekte als dass-Satz. Lesen Sie die Beispiele und formen Sie die Sätze aus 3a um.

Personalchefs stört **ein Berufs- oder Studienwechsel** der Bewerber nicht so sehr.
Personalchefs stört nicht so sehr, *dass* die Bewerber ihren Beruf oder ihr Studienfach **gewechselt haben**.

Viele Bewerber fürchten **die Kritik** des Personalchefs an ihrem bunten Lebenslauf.
Viele Bewerber fürchten, *dass* der Personalchef ihren bunten Lebenslauf **kritisiert**.

c Anstelle eines dass-Satzes kann man manchmal einen Infinitivsatz mit *zu* bilden. Lesen Sie die Beispiele und ergänzen Sie die Regel mit *man*, *identisch* und *Infinitivsatz*.

Viele Bewerber fürchten, dass sie vom Personalchef für ihren bunten Lebenslauf **kritisiert werden**.
Viele Bewerber fürchten, vom Personalchef für ihren bunten Lebenslauf **kritisiert zu werden**.

Dabei ist es nicht ratsam, dass man erfundene Erklärungen **angibt**.
Dabei ist es nicht ratsam, erfundene Erklärungen **anzugeben**.

> **Subjekt- und Objektsätze**
>
> Subjekte und Akkusativobjekte können zu dass-Sätzen erweitert werden. Anstelle eines dass-Satzes kann auch ein _____ benutzt werden, wenn das Subjekt des Nebensatzes mit einer Ergänzung im Hauptsatz _____ ist oder das Subjekt des Nebensatzes _____ ist. Manchmal muss man den dass-Satz ins Passiv setzen, um einen Infinitivsatz zu bilden.

▶ Ü 2–4

4 Was ist wichtig bei einer Bewerbung? Schreiben Sie Tipps.

Es ist wichtig, …
Es ist notwendig, …
Es ist erforderlich, …
Es ist nicht falsch, …

keine monotonen Formulierungen   Anwendung des Verbalstils
Auswahl eines sympathischen Fotos   ausführliche Darlegung seiner Motivation
genaue Beschreibung des beruflichen Werdegangs

▶ Ü 5

Probieren geht über Studieren?

1a Welcher Schulabschluss (Berufsschulabschluss, Fachschulabschluss, Hochschulabschluss …) ist in Ihrem Heimatland besonders häufig? Warum?

b Studium oder Ausbildung? Sammeln Sie Vor- und Nachteile im Kurs.

	Vorteile	Nachteile
Studium	– viele Berufe stehen offen	
Ausbildung		

2a Lesen Sie die drei Aussagen. Wer ist für ein Studium, wer für eine Berufsausbildung?

Studium oder Ausbildung?

Diese Frage stellen sich zurzeit viele Schulabgänger. Wir haben in unserer Rubrik „Ihre Meinung ist gefragt" nachgehakt. Lesen Sie selbst.

Ich habe lange überlegt, wie meine berufliche Zukunft aussehen soll. Ein Studium braucht viel Zeit und so lange verdient man nicht viel Geld. Aber bestimmte berufliche Ziele kann
5 man nur mit einem Studium erreichen, z. B. wenn man wie ich Informatikerin werden möchte. Auch für andere berufliche Positionen wird häufig ein Hochschulstudium vorausgesetzt, manchmal sogar eine Promotion. Deswegen denke ich, dass man mit einem abgeschlossenen Hochschulstudium viel bessere Aufstiegschancen hat. Außerdem hat ein akademischer Titel wie Master oder Doktor gesellschaftlich einen hohen Stellenwert. Und nicht zu
10 vergessen ist, dass Akademiker 30 bis 50 Prozent mehr als Nicht-Akademiker verdienen.

Maria, 23, Studentin

Oft hört man, dass ein Akademiker die Arbeitslosigkeit weniger fürchten muss als ein Nicht-Akademiker. Das war vielleicht früher so. Heute hängt die berufliche Sicherheit von vielen Faktoren ab. Eine Garantie auf einen Arbeitsplatz haben auch Akademiker nicht. Für mich kam ein Studium nicht in Frage, denn erst mit Mitte 20 ins Berufsleben einzutreten –
15 das war mir viel zu spät. Aber eine Ausbildung erfolgreich zu absolvieren ist auch nicht so einfach. „Lehrjahre sind keine Herrenjahre", heißt es treffend. Als Auszubildender erlernt man einen Beruf und fängt ganz unten an. Oft muss man Dinge tun, die man längst kann oder die Kollegen nicht erledigen wollen. Man hat eben immer das zu machen, was einem der Lehrmeister sagt. Das muss man akzeptieren können.

Christoph, 30, Mechaniker

20 Nach wie vor glaube ich, dass alle Schulabgänger erst einmal eine Ausbildung machen sollten. Junge Menschen sollten so früh wie möglich die Berufspraxis kennenlernen. Das hat den Vorteil, dass man dann die Arbeitsabläufe in einem Betrieb gut kennt und auch schon Geld verdient. Auf dieser Basis kann man sich danach in einem berufsbegleitenden Studium weiterbilden. Der größte Vorteil ist, dass man finanziell unabhängig ist. Man verbindet
25 wissenschaftliche Theorie mit beruflicher Praxis und der Chef beteiligt sich an den Kosten. Man braucht ein gutes Zeitmanagement, denn durch die Doppelbelastung ist gute Organisation ein wichtiger Faktor für den Erfolg. Natürlich hat man in diesen Jahren weniger Freizeit und ein klassisches Studentenleben mit den damit verbundenen Freiheiten kann man vergessen, aber man erreicht auf dem sichersten Weg einen akademischen Grad.

Alexander, 35, Ingenieur

b Lesen Sie die Aussagen noch einmal. Ergänzen Sie Ihre Notizen in 1b mit weiteren Vor- und Nachteilen.

Modul 2

c Schreiben Sie nun Ihre Meinung zum Thema. Wägen Sie Vor- und Nachteile ab.

VOR- UND NACHTEILE NENNEN	VOR- UND NACHTEILE ABWÄGEN
Es ist ein großer/wichtiger/entscheidender Vorteil/Nachteil, wenn …	Insgesamt wiegen die Argumente dafür/dagegen schwerer, deshalb …
… wird als sehr positiv/negativ angesehen.	… hat zu viele Nachteile, deshalb ziehe ich … vor.
Man darf auch nicht vergessen, dass … hilfreich/problematisch sein kann.	In meinen Augen überwiegen die Vorteile/Nachteile von …
Die Tatsache, dass …, spricht dagegen/dafür.	Betrachtet man alle Vorteile/Nachteile, fällt … am meisten ins Gewicht.
Ein weiterer Aspekt, der für/gegen … spricht, ist …	

3a Hören Sie ein Telefongespräch zwischen Anna Sokolová und der Studienberatung der Fachhochschule Worms. Notieren Sie Stichworte. Sie hören den Text einmal.

01 Was macht Frau Sokolová zurzeit?   _Au-pair-Mädchen in Regensburg_
02 Sie möchte an der Fachhochschule Worms … studieren.   _Touristik und Verkehrswesen_

1. Was ist das Besondere an dem Gymnasium, das Frau Sokolová besucht hat?
2. Nennen Sie zwei Zulassungsvoraussetzungen für das Studium.
3. Nennen Sie zwei Möglichkeiten für das Praktikum.
4. Das Praktikum muss mindestens … dauern.
5. Welche Sprache hat Frau Sokolová als zweite Fremdsprache gelernt?
6. Was für ein Abschluss ist für die Fremdsprache wichtig?
7. Frau Sokolová muss sich bis zum … für das Wintersemester beworben haben.
8. Nach welchen beiden Kriterien werden die Studierenden ausgewählt?
9. Wenn man keinen Platz bekommt, kommt man auf die …
10. Nach der Entscheidung bekommt Frau Sokolová einen …

b Hören Sie das Telefongespräch noch einmal. Notieren Sie Wörter zum Thema „Studium" in einer Mindmap und ergänzen Sie weitere Begriffe.

Studienberatung

Studium

Wintersemester

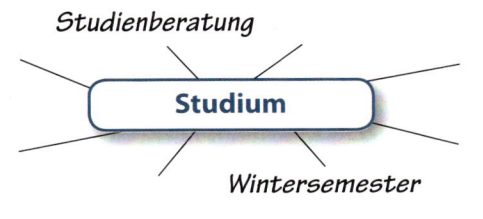

▶ Ü 1–2

4 Wählen Sie ein Studium oder eine Berufsausbildung. Recherchieren Sie, welche Voraussetzungen Sie dafür in einem deutschsprachigen Land erfüllen müssen. Tauschen Sie Ihre Informationen im Kurs aus.

Sprachkenntnisse (Nachweis)?   Schulabschluss?   Praktikum?   Prüfung?   Physische Eignung?

Multitasking

1 Was machen Sie oft gleichzeitig? Wann funktioniert Multitasking bei Ihnen gut, wann nicht so gut? Beschreiben Sie Situationen.

2a Erklären Sie die Ausdrücke in Gruppen. Falls ein Ausdruck von niemandem erklärt werden kann, nehmen Sie ein Wörterbuch zu Hilfe.

1. abgelenkt sein
2. auf etwas beharren
3. Zeit verplempern
4. einhellig widersprechen
5. zurechtkommen/klarkommen mit
6. scheitern an
7. Fehler ausbügeln
8. etwas gewachsen sein
9. sich verzögern

b Lesen Sie den Artikel und ordnen Sie jedem Abschnitt eine Überschrift zu. Zwei Überschriften passen nicht.

A Wahrnehmung und Reaktion gleichzeitig ist dem Gehirn zu viel
B Beweis durch Studie: Gleichzeitigkeit verursacht Stress
C Einigkeit bei Experten: Multitasking ist Zeitfalle
D Ressourcen besser einsetzen
E Unfälle durch Ablenkung
F Verbesserung der Wirtschaftlichkeit durch Zeitpläne
G Entscheidungsprobleme durch zu viele Anforderungen in kurzer Zeit

Schön der Reihe nach statt Multitasking

1 ____ Als vor ihm die roten Bremslichter aufleuchten, reagiert der Proband einige Zehntelsekunden zu spät. Die Stoßstange seines Fahrzeugs berührt das vor ihm fahrende Auto, die Anzeige „Crash"
5 leuchtet auf. Virtuelle Unfälle wie diesen hat Versuchsleiter David Strayer schon viele erlebt. Der Grund ist fast immer derselbe: Die Probanden sind abgelenkt, weil sie während des Fahrens telefonieren. Eine Freisprechanlage ändert nichts an der hohen Un-
10 fallquote. Wer während des Autofahrens telefoniert, hat ein viermal so hohes Unfallrisiko.

2 ____ Der Mensch kann nicht erfolgreich mehrere Dinge auf einmal tun, was Wissenschaftler in neuen Untersuchungen bestätigen. Zwar beharren
15 viele Unternehmer und Betriebsberater auf der Ansicht, verschiedene Aufgaben zugleich zu erledigen, sei das Patentrezept gegen Dauerstress, gegen zu viel und zu langsam erledigte Arbeit. Multitasking nennen sie dieses Rezept. Doch Psychologen, Neurowissen-
20 schaftler und Ökonomen widersprechen mittlerweile einhellig: Der Mensch mache bei solchem Vorgehen haufenweise Fehler, sein Gehirn sei der Doppelbelastung nicht gewachsen. Er verplempere sogar Zeit, und zwar mehr als ein Viertel, weil er Fehler wieder aus-
25 bügeln und sich an die jeweils nächste Aufgabe erinnern müsse. Der Gleichzeitigkeitswahn verschwendet wertvolle Arbeitszeit.

3 ____ Im Kernspintomografen messen Wissenschaftler, wie gut das Gehirn damit klarkommt,
30 wenn es mehrere Aufgaben gleichzeitig erledigen soll. Marcel Just von der Carnegie Mellon University in Pittsburgh las seinen Probanden einfache Sätze vor, die Versuchspersonen sollten nur zuhören. Die für die Spracherkennung zuständigen Gehirnareale waren
35 höchst aktiv. Dann sahen die Probanden zusätzlich Bilder von zwei dreidimensionalen Objekten, die sie miteinander vergleichen sollten. Das gelang den Studienteilnehmern zwar meistens, doch ihr Gehirn kam mit der Doppelbelastung nicht zurecht. Die Spracher-
40 kennungsareale waren in der Multitasking-Aufgabe nicht mal mehr halb so aktiv wie zuvor. Zumindest eine der Aufgaben wird nur mit halber Kraft bearbeitet, worin der Preis für das Multitasking besteht. Wenn das Gehirn nicht mehr nur wahrnehmen, son-
45 dern auch reagieren muss, scheitert jeder Versuch von Gleichzeitigkeit. Ein telefonierender Autofahrer konzentriert sich gleichzeitig auf den Gegenverkehr und das Gespräch, weshalb er keine Kapazitäten mehr frei hat, um auf einen Fußgänger zu reagieren.

50 **4** ____ Entscheidungen brauchen Zeit, und zwar mindestens eine Sekunde. Der Psychologe René Marois präsentierte seinen Probanden Bilder geometrischer Figuren und dann, nach unterschiedlich langen Zeitintervallen, einen Ton. Zu jedem der acht verschie-
55 denen Bilder und Töne gehörte eine bestimmte Taste, die die Probanden so schnell wie möglich betätigen sollten. Wenn Marois Bild und Ton in einem zeitlichen Abstand von 300 Millisekunden oder weniger darbot,

Modul 3

verzögerte sich die Reaktion der Studienteilnehmer um eine Sekunde. Nur wenn sie Bild und Ton um mindestens eine Sekunde versetzt wahrnahmen, konnten sie unmittelbar und korrekt auf beide Reize reagieren.

Zu viele Aufgaben, die in zu kurzer Zeit auf das Gehirn einstürmen, verursachen einen Entscheidungsstau, erklärt Marois. Mindestens zwei Regionen im Gehirn, die für die Auswahl der passenden Reaktionen zuständig sind, funktionieren wie eine Art Flaschenhals: Handlungsanweisungen gelangen nur langsam und der Reihe nach hindurch.

5 ____ Der Mensch versucht sich trotzdem ständig im Multitasking und wähnt sich dabei meistens erfolgreich. „Was wir als Multitasking erleben, ist nur ein schneller Wechsel zwischen verschiedenen Aufgaben", erklärt der Psychologe Jordan Grafman. „Dabei verwechseln wir Schnelligkeit mit Intelligenz", sagt der Münchener Hirnforscher Ernst Pöppel. „Wer schnell ist, gilt immer auch als schlau."

Zahlreiche Menschen erliegen dieser Illusion, wodurch täglich wertvolle Ressourcen verschwendet werden: Intellekt, Arbeitszeit – und eine Menge Geld. „Wenn jeder Mensch in Deutschland eine Stunde am Tag ohne Unterbrechung durcharbeiten würde, bekämen wir den größten Innovationsschub aller Zeiten", so Ernst Pöppel.

▶ Ü 1

SPRACHE IM ALLTAG

Das Gegenteil von Multitasking
Eile mit Weile.
Immer schön der Reihe nach!
Eins nach dem anderen!
Schritt für Schritt vorgehen

▶ Ü 2

c Arbeiten Sie zu zweit. Fassen Sie abwechselnd jeden Absatz zusammen.

d Welche Konsequenzen sollte man aus den Erkenntnissen des Artikels ziehen? Diskutieren Sie.

3a Ergänzen Sie zu 1–4 die entsprechenden Sätze aus dem Artikel. Markieren Sie den Konnektor und die Position des Verbs.

1. Der Mensch kann nicht erfolgreich mehrere Dinge auf einmal tun. **Das** bestätigen Wissenschaftler in neuen Untersuchungen.	
2. Zumindest eine der Aufgaben wird nur mit halber Kraft bearbeitet. **Darin** besteht der Preis für das Multitasking.	
3. Ein telefonierender Autofahrer konzentriert sich gleichzeitig auf den Gegenverkehr und das Gespräch. **Deshalb** hat er keine Kapazitäten mehr frei.	
4. Zahlreiche Menschen erliegen dieser Illusion. **Dadurch** werden täglich wertvolle Ressourcen verschwendet.	

b Ergänzen Sie die Regel. Formen Sie dann die Sätze um und bilden Sie weiterführende Nebensätze.

Weiterführende Nebensätze

Weiterführende Nebensätze beziehen sich auf die Gesamtaussage des _____,
die so kommentiert oder weitergeführt wird. Die Nebensätze werden mit *was, wo(r)* + Präposition oder
weshalb/weswegen eingeleitet und stehen immer _____ dem Hauptsatz.

1. Das Gehirn kann keine Doppelbelastung bewältigen. Das überrascht mich.
2. Durch Multitasking wird viel Zeit verschwendet. Deswegen sollte man es vermeiden.
3. Beim Multitasking passieren mehr Fehler. Das ist vielen Menschen nicht bewusst.
4. Beim Arbeiten werde ich ständig unterbrochen. Darüber ärgere ich mich oft.

▶ Ü 3–5

c Arbeiten Sie zu zweit. Geben Sie einen Hauptsatz vor. Ihr Partner / Ihre Partnerin formuliert einen weiterführenden Nebensatz. Wechseln Sie sich ab.

Er arbeitet jetzt in einer anderen Abteilung, …   *…, worüber er sich sehr freut. Lina ist …*

Soft Skills

1 Sehen Sie die Zeichnung an und beschreiben Sie die Situation. Was sagt die Frau und warum?

2a Neben Fachwissen sind im Arbeitsleben zahlreiche weitere Fähigkeiten, sogenannte Soft Skills, gefragt. Welche Soft Skills brauchen Sie eher für sich persönlich und welche eher, wenn Sie mit anderen Menschen zusammenarbeiten?

> Kundenorientierung   Durchsetzungsvermögen   Führungskompetenz   Teamfähigkeit/Teamorientierung
> Motivation   Kommunikationsfähigkeit   Engagement   Eigeninitiative
> analytisches und logisches Denken   Belastbarkeit   Zielorientierung/Zielstrebigkeit   Konfliktfähigkeit
> Begeisterungsfähigkeit   Kreativität   Zuverlässigkeit   Organisationsfähigkeit   Flexibilität
> Mobilität   Einfühlungsvermögen   Kritikfähigkeit   Vertrauenswürdigkeit

Belastbarkeit ist für mich persönlich wichtig, denn das Arbeitsleben ist ja oft ziemlich stressig und anstrengend.
Einfühlungsvermögen ist in der Zusammenarbeit mit anderen wichtig. Wenn man die Position der Kollegen nachvollziehen kann, entstehen auch weniger Konflikte.

▶ Ü 1

b Welche Soft Skills sind in Ihrem Beruf/Traumberuf gefordert und warum?

c Recherchieren Sie nach deutschsprachigen Stellenanzeigen und vergleichen Sie: Welche Soft Skills werden besonders häufig erwartet?

d Welche Soft Skills sind in Ihrem Land besonders wichtig oder eher unwichtig?

ETWAS BEWERTEN/EINSCHÄTZEN	
Bei uns wird auf … großer/wenig Wert gelegt.	… ist nebensächlich.
Besonders wichtig ist …	… (nicht) von großer Bedeutung.
Ganz oben / An erster Stelle steht …	Das Schlusslicht bildet …
Primär sollte man … / Eher sekundär ist …	

Fertigkeitstraining

3
Modul 4

3a Sie hören nun ein Radiointerview zum Thema „Soft Skills" in drei Abschnitten. Notieren Sie die wichtigsten Informationen und vergleichen Sie Ihre Notizen nach jedem Abschnitt zu zweit.

Abschnitt 1:

- In Stellenanzeigen häufig geforderte Soft Skills:
- Zahl der Unternehmen, die Soft Skills für wichtig halten:
- Für Teamarbeit wichtige Fähigkeiten:
- Grund für die große Bedeutung von Soft Skills heute:

Abschnitt 2:

- Grund für Forderung nach Veränderungsbereitschaft:
- Führungskraft heute:
- Grund für Wichtigkeit von interkultureller Kompetenz:
- Bedeutung von vernetztem Denken:

Abschnitt 3:

- Problem beim Umgang mit Soft Skills:

b Hören Sie das Interview noch einmal und ergänzen Sie fehlende Informationen.

Soft Skills

4a Lesen Sie die Texte aus einem Bewerbungstrainer und formulieren Sie passende Überschriften.

A

Christian Püttjer weiß, was Personaler wollen. Seit über 15 Jahren vermittelt er in Seminaren und Büchern sein Wissen rund um das Thema „Bewerbung". Zum Beispiel hat er beobachtet, dass Soft Skills bei Unternehmen einen ähnlichen Stellenwert einnehmen wie fachliche Kenntnisse. Wer sich auf eine Stellenanzeige bewerbe, sollte deshalb zunächst ganz genau den Text analysieren und akribisch alle geforderten Hard und Soft Skills herausfiltern. Das sei die Grundvoraussetzung für eine überzeugende Mappe. Für das Anschreiben rät er: „Fachliche Fähigkeiten stichwortartig aufzählen, Soft Skills lieber beschreiben." Dabei warnt Püttjer vor floskelhaften Behauptungen. Gerade im ersten Schritt der Bewerbung sei es geschickt, die Soft Skills passgenau aufzuzeigen, um die Personalabteilung neugierig zu stimmen. Angaben wie: „Ich bin teamfähig, kommunikativ und belastbar" bringen den Bewerber nicht weiter. „Besser sind beispielhafte Situationen, in denen man die gewünschten Schlüsselqualifikationen bereits eingesetzt hat." Fordert die Stellenanzeige Teamfähigkeit, könnte man schreiben: „Ich habe in meinem Praktikum im Team gearbeitet und mit anderen Referenten Wettbewerberanalysen erstellt." Auch im Lebenslauf darf es Beispiele für Soft Skills geben. „Man sollte nicht bloß Situationen wie Praktikum, Aushilfstätigkeit oder Ehrenamt auflisten", sagt Püttjer, „besser ist es, einen tätigkeitsbezogenen Lebenslauf zu schreiben." Dabei geht es darum, jeweils drei bis fünf Tätigkeiten anzugeben, die man in einzelnen Stationen ausgeführt hat. „Wenn jemand Mitglied einer Studentenorganisation war, lässt man das nicht bloß so stehen. Besser ist es zu schreiben, dass man Versammlungen organisiert, Vorträge gehalten und Verhandlungen geführt hat."

B

Im Rahmen einer Bewerbung können Sie zu einem Assessment Center (AC) eingeladen werden. Das AC verfolgt das Ziel, herauszufinden, wie Sie sich in bestimmten Situationen verhalten. Dazu werden verschiedene Beobachter eingesetzt, die Ihr Verhalten bewerten. Die Ergebnisse werden dann mit den Anforderungen des Unternehmens verglichen. So kann es sein, dass ein innovativer Charakter gesucht wird, der durchsetzungsstark ist und neuen Wind in ein (zu) eingespieltes Team bringt. So können Sie sich vorbereiten: Informieren Sie sich ausführlich über das Unternehmen und seine AC-Politik, etwa über Kommilitonen, Karrieremagazine und Webseiten. Halten Sie sich auf dem Laufenden über das Tagesgeschehen, oft wird aktuelles Wissen abgefragt. Verschaffen Sie sich einen Überblick zu typischen AC-Fragen, etwa durch spezielle Ratgeberbücher. Sehen Sie dem AC ruhig und gelassen mit dem Bewusstsein entgegen, dass Sie hier nur lernen können. Die jeweils unterschiedlichen Prioritäten in den Assessment Centern sind gut für Sie, denn diese bedeuten, dass Sie in einem AC durchfallen können, in einem anderen aber gute Chancen haben. In jedem Fall ist jedes AC lehrreich, denn Sie lernen mehr über Ihre Stärken und Schwächen und können fortan besser damit umgehen. Nach einem AC ohne Stellenangebot sollten Sie deshalb um ein Feedback bitten, was Ihnen meist auch gerne gegeben wird. Das AC beinhaltet in der Regel verschiedene Abschnitte. Dazu gehören neben Einzelinterviews auch Rollenspiele, Selbstpräsentation, Persönlichkeits- und Konzentrationstests sowie Tests zur Überprüfung kognitiver Fähigkeiten und Gruppendiskussion. Legendär ist die Postkorbübung, bei der Sie Wichtiges von Unwichtigem trennen sollen. Die Übung gibt es auch in einer E-Mail-Variante.

www.staufenbiel.de/bewerbungswissen

b Arbeiten Sie zu zweit. Jede/r wählt einen Text und formuliert fünf Fragen dazu. Der/Die andere beantwortet sie.

▶ Ü 2

Fertigkeitstraining

3
Modul 4

5 Schreiben Sie einen Beitrag für die Unizeitung zum Thema „Soft Skills".

Arbeiten Sie mit einem Schreibplan:
- Notieren Sie zunächst in Stichpunkten die Informationen aus dem Radiointerview und den Texten, die Sie in Ihrem Text unterbringen wollen.
- Bringen Sie Ihre Stichpunkte in eine sinnvolle Reihenfolge.
- Ergänzen Sie eigene Gedanken und Beispiele.
- Formulieren Sie nun einen Text. Verknüpfen Sie die Sätze und Abschnitte sinnvoll miteinander. Verwenden Sie dazu geeignete Konnektoren.
- Vergessen Sie Einleitung und Schluss nicht.
- Überprüfen Sie am Ende noch einmal die Korrektheit Ihrer Sätze.

STRATEGIE: Mit einem Schreibplan arbeiten
Schreibpläne helfen Ihnen, Ihre Texte zu strukturieren, logisch aufzubauen und sich nicht zu verzetteln. So vergessen Sie auch nichts.

6a Arbeiten Sie zu zweit. Jeder wählt eine Karte. Lesen Sie Ihre Karte und machen Sie zu jedem Punkt Notizen.

A

Immer mehr Menschen haben weder einen festen Arbeitsplatz noch feste Arbeitszeiten, sondern arbeiten mit Laptop, Tablet usw. von jedem Ort aus und zu jeder Zeit. Welche Vor- und Nachteile sehen Sie darin?

Halten Sie einen kurzen Vortrag (ca. 3–4 Minuten). Sie können sich an folgenden Punkten orientieren:
- Beispiele für diese Arbeitsform (eigene Erfahrung?)
- Bedeutung dieser Arbeitsform in Ihrem eigenen Land
- Argumente, die **für** diese Arbeitsform sprechen
- Argumente, die **gegen** diese Arbeitsform sprechen
- Ihre persönliche Ansicht in dieser Sache

B

Immer mehr Menschen nehmen sich ein Jahr Pause von ihrem Beruf, ein sogenanntes Sabbatical, und nutzen diese Zeit für Urlaub, Projekte, Entspannung o. Ä. Welche Vor- und Nachteile sehen Sie darin?

Halten Sie einen kurzen Vortrag (ca. 3–4 Minuten). Sie können sich an folgenden Punkten orientieren:
- Beispiel für ein Sabbatical (eigene Erfahrung?)
- Bedeutung eines Sabbaticals in Ihrem eigenen Land
- Argumente, die **für** ein Sabbatical sprechen
- Argumente, die **gegen** ein Sabbatical sprechen
- Ihre persönliche Ansicht in dieser Sache

b Sammeln Sie zu zweit Redemittel für Ihren Vortrag. Vergleichen Sie anschließend im Kurs und ergänzen Sie.

EIN THEMA EINLEITEN	BEISPIELE / EIGENE ERFAHRUNGEN NENNEN	ARGUMENTE NENNEN

BEDEUTUNG DES THEMAS IM EIGENEN LAND ERKLÄREN	DIE EIGENE MEINUNG ÄUSSERN

▶ Ü 3

c Üben Sie Ihren Vortrag. Ihr Partner / Ihre Partnerin macht Notizen zu den folgenden Punkten:

- Ist der Vortrag verständlich?
- Sprechen Sie flüssig (Sprechtempo/Übergänge)?
- Ist das Tempo zu langsam/schnell?
- Ist der Vortrag ausführlich genug (Zeit/Inhalt)?
- Sprechen Sie korrekt (Strukturen)?
- Sind die Worte gut gewählt?

d Verbessern Sie Ihren Vortrag und halten Sie ihn noch einmal im Kurs.

Porträt

Junge Unternehmen

myboshi

Um sich die Zeit an langen Abenden in einem abgelegenen Skiresort in Japan zu vertreiben, lernten die damaligen Skilehrer Thomas Jaenisch und Felix Roland häkeln und fingen an, bunte Mützen zu produzieren. Diese fanden schnell Gefallen bei ihren Mitmenschen und so entstand die Geschäftsidee von myboshi. Heute leiten die beiden Jungunternehmer ein erfolgreiches Handarbeitsunternehmen. Auf ihrer Webseite kann sich jeder seine Mütze in Form und Farbe selbst zusammenstellen. Gehäkelt werden die Kopfbedeckungen dann von mittlerweile ca. 40 Rentnerinnen, die von Thomas Jaenisch und Felix Roland beschäftigt werden. Auch ihre Handarbeitsbücher sind Bestseller geworden.

Thomas Jaenisch und Felix Roland

Spottster

Die junge Freya Oehle war eine der erfolgreichsten Studentinnen ihres Jahrgangs. Doch statt eine der vielen Festanstellungen anzunehmen, die ihr angeboten wurden, gründete sie direkt nach dem Studium gemeinsam mit Tobias Kempkensteffen ihr erstes eigenes Start-Up. Mit der App Spottster können Kunden Produkte aus dem Internet auf Merkzettel setzen und erhalten jeweils Informationen darüber, wann es das Produkt wo zum günstigsten Preis gibt. Mittlerweile sind über 1.400 Online-Shops beteiligt und das junge Unternehmen ist auf einem guten Weg.

Freya Oehle

freekickerz

Konstantin „Konzi" Hert aus der Nähe von Stuttgart betreibt den weltweit erfolgreichsten Youtube-Fußball-Kanal. Mittlerweile haben die freekickerz über 2,5 Millionen Abonnenten aus ganz Europa und den USA – pro Monat kommen rund 125.000 hinzu. Konzi und seine Freunde zeigen in ihren Filmen genaue Anleitungen für Fußballtricks, sodass jeder Amateurfußballer diese üben kann. Außerdem werden Fußbälle oder Schuhe getestet und Zusammenschnitte von den besten Freistößen gezeigt. Konzi hat sein Hobby zum Beruf gemacht und kann mittlerweile von den freekickerz leben.

Konstantin Hert

www Mehr Informationen zu myboshi, Spottster und freekickerz.

Sammeln Sie Informationen über Persönlichkeiten oder Unternehmen aus dem In- und Ausland, die zum Thema „Arbeit und Beruf" interessant sind, und stellen Sie sie im Kurs vor. Sie können dazu die Vorlage „Porträt" im Anhang verwenden.

Beispiele aus dem deutschsprachigen Bereich: Karl Lagerfeld – Swarovski – Susanne Porsche – Karen Heumann – Kaviar Gauche

Grammatik-Rückschau

1 Subjekt- und Objektsätze

Subjekte und Akkusativobjekte können zu dass-Sätzen erweitert werden, indem das Nomen verbalisiert wird. Dann entstehen Subjekt- bzw. Objektsätze.

Anstelle eines dass-Satzes kann auch ein Infinitivsatz benutzt werden, wenn das Subjekt des Nebensatzes mit einer Ergänzung im Hauptsatz identisch ist oder das Subjekt des Nebensatzes das Indefinitpronomen *man* ist. Manchmal muss man den dass-Satz ins Passiv setzen, um einen Infinitivsatz zu bilden.

Subjektsatz		
Im Gespräch ist	**die Angabe** erfundener Erklärungen	nicht ratsam.
Im Gespräch ist es nicht ratsam,	dass <u>man</u> erfundene Erklärungen **angibt**.	
Im Gespräch ist es nicht ratsam,	erfundene Erklärungen **anzugeben**.	

Objektsatz	
Viele Bewerber fürchten	**die Kritik** des Personalchefs an ihrem bunten Lebenslauf.
Viele Bewerber fürchten,	dass <u>der Personalchef</u> ihren bunten Lebenslauf **kritisiert**. (Aktiv) dass <u>sie</u> vom Personalchef für ihren bunten Lebenslauf **kritisiert werden**. (Passiv)
Viele Bewerber fürchten,	vom Personalchef für ihren bunten Lebenslauf **kritisiert zu werden**.

2 Weiterführende Nebensätze

Weiterführende Nebensätze beziehen sich auf die Gesamtaussage des Hauptsatzes, die so kommentiert oder weitergeführt wird.
Die Nebensätze werden mit *was, wo(r)* + Präposition oder *weshalb/weswegen* eingeleitet und stehen immer nach dem Hauptsatz.

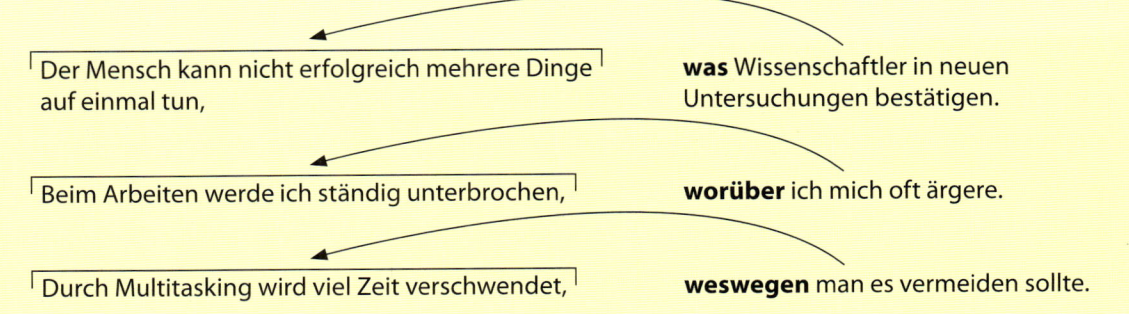

Der Mensch kann nicht erfolgreich mehrere Dinge auf einmal tun,	**was** Wissenschaftler in neuen Untersuchungen bestätigen.
Beim Arbeiten werde ich ständig unterbrochen,	**worüber** ich mich oft ärgere.
Durch Multitasking wird viel Zeit verschwendet,	**weswegen** man es vermeiden sollte.

Wie wird man ... und was macht eigentlich ...?

1a Wie kann man in Ihrem Land einen Beruf erlernen? Welche verschiedenen Möglichkeiten gibt es? Berichten Sie im Kurs.

Um zum Beispiel Lehrer zu werden, muss man bei uns ...

b Was stellen Sie sich unter einem Landwirt, unter einem Foodstylisten und unter einem Foodfotografen vor? Wer hat welche Aufgaben? Was muss man in diesen Berufen können?

2a Der Landwirt. Arbeiten Sie zu zweit. Sehen Sie den ersten Film und machen Sie Notizen zu Valentin Lauinger.

Wo ist er und warum?	
Tätigkeiten in der Woche?	
Verdienst?	
Ziele?	

b Sehen Sie den Film noch einmal und ergänzen Sie eventuell Ihre Notizen.

c Was gefällt Valentin Lauinger an seinem Beruf? Erklären Sie.

54

sehen | nachdenken | diskutieren | ... **3**

3a Foodstylist und Fotograf. Sehen Sie die erste Sequenz des zweiten Films. Machen Sie Notizen zum Tagesablauf von Katharina Dahl.

b Sehen Sie die Sequenz noch einmal und beantworten Sie die Fragen.

1. Wie viele Rezepte werden jedes Jahr entwickelt?
2. Für wie viele Zeitschriften werden hier Fotos gemacht?
3. Wie viele Gerichte werden pro Tag gekocht?
4. Was ist an der Arbeit einer Foodstylistin anders als bei einer „normalen" Profiköchin?

c Sehen Sie die zweite Sequenz des Films. Erklären Sie die Äußerung des Fotografen.

„Das Licht – ein Foodstylist würde mich wahrscheinlich abstrafen – ist für mich in der letzten Konsequenz eigentlich das Wichtigste."

d Arbeiten Sie zu zweit. Jeder erklärt vier Aussagen aus dem Film.

1. Die Rezepte werden alle mit Vorlauf entwickelt.
2. Man muss ein gutes Gespür für die richtigen Trends haben.
3. Die Fotos sollten relativ zügig stehen.
4. Man muss das einfach strukturiert durchziehen.
5. Sie greift gern auf ganz herkömmliche Küchengeräte zurück.
6. Das geht vom Hundertsten manchmal ins Tausendste.
7. Wenn das Licht nicht vernünftig gemacht ist, kommt das Essen einfach nicht rüber.
8. Ich bin da, um dem Bild Leben einzuhauchen.

4 Vergleichen Sie die Informationen, die Sie zu den drei Berufen erhalten haben. Welchen Beruf finden Sie am interessantesten? Begründen Sie.

5 Arbeiten Sie in Gruppen. Einigen Sie sich auf ein einfaches Rezept und entwerfen Sie eine Seite für eine Zeitschrift mit Rezepten. Überlegen Sie: Welche Fotos müssen Sie machen? Sie haben Platz für 5–8 Fotos. Welchen Text schreiben Sie?

Zucchini-Schiffchen
Die Grillsaison ist eröffnet und warum nicht mal was anderes auf den Grill legen als immer nur Fleisch und Würstchen? Die schnell zubereiteten Zucchini-Schiffchen sehen nicht nur hübsch aus, sie schmecken auch wirklich gut. Und so geht's: ...

Wirtschaftsgipfel

Erklimmen Sie den Wirtschaftsgipfel. Spielen Sie zu zweit. Zwei bis vier Paare spielen jeweils zusammen.

Sie brauchen einen Würfel, für jedes Spielerpaar eine Münze als Spielfigur und einen „Experten" im Kurs, der die Lösungen aus dem Lehrerhandbuch hat. Wer die höchste Zahl würfelt, beginnt. Gewonnen hat, wer zuerst im Ziel ist. Es gibt zwei Typen von Spielfeldern.

Orange Felder: Wenn Sie auf ein oranges Feld kommen, werden Sie in der Wirtschaft aktiv. Je nach Erfolg dürfen Sie einige Felder vorgehen oder Sie müssen zurückgehen.

Blaue Felder: Wenn Sie die Aufgabe richtig lösen, dürfen Sie ein Feld vorgehen und die nächste Aufgabe lösen. Wenn nicht, bleiben Sie stehen, bis Sie wieder dran sind.

Sie lernen
Modul 1 | Einem Vortrag über die Entwicklung des Ruhrgebiets Informationen entnehmen und einen eigenen Vortrag halten
Modul 2 | Sich mit „Gewissensfragen" auseinandersetzen und die eigene Meinung dazu vertreten
Modul 3 | Einen Begriff definieren und zu Vor- und Nachteilen der Globalisierung Stellung nehmen
Modul 4 | Das Konzept von Crowdfunding verstehen und eine Projektidee beschreiben
Modul 4 | Bei einem Vortrag über Bankgespräche mitschreiben und ein Bankgespräch führen

Grammatik
Modul 1 | Nominalisierung und Verbalisierung von Temporalsätzen
Modul 3 | Nominalisierung und Verbalisierung von Kausal- und Modalsätzen

---

14. Was versteht man unter „Personalkosten"?
A Kosten für alle Angestellten der Personalabteilung.
B Kosten für alle Angestellten in einer Firma.
C Kosten für alle Angestellten, die direkt mit Kunden zusammenarbeiten.

15. Sie haben eine Geschäftsidee, die Ihnen vielversprechend erschien, beim Crowdfunding finanziell unterstützt. Leider hat das Unternehmen keinen Erfolg. Gehen Sie drei Felder zurück.

13. Was bedeutet der Begriff „Umsatz"?
A Alle Einnahmen einer Firma in einem bestimmten Zeitraum.
B Alle Ausgaben einer Firma in einem bestimmten Zeitraum.
C Alle Einnahmen minus die Ausgaben einer Firma in einem bestimmten Zeitraum.

11. Sie legen Ihr Geld in fremder Währung an. Würfeln Sie noch einmal:
1, 2, 3 → Der Wert der Währung ist gefallen. Gehen Sie um die gewürfelte Zahl zurück.
4, 5, 6 → Der Wert der Währung ist gestiegen. Gehen Sie vorwärts: 4 = 1 Feld, 5 = 2 Felder und 6 = 3 Felder.

12. Was ist eine Fusion?
A Der Zusammenschluss von Firmen.
B Die Aufnahme einer Person in eine Firma.
C Der Ausschluss einer Person aus einer Firma.

Start

1. Was passiert bei einer „Inflation"?
A Das Geld gewinnt an Wert.
B Das Geld verliert an Wert.
C Der Wert des Geldes bleibt stabil.

2. Was ist ein „Wirtschaftswunder"?
A Eine Person, die sehr schnell sehr reich geworden ist.
B Ein Produkt, das sehr schnell sehr große Umsätze erwirtschaftet.
C Ein unerwartet schnelles und nachhaltiges Wirtschaftswachstum.

3. Was sind „Aktien"?
A Guthaben bei einer Bank.
B Anteile an einer Firma.
C Offizielle Unterlagen über Einnahmen und Ausgaben.

4

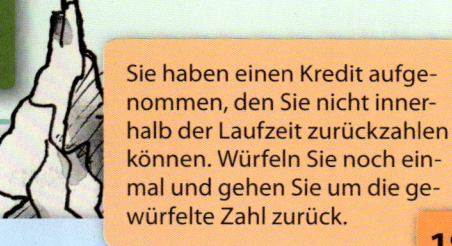

Ziel

▶ AB Wortschatz

18 Sie haben einen Kredit aufgenommen, den Sie nicht innerhalb der Laufzeit zurückzahlen können. Würfeln Sie noch einmal und gehen Sie um die gewürfelte Zahl zurück.

17 Was ist ein Wirtschaftszweig?
A Ein Zusammenschluss mehrerer Firmen.
B Ein wirtschaftlicher Bereich, in dem die Anbieter ähnliche Ziele verfolgen.
C Ein Zusammenschluss von Banken.

16 Was sind Produktionskosten?
A Alle Kosten, die für Material ausgegeben werden, um ein Produkt zu erstellen.
B Alle Personalkosten, die zur Erstellung eines Produktes benötigt werden.
C Alle Kosten, die insgesamt bei der Produktion eines Produktes anfallen.

10 Was ist ein Kredit?
A Eine einmalige Prämienzahlung.
B Geliehenes Geld, für das man Zinsen zahlen muss.
C Guthaben bei der Bank.

9 Was bedeutet es, wenn eine Firma „zahlungsunfähig" ist?
A Die Firma kann keine Rechnungen oder Gehälter mehr bezahlen.
B Die Firma darf keine Rechnungen mehr stellen.
C Die Firma darf keine Mitarbeiter mehr einstellen.

8 Was versteht man unter „Export"?
A Den Verkauf von Waren innerhalb eines Landes.
B Den Verkauf von Waren ins Ausland.
C Den gesamten Verkauf von Waren im In- und Ausland.

7 Sie haben eine Marktlücke erkannt und mit einer genialen Geschäftsidee ein erfolgreiches Start-up gegründet. Gehen Sie zwei Felder vor.

4 Sie spekulieren mit Aktien an der Börse. Würfeln Sie noch einmal:
1, 2, 3 → Die Aktienkurse fallen. Gehen Sie um die gewürfelte Zahl zurück.
4, 5, 6 → Die Aktienkurse steigen. Gehen Sie vorwärts: 4 = 1 Feld, 5 = 2 Felder und 6 = 3 Felder.

5 Was beschreibt die „Konjunktur"?
A Wie gut oder schlecht sich die Wirtschaft entwickelt.
B Wie gut sich die Wirtschaft entwickelt.
C Wie schlecht sich die Wirtschaft entwickelt.

6 Was ist ein „wirtschaftlicher Abschwung"?
A Eine Phase, in der die Währung eines Landes an Wert gewinnt.
B Eine Phase, in der sich die wirtschaftliche Lage verschlechtert.
C Eine Phase, in der Firmen und Unternehmen sehr viel Gewinn machen.

Vom Kohlenpott …

1a Sehen Sie sich das Satellitenbild an. Welche Städte bzw. Regionen sind wahrscheinlich die drei hellsten Punkte?

b Welche großen Ballungs- bzw. Industriegebiete gibt es in Ihrem Land?

▶ Ü 1

2a Hören Sie einen Vortrag über das Ruhrgebiet aus der Vortragsreihe „Regionen in Deutschland". Nummerieren Sie die Teilthemen in der richtigen Reihenfolge.

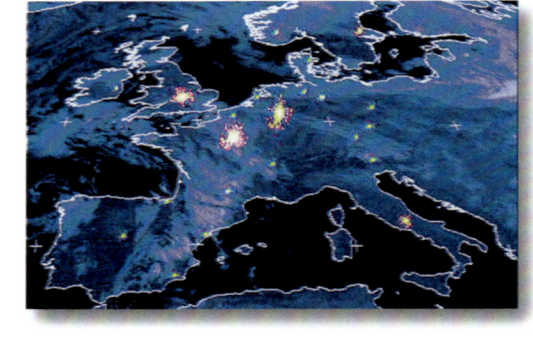

TELC 2.2-4
→ www

____ Aufbau neuer Universitäten ____ Ausbau des Dienstleistungssektors

____ Kohle und das Wirtschaftswunder ____ wirtschaftlicher Abschwung

__1__ Zahlen und geografische Fakten ____ kulturelle Veränderungen

b Hören Sie Abschnitt 1 noch einmal und ergänzen Sie geografische Fakten zum Ruhrgebiet.

2.2

1. Beginn des Steinkohlebergbaus: _____
2. Grund für den Abbau: _____
3. Fläche des Ruhrgebiets: _____
4. Ausdehnung: a) Ost–West: _____
  b) Nord–Süd: _____
5. Einwohnerzahl: _____
6. bekannte Städte: _____
_____
_____

Weltkulturerbe Zeche Zollverein in Essen

c Hören Sie Abschnitt 2 noch einmal. Machen Sie zu den beiden Entwicklungsphasen Notizen.

2.3

Phase 1	Phase 2

d Im dritten Abschnitt spricht Professor Böttger über zwei Folgen der Kohlekrise. Notieren Sie sie.

2.4

▶ Ü 2   **e** Vergleichen Sie Ihre Notizen zu 2b–d zu zweit und ergänzen Sie sie gegebenenfalls.

Modul 1

3a Nominalisierung und Verbalisierung von Temporalsätzen. Ergänzen Sie die Sätze aus dem Vortrag. Hören Sie dann zur Kontrolle.

> beim wirtschaftlichen Wiederaufbau der Bundesrepublik   während der Kohleförderung
> ~~seit der Entdeckung der Steinkohle~~   vor dem Beginn der Kohlekrise
> nach dem Ende des Krieges   bis zum Beginn des wirtschaftlichen Abschwungs

1. _Seit der Entdeckung der Steinkohle_ hat das Ruhrgebiet eine rasante Entwicklung genommen.
2. _____ stieg die Bevölkerungszahl bis 1950 rasch an.
3. Die Kohle spielte _____ eine entscheidende Rolle.
4. _____ vergingen nur wenige Jahre.
5. _____ arbeiteten die meisten Menschen in der Rohstoffverarbeitung.
6. _____ wurde in den Zechen schwer gearbeitet.

b Formen Sie die ergänzten Nominalformen aus 3a in Nebensätze um. Überlegen Sie zuerst, welcher temporale Konnektor am besten passt.

Nominalform	Verbalform
Seit der Entdeckung der Steinkohle …	Seitdem die Steinkohle entdeckt wurde, …

c Ergänzen Sie anhand Ihrer Umformungen in 3b die Regel.

Temporalsätze

Nominalform	→ Verbalform	Nominalform	→ Verbalform
bei + Dat.	→ _____	seit + Dat.	→ _seitdem/seit_
bis zu + Dat.	→ _____	vor + Dat.	→ _____
nach + Dat.	→ _____	während + Gen.	→ _____

▶ Ü 3–6

4 Präsentieren Sie im Kurs eine (Industrie-)Region aus Ihrem Land, die sich stark verändert hat. Machen Sie sich Notizen in Nominalform und sprechen Sie dann frei. Recherchieren Sie Informationen zu den folgenden Punkten.

- Lage
- Vor- und Nachteile des Standortes
- Größe/Fläche
- Wirtschaftszweige
- Verkehrsanbindung
- Kultur- und Erholungsmöglichkeiten
- Entwicklung des Standorts
- Anzahl der Beschäftigten

STRATEGIE | **Mit Notizen frei sprechen**

Notieren Sie Ihre Stichpunkte in Nominalform und sortieren Sie sie chronologisch. Gestalten Sie Ihre Notizen übersichtlich. Arbeiten Sie mit Hervorhebungen, um sich besser orientieren zu können. Arbeiten Sie während Ihrer Präsentation Stichpunkt für Stichpunkt ab. Formulieren Sie ganze Sätze und verbinden Sie sie mit Konnektoren.

Mit gutem Gewissen?

1 Was bedeutet es, wenn man sagt, jemand hat ein gutes bzw. schlechtes Gewissen? Erzählen Sie Beispiele aus Ihrem Alltag.

▶ Ü 1

SPRACHE IM ALLTAG

Das Gewissen in Redewendungen:
*ein schlechtes/gutes Gewissen haben
jmd. ins Gewissen reden
Gewissensbisse haben
jmd./etw. auf dem Gewissen haben
etw. guten Gewissens tun*

2a Eine Zeitschrift bietet die Möglichkeit, sich mit Gewissensfragen an einen Experten zu wenden. Lesen Sie die beiden Zuschriften. Welche Probleme plagen die Fragenden?

> **1** Seit drei Monaten warten wir auf eine Handwerkerrechnung von ca. 1.000 Euro. Der Betrieb wird seit dem plötzlichen Tod des Chefs von dessen Frau weitergeführt, die aber sehr überfordert wirkt. Soll ich sie nun auf die ausstehende Rechnung aufmerksam machen, auch weil bei einer Zahlungsunfähigkeit der Firma zwei Arbeitsplätze auf dem Spiel stehen, oder soll ich dieses Geld zur finanziellen Unterstützung unserer Kinder verwenden?

> **2** In unserer Abteilung ist es üblich, Kollegen zum Geburtstag zu beschenken. Einer übernimmt die Aufgabe, Geld einzusammeln und das Geschenk zu besorgen. Als ich nun damit an der Reihe war, stellte ich enttäuscht fest, dass die geplante Karaffe unseren finanziellen Rahmen sprengte. Allerdings hatte ich so ein Stück unbenutzt im Keller; ich hatte es selber geschenkt bekommen, aber es gefiel mir nicht. Also habe ich das gesammelte Geld behalten und die Karaffe dem Kollegen geschenkt, den anderen Mitarbeitern jedoch, um Diskussionen zu vermeiden, nichts davon erzählt. Halten Sie mein Handeln für bedenklich?

b Was würden Sie in diesen Situationen tun? Schreiben Sie kurz auf einen Zettel, wie Sie reagieren würden, und sammeln Sie die Zettel ein. Machen Sie anschließend eine Kursstatistik.

c Lesen Sie die Antworten des Mediziners und Juristen Dr. Dr. Rainer Erlinger. Welche Ratschläge gibt er und wie begründet er sie?

Zu 1: Oft lässt sich eine Frage erst sinnvoll beantworten, wenn man sie von verwirrendem Beirat befreit hat. Auch hier wird der Blick gleich von zwei Seiten verstellt. Das erste Hindernis haben Sie selbst aufgestellt: Sie schildern die Probleme des Handwerksbetriebes bis hin zur drohenden Insolvenz und setzen dem als moralisches Gewicht entgegen, das Geld nicht für sich, sondern für Ihre Kinder einzusetzen. Damit drängen Sie die Frage auf die Ebene: „Wo wäre das Geld besser aufgehoben?" Dabei lautet sie doch: „Soll man eine fehlende Rechnung anmahnen?" Die Verwendung des Geldes kann in Zweifelsfällen als Entscheidungshilfe dienen, sie trifft jedoch nicht den Kern. Das zweite Hindernis ist ein allgemeines: Wie man mit Zahlungen, Rechnungen, Fälligkeiten umzugehen hat, ist juristisch geregelt. Rechnungen muss man danach nicht anfordern; es gibt sogar die Verjährung: Hat der Handwerker eine bestimmte Zeit nichts unternommen, kann er seine Ansprüche nicht mehr durchsetzen. Nur – und da muss man eben aufpassen: Recht und Moral stehen zwar nicht völlig unabhängig nebeneinander, aber das Gesetz verdrängt die Moral auch nicht. Keine Rechtspflicht bedeutet noch lange nicht: keine moralische Pflicht; die kann auch dort bestehen, wo ein Gesetz den Rechtsverkehr regelt. Deshalb scheint mir sinnvoll, sich vorzustellen, es gebe in diesem Fall keine rechtlichen Bestimmungen, alles bliebe rein zwischenmenschlich. Dann wird es einfach: Der Handwerker hat etwas geleistet, dafür steht ihm sein Geld zu. Er kann es nun verlangen, meist wird man aber, vor einer vollbrachten Arbeit stehend, sogar eher fragen: „Was bekommen Sie dafür?" Umso mehr, wenn man erkennt, dass der andere schlicht vergessen hat zu fordern. Warum soll dieser Grundsatz entfallen, nur weil es für ihn keine gesetzliche Verpflichtung gibt?

Modul 2

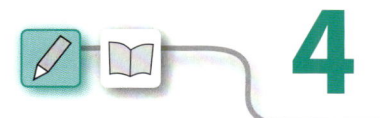

Zu 2: „Was für ein Zufall!", dachte ich. Sie überlegen sich in der Abteilung ein Geschenk, rechnen dafür mit einem bestimmten Betrag, das erweist sich als Fehlkalkulation und zufällig steht bei Ihnen, der Organisatorin, genau solch eine Karaffe im Keller, die sie überdies gern loswerden wollen. Bei einer derart außergewöhnlichen Ballung von Zufällen muss man schon von Fügung oder mehr noch von Schicksal sprechen. Und wo höhere Kräfte zugange sind, sollten wir Normalsterbliche uns einer Bewertung enthalten. In diesem Falle ist natürlich alles in Ordnung.
Es gäbe aber auch eine andere, viel profanere Erklärung: Vielleicht waren Ihnen die Bestände Ihres Präsente-Lagers geistig gar nicht so unpräsent, als Sie das Geschenk zusammen auswählten. Womöglich waren Sie gar nicht so überrascht, als sich die Karaffe dann als zu teuer entpuppte und Ihnen die Lösung mit dem Keller einfiel. Worauf ich hinauswill: Kann es nicht sein, dass Sie dieses Vorgehen insgeheim von Anfang an in die Planung miteinbezogen haben? Am Ergebnis wäre auch in dieser Variante wenig zu mäkeln, solange Sie deutlich weniger als den Ladenpreis behalten haben. Denn den könnten Sie mit dem Verkauf Ihres Kellerstücks niemals mehr erzielen und Sie brauchen sich an den Kollegen nicht bereichern. Sie hätten auch gar nichts dafür nehmen müssen: Derartigen Ballast sinnvoll loszuwerden, ist schon Gewinn genug!
Allerdings sehe ich einen Unterschied bei der Offenlegung: Beim Walten des Schicksals erscheint es gerade noch vertretbar (nicht ideal), das Ganze unerwähnt zu lassen. War aber alles geplant, hätten Sie Ihre Kollegen vorab, spätestens aber nachher informieren müssen. Sonst könnten sich die Mitarbeiter, erführen sie den wahren Sachverhalt, zu Recht getäuscht oder gar ausgenutzt fühlen.

d Was bedeuten die Ausdrücke in den Antworten? Ordnen Sie zu.

A eine bestimmte Absicht haben   D auf etw. verzichten   G auf unmoralische Weise reicher werden
B etw. ist nicht klar erkennbar   E einfordern   H sich anders entwickeln als gedacht
C den Platz von etw. einnehmen   F per Gesetz festlegen

1. der Blick wird verstellt (Z. 3–4) ____
2. anmahnen (Z. 12) ____
3. juristisch regeln (Z. 17) ____
4. verdrängen (Z. 24–25) ____
5. sich enthalten (Z. 61) ____
6. sich entpuppen als (Z. 67–68) ____
7. auf etw. hinauswollen (Z. 69) ____
8. sich bereichern an (Z. 78–79) ____

3a Wählen Sie eine Gewissensfrage aus 2a. Überlegen Sie, wie Sie argumentieren würden, und machen Sie Notizen.

Firma insolvent   Arbeitsplätze gefährdet   …

b Schreiben Sie an die Zeitschrift, die die Gewissensfragen veröffentlicht, eine Mail. Nehmen Sie darin Stellung zum dargestellten Problem. Beschreiben Sie, wie Sie sich entscheiden würden und warum.

VERHALTEN POSITIV BEWERTEN	VERHALTEN NEGATIV BEWERTEN
Ich finde es anständig/lobenswert/ anerkennenswert, dass …	Ich finde es falsch / nicht in Ordnung, dass …
Es ist vollkommen in Ordnung, wenn …	… wäre für mich undenkbar.
Ich schätze es / erkenne es an, wenn …	Ich lehne es ab / missbillige, wenn …
Ich heiße ein solches Verhalten / diese Einstellung/ Haltung gut, denn …	Es ist für mich moralisch fragwürdig, wenn …
Ich finde es nicht unmoralisch, wenn …	Ich halte nichts davon, wenn …
	Ein solches Verhalten findet vielleicht bei anderen Anerkennung, aber …

▶ Ü 2

Die Welt ist ein Dorf

1a Hören Sie, wie Tom Buhrow (ehemaliger Tagesschau-Sprecher, heute Intendant des WDR) dem 12-jährigen Tim einen schwierigen Begriff aus den Nachrichten erklärt. Um welchen Begriff handelt es sich und wie wird der Begriff erklärt?

2.6

b Hören Sie noch einmal. Was bedeutet: „Superbillig ist nicht immer fair."?

c Definieren Sie nun selbst den Begriff aus 1a und nennen Sie Konsequenzen.

EINEN BEGRIFF DEFINIEREN	KONSEQUENZEN NENNEN
„…" ist …	Als Konsequenz ergibt sich daraus, dass …
„…" wird definiert als …	… ist eine logische Folge.
Unter „…" versteht man …	Daraus lässt sich ableiten/folgern, dass …
Mit dem Begriff „…" bezeichnet man …	Aus … kann man schließen, dass …
Von „…" spricht man, wenn …	Daraus ergibt sich, dass …
	… führt zu …

▶ Ü 1–2

2a Arbeiten Sie zu zweit. Wählen Sie einen Blogeintrag und notieren Sie Vorteile, Nachteile und Auswirkungen der Globalisierung.

A   geschrieben am 18. Juni von GoingGlobal
Durch die Zunahme des technischen Fortschritts in den Bereichen Information und Kommunikation, Transport und Verkehr sowie durch die zunehmende Liberalisierung des Welthandels ist es zu einer weltweiten Vernetzung der Märkte und Gesellschaften
5 gekommen. Was bedeutet diese Entwicklung konkret für ein Unternehmen?
Dadurch, dass die Märkte sehr stark miteinander verbunden sind, befinden sich die Mitbewerber nicht mehr nur in der näheren Umgebung, sondern
10 sie können irgendwo auf der Welt angesiedelt sein.
Der Wettbewerbsdruck steigt enorm. Wegen der starken Konkurrenz müssen die Unternehmenskosten möglichst niedrig gehalten werden. Dadurch, dass viele Unternehmen in Rationalisierungsmaßnahmen eine Lösung sehen, wird Arbeit zunehmend durch Maschinen erledigt. Ein weiterer Lösungsansatz, der durch die Globalisierung möglich wurde, ist die Produktion im Ausland.
15 Durch die Verlegung von Produktionsstätten ins Ausland profitieren Unternehmen von billigeren Arbeitskräften, besseren Standortbedingungen und Steuervorteilen. So kann entweder das gesamte Produkt oder ein Teil davon im Ausland produziert bzw. eine dazugehörige Dienstleistung dort erbracht werden.
Die Globalisierung bietet aber auch Vorteile für Unternehmen, die keine Unternehmensteile ins
20 Ausland verlegen: Zwischenprodukte und Rohstoffe können weltweit zu den günstigsten Preisen eingekauft werden. Wegen der Möglichkeit, arbeitsintensive Vorprodukte günstig aus Ländern mit niedrigeren Lohnkosten zu beziehen, kommt es in den Industrieländern zu einem Strukturwandel. Sie entwickeln sich immer mehr zu technologieintensiven Gebieten, die den Einsatz von immer mehr qualifizierter Arbeit erfordern.
25 Besonders Unternehmen, die viel exportieren, erfahren durch die Globalisierung und Öffnung der Märkte eine Erweiterung ihres Absatzmarkts. Weil die Waren nun in die ganze Welt exportiert werden können, erweitert sich das Potenzial an neuen Kundinnen und Kunden, die Interesse an ihrem Produkt haben könnten. Das steigert den Verkauf und steigert den Umsatz. Kleine Unternehmen haben es jedoch schwer, sich gegen die riesige Konkurrenz und den damit
30 verbundenen Preisdruck durchzusetzen. Globale Unternehmen haben ihre Filialen mittlerweile auf der ganzen Welt.

Modul 3

B geschrieben am 25. September von Nicetohave

Durch die Globalisierung verschwinden nationale Grenzen immer stärker. Indem Waren viel preiswerter transportiert werden können und die Kommunikationswege günstiger und vielfältiger werden, sind globale Einkäufe möglich, zum Beispiel über das Internet. Aber was bedeutet diese Entwicklung konkret für die Konsumenten?

5 Bananen aus Brasilien, Mangos aus Guatemala, Spielzeug aus China, all das ermöglicht die Globalisierung zum günstigen Preis. Durch das grenzenlose Einkaufen im Internet ist man als Konsument nicht mehr nur auf die Produkte und Dienstleistungen aus seinem eigenen Land angewiesen. Man kann Waren und Services überall auf der Welt kaufen. Das hat natürlich den Vorteil, dass man sich den besten Preis für die beste Qualität aussuchen kann. Durch die
10 Transparenz der Preise ist der Preisdruck für alle Produzenten besonders hoch.

Die Globalisierung steigert zwar das Angebot an verfügbaren preiswerten Gütern und Dienstleistungen, sie hat jedoch auch Schattenseiten. Denn immer mehr Unternehmen verlagern ihre Produktion ins Ausland, wo sie niedrigere Lohnkosten bezahlen, um im weltweiten Wettbewerb zu bestehen. Wegen der Verlagerung der Produktion ins Ausland verlieren in den Industrieländern
15 Menschen mit geringen Qualifikationen ihre bisherige Arbeit. Dagegen werden hoch qualifizierte Arbeitskräfte immer wichtiger, da durch den Strukturwandel in den Industrieländern nun technologieintensivere Bereiche im Vordergrund stehen, die großes Fachwissen erfordern. Geringqualifizierte haben weniger Chancen auf dem Arbeitsmarkt und sind dadurch von den negativen Folgen der Globalisierung besonders betroffen.
20 Ein weiteres Problem der Globalisierung ist, dass es für die Unternehmen meist viele Vorteile bringt, Teile der Produktion ins Ausland zu verlagern oder von dort Zwischenprodukte sehr günstig einzukaufen. Aber häufig werden in den neuen Produktionsländern Standards (z. B. Umweltregeln) nicht beachtet. Außerdem sind die Bedingungen, unter denen die Menschen dort arbeiten müssen, teilweise sehr schlecht.

b Fassen Sie Ihren Text für Ihren Partner / Ihre Partnerin zusammen und vergleichen Sie die Vor- und Nachteile der Globalisierung: Welche Argumente sind für Sie wichtig? Welche würden Sie ergänzen?

3a Nominalisierung von Kausal- und Modalsätzen. Suchen Sie in Text A die Nominalformen zu den Verbalformen und ergänzen Sie die Tabelle.

Verbalform (Nebensätze)	Nominalform
1. Dadurch, dass der technische Fortschritt in den Bereichen … zunimmt, …	
2. Weil die Konkurrenz stark ist, …	
3. Indem sie Produktionsstätten ins Ausland verlegen, …	

b Ergänzen Sie die Regel. Suchen Sie dann in Text B weitere Beispiele für kausale und modale Nominal- und Verbalformen und formen Sie sie um.

Nominalisierung und Verbalisierung von Kausal- und Modalsätzen

Nebensatz kausal	→ Nominalform	Nebensatz modal	→ Nominalform
weil da	→ _____	_____ _____	→ _____

▶ Ü 3–6

4 Überlegen Sie zu zweit positive und negative Beispiele für Globalisierung aus allen Bereichen des Lebens (Umwelt, Ernährung, Bekleidung …). Stellen Sie Ihre Beispiele aus einem Bereich im Kurs vor.

Wer soll das bezahlen?

1 Stellen Sie sich vor, Sie sind Musiker/in und träumen davon, ein eigenes Album aufzunehmen. Welche Möglichkeiten gibt es, das zu finanzieren? Sammeln Sie Ideen.

▶ Ü 1 *Ich würde meine Eltern fragen, ob ...*

2a Arbeiten Sie in Gruppen. Lesen Sie die Definitionen und erklären Sie dann die Begriffe A–F mit Beispielen.

> **die Finanzierung:** Bereitstellung von Geldern für eine Anschaffung oder ein Projekt. Die Gelder können erspart oder geliehen sein.

> **das Kapital:** Geld oder anderes Vermögen und Gegenstände, die für ein Projekt oder eine Produkt-Produktion nötig sind.

A die Fremdfinanzierung
B das Finanzierungsinstitut
C etwas vorfinanzieren

D das Fremdkapital
E der Kapitalgeber
F das Mindestkapital

b Lesen Sie den Text und sagen Sie in einem Satz, was die Idee von Crowdfunding ist.

Was ist Crowdfunding?

Sie haben eine tolle Geschäftsidee, wollen (oder können) aber keinen Kredit bei einer Bank oder einem anderen Finanzierungsinstitut aufnehmen? Vielleicht ist Crowdfunding die richtige Lösung für Sie.

Diese Art der alternativen Fremdfinanzierung kommt ganz ohne den klassi-
5 schen Weg zur Bank aus: Hier wird Fremdkapital über einen anderen Kanal gewonnen. Durch Crowdfunding konnten schon viele Geschäftsideen und Projekte umgesetzt und Produkte finanziert werden. Doch wie funktioniert diese Finanzierungsmöglichkeit genau?
Jemand startet eine sogenannte Aktion auf einer Crowdfunding-Plattform
10 im Internet. Diese Aktionen sind immer zeitlich begrenzt und es wird genau beschrieben, um welche Idee es geht, wie viel Geld benötigt wird und wozu das Geld genau verwendet wird. Die Kapitalgeber sind verschiedene, meist private Personen (Crowdfunder), die oft nur kleine Beträge für Projekte spenden, deren Idee sie gut finden. In den meisten Fällen bekommen sie dafür auch etwas, z. B. das fertige Album, wenn es um ein Musikprojekt geht, oder bestimmte Rechte, Geld (meist in Form einer Gewinnbeteiligung) oder
15 andere Sachleistungen.
Bei jeder Aktion wird eine Mindestkapitalmenge angegeben, die über das Crowdfunding erreicht werden muss, damit das Projekt umgesetzt werden kann. Wird diese Summe innerhalb der vorgegebenen Zeitspanne nicht erreicht, erhalten die Kapitalgeber im Normalfall ihr Geld zurück. Typisch für Crowdfunding ist also, dass die Aktionen zeitlich begrenzt sind und dass die Gelder, die dadurch zusammenkommen, nur zweckgebunden ausgegeben wer-
20 den dürfen.
Der Begriff „Crowdfunding" tauchte 2006 erstmals auf. Eine Internetplattform ermöglichte es damals Fans, die Alben von Musikern vorzufinanzieren. Die erste Crowdfunding-Plattform *kickstarter.com* wurde Anfang 2009 in den USA gegründet. Auf dieser Plattform wurden über 10.000 Projekte finanziert – vor allem aus dem künstlerischen Bereich. In Deutschland wurden 2011 die ersten großen Projekte über Crowdfunding realisiert.

c Erklären Sie nun genauer: Wie funktioniert Crowdfunding? Wer ist beteiligt? Wer hat welchen
▶ Ü 2   Nutzen davon?

64

Fertigkeitstraining

Modul 4

3a Lesen Sie die Projektbeschreibung auf einer Crowdfunding-Plattform. Ordnen Sie die Fragen den Abschnitten zu.

> Warum sollte jemand dieses Projekt unterstützen?   Was sind die Ziele und wer die Zielgruppe?
> Was passiert mit dem Geld bei erfolgreicher Finanzierung?

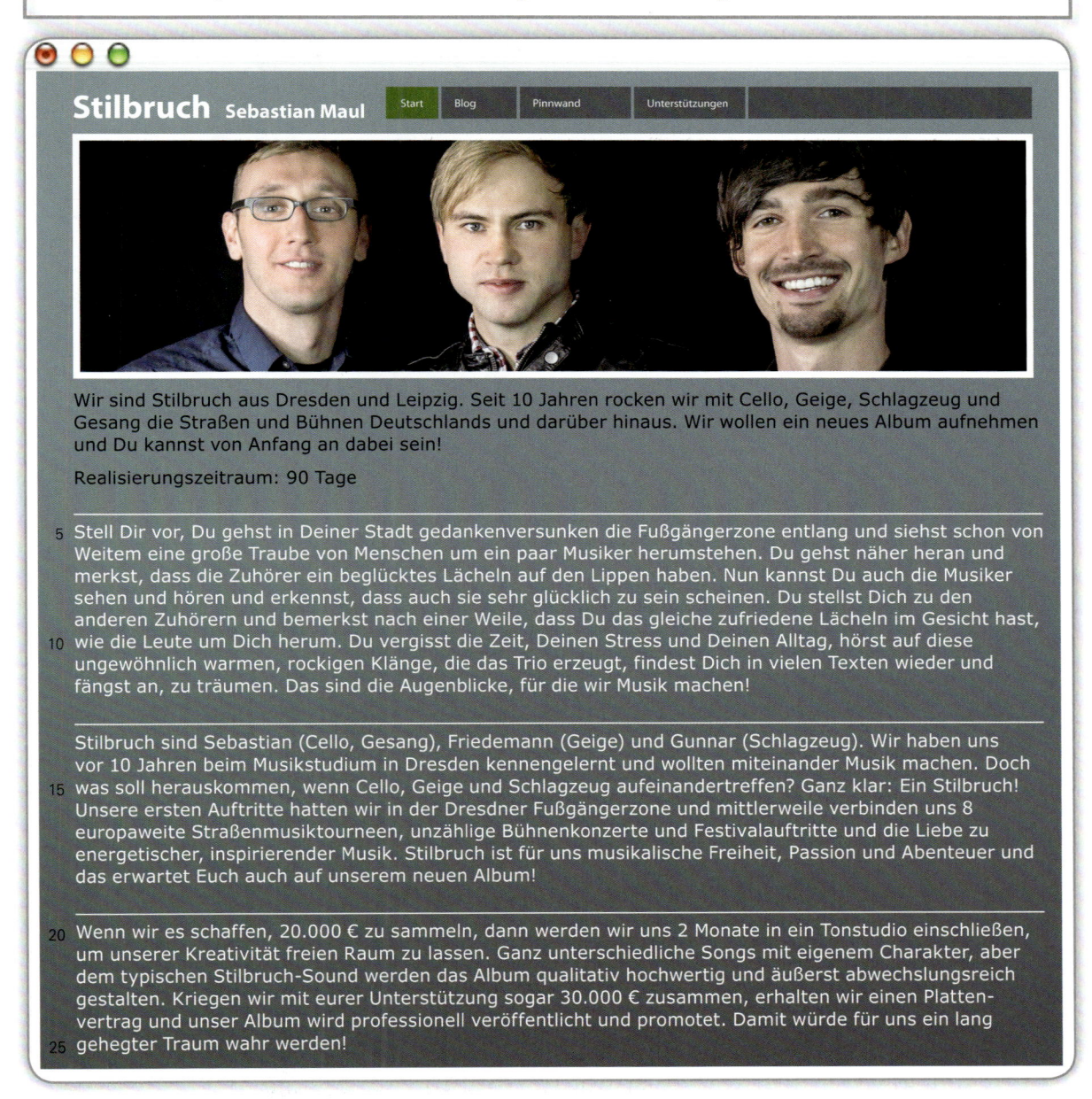

Stilbruch Sebastian Maul   Start   Blog   Pinnwand   Unterstützungen

Wir sind Stilbruch aus Dresden und Leipzig. Seit 10 Jahren rocken wir mit Cello, Geige, Schlagzeug und Gesang die Straßen und Bühnen Deutschlands und darüber hinaus. Wir wollen ein neues Album aufnehmen und Du kannst von Anfang an dabei sein!

Realisierungszeitraum: 90 Tage

5   Stell Dir vor, Du gehst in Deiner Stadt gedankenversunken die Fußgängerzone entlang und siehst schon von Weitem eine große Traube von Menschen um ein paar Musiker herumstehen. Du gehst näher heran und merkst, dass die Zuhörer ein beglücktes Lächeln auf den Lippen haben. Nun kannst Du auch die Musiker sehen und hören und erkennst, dass auch sie sehr glücklich zu sein scheinen. Du stellst Dich zu den anderen Zuhörern und bemerkst nach einer Weile, dass Du das gleiche zufriedene Lächeln im Gesicht hast,
10   wie die Leute um Dich herum. Du vergisst die Zeit, Deinen Stress und Deinen Alltag, hörst auf diese ungewöhnlich warmen, rockigen Klänge, die das Trio erzeugt, findest Dich in vielen Texten wieder und fängst an, zu träumen. Das sind die Augenblicke, für die wir Musik machen!

Stilbruch sind Sebastian (Cello, Gesang), Friedemann (Geige) und Gunnar (Schlagzeug). Wir haben uns vor 10 Jahren beim Musikstudium in Dresden kennengelernt und wollten miteinander Musik machen. Doch
15   was soll herauskommen, wenn Cello, Geige und Schlagzeug aufeinandertreffen? Ganz klar: Ein Stilbruch! Unsere ersten Auftritte hatten wir in der Dresdner Fußgängerzone und mittlerweile verbinden uns 8 europaweite Straßenmusiktourneen, unzählige Bühnenkonzerte und Festivalauftritte und die Liebe zu energetischer, inspirierender Musik. Stilbruch ist für uns musikalische Freiheit, Passion und Abenteuer und das erwartet Euch auch auf unserem neuen Album!

20   Wenn wir es schaffen, 20.000 € zu sammeln, dann werden wir uns 2 Monate in ein Tonstudio einschließen, um unserer Kreativität freien Raum zu lassen. Ganz unterschiedliche Songs mit eigenem Charakter, aber dem typischen Stilbruch-Sound werden das Album qualitativ hochwertig und äußerst abwechslungsreich gestalten. Kriegen wir mit eurer Unterstützung sogar 30.000 € zusammen, erhalten wir einen Plattenvertrag und unser Album wird professionell veröffentlicht und promotet. Damit würde für uns ein lang
25   gehegter Traum wahr werden!

b Lesen Sie die Projektbeschreibung noch einmal. Markieren Sie wichtige Informationen und beantworten Sie dann die Fragen aus 3a in eigenen Worten.

c Überlegen Sie in Gruppen, welche Projekte sich für eine Finanzierung über Crowdfunding eignen könnten. Einigen Sie sich auf eine Idee und erstellen Sie eine Projektbeschreibung für eine Crowdfunding-Aktion. Die anderen im Kurs kommentieren Ihren Vorschlag.

Bildband mit Erzählungen über Hauskatzen   *Leihservice für Baby- und Kleinkindkleidung*   ▶ Ü 3

Wer soll das bezahlen?

4a Die klassische Alternative zum Crowdfunding: Ein Kredit von der Bank. Sie hören jetzt einen Vortrag. Ein Freund hat Sie gebeten, sich Notizen zu machen, weil er den Vortrag nicht hören kann. Sie hören den Vortrag nur einmal. Machen Sie beim Hören Notizen zu den Stichworten.

2.7

a Thema des Vortrags
– *erfolgreich Bankgespräche führen*

b Fragen bei der Terminvereinbarung
– _____
– _____
– _____

c Themen im Bankgespräch
– _____
– _____
– _____

d Verhalten im Beratungsgespräch
– _____
– _____
– _____
– _____

e der erste Eindruck
– _____

f Gesprächsabschluss
– _____

b Bankwortschatz. Welche Verben passen? Manchmal gibt es mehrere Möglichkeiten.

| aufnehmen | darlegen | einhalten | erhalten | erklären | erstellen | prüfen |
| gewähren | | investieren | setzen | überzeugen | | verweigern |

1. ein Darlehen / einen Kredit   *aufnehmen* _____
2. die Kreditwürdigkeit / die finanzielle Lage   _____
3. jmd. vom Erfolg eines Vorhabens   _____
4. einen Businessplan/Finanzierungsplan   _____
5. in ein Vorhaben   _____
6. Fristen   _____

▶ Ü 4

Modul 4

5a Notieren Sie für Ihre Idee aus 3c die Informationen für ein Bankgespräch.

1. Gründe für das Projekt
2. benötigte Summe
3. Sicherheiten für die Bank
4. Alleinstellungsmerkmale des Projekts
5. Risiken
6. Pläne, Kredit zurückzuzahlen

b Üben Sie zu zweit das Bankgespräch für Ihre Projektidee. Spielen Sie das Gespräch dann im Kurs vor.

6 Frau Monika Frühauf aus Mühlheim hat ein Musikalbum veröffentlicht. Aus diesem Grund schreibt Frau Frühauf heute zwei Nachrichten: eine E-Mail an ihre Freundin Babsi und einen Brief an den Trainer des Crowdfunding-Seminars, das sie vor vier Monaten besucht hat.
Für die Aufgaben 1–10 füllen Sie die Lücken. Verwenden Sie dazu eventuell die Informationen aus der ersten E-Mail. In jede Lücke passen ein oder zwei Wörter.

Liebe Babsi,

wie läuft's bei dir? Stell dir vor, ich habe meine erste CD rausgebracht! Du weißt ja, dass ich schon immer davon geträumt habe.
Vor gut vier Monaten habe ich ein Seminar mit dem Thema „Träume finanzieren" besucht und das war klasse. Unser Trainer hat uns erklärt, wie man über Crowdfunding seine Ideen verwirklichen kann. Nach dem Seminar habe ich gleich angefangen, alles für meine Aktion zusammenzustellen: Ich habe mein Musik-Projekt genau beschrieben und einen kleinen Film aufgenommen mit Interviews von meinen Fans und Musikerkollegen (das war der beste Tipp des Trainers). Die Leute sollten ja wissen, warum es sich lohnt, in mein Album zu investieren. Und dann hat mein Projekt wirklich schon nach wenigen Wochen auf der Plattform genug Finanzierer gefunden und ich konnte mit meiner Band für die Aufnahmen ins Tonstudio gehen.
Und jetzt ist sie also da, meine erste CD und ich schicke sie dir gleich morgen mit der Post 😊
Ich hoffe, sie gefällt dir!

Liebe Grüße
Monika

Sehr **(0)** *Herr Weidenreich,*

ich **(1)** *Ihnen heute,* da ich Ihnen nochmals herzlich danken möchte. Vor gut vier Monaten hatte ich Ihr Seminar besucht und jetzt freue ich mich, Ihnen meine erste **(2)** schicken zu können. Ihr **(3)** hat mich so motiviert, dass ich sofort mit der Umsetzung meines Traumes angefangen habe. Ich habe gleich danach eine **(4)** meines Projektes erstellt. Besonders froh war ich über Ihren Tipp mit dem **(5)**. Meine Crowdfunding-Aktion war sehr **(6)**: Ich hatte schnell das nötige **(7)** zusammen. Und dann konnten meine Band und ich die CD **(8)**. Ohne Ihr hervorragendes Training **(9)** das sicherlich anders verlaufen.
Ich danke Ihnen nochmals recht herzlich und verbleibe mit den besten **(10)**

Ihre
Monika Frühauf

---

0. geehrter ▶ Ü 5

7 Würden Sie gerne ein Unternehmen gründen? Was würde Sie daran reizen, was eher abschrecken? Berichten Sie.

Porträt

Petra Jenner (*13. November 1964)
Geschäftsführerin und Autorin

Man kann Menschen nicht kontrollieren

Nach ihrer Ausbildung zur Betriebswirtin und Wirtschaftsinformatikerin leitete Petra Jenner als Geschäftsführerin verschiedene Unternehmen der IT-Branche und war in Zentral- und Nordeuropa tätig. 2009 wurde sie Geschäftsführerin von Microsoft Österreich und schon nach zweieinhalb Jahren bot ihr der Konzern die Geschäftsleitung von Microsoft Schweiz an, die sie gut vier Jahre erfolgreich ausführte.

Während ihrer Zeit als Microsoft-Geschäftsführerin in Österreich und der Schweiz setzte sie zahlreiche zukunftsorientierte Strategien um. So wurden unter ihrer Leitung die Arbeitsplätze der Angestellten sowie die Arbeitsabläufe in den Microsoft-Niederlassungen in Österreich und der Schweiz komplett umgestaltet: Die festen Büroplätze wichen flexiblen Arbeitsplatzmodellen und der Arbeit im Homeoffice. Diese strukturelle Veränderung wurde von allen Seiten positiv aufgenommen, auch weil Jenner von Anfang an großen Wert darauf legte, die Mitarbeitenden aktiv in den Prozess einzubinden und nicht über ihren Kopf hinweg zu entscheiden. Sie war und ist überzeugt, dass es nur so gelingen kann, die Unterstützung der Mitarbeitenden bei Veränderungen zu bewahren.

Petra Jenner

Das ist auch die Botschaft, die Petra Jenner besonders am Herzen liegt: Auch im Job wollen alle Menschen wahrgenommen werden – und zwar als Menschen und nicht nur als Angestellte, Kollegen oder Vorgesetzte. Zu diesem Thema hat sie ein Buch veröffentlicht, in dem es genau um diesen am Menschen orientierten Führungsstil geht. In „Mit Verstand und Herz. Authentisch und erfolgreich: Führungskraft ist weiblich" beschreibt sie, wie es ihr als Frau in einer von Männern dominierten Branche gelang, erfolgreich zu sein, ohne sich verstellen zu müssen. Sie sieht die größte Herausforderung für Führungskräfte darin, einen goldenen Mittelweg zu finden: zwischen dem klassischen, an wirtschaftlichen Erfolgszahlen orientierten Führungsstil und einem Führungsstil, bei dem der Mensch mit seinen individuellen Fähigkeiten und Emotionen im Mittelpunkt steht. Nur so kann es ihrer Meinung nach gelingen, der ständig wachsenden Zahl von Arbeitnehmenden entgegenzuwirken, die durch Burn-Outs arbeitsunfähig werden oder innerlich schon gekündigt haben, weil sie jegliche Motivation und Freude an ihrer Arbeit verloren haben.

Petra Jenner lässt auch im Beruf Emotionen ganz bewusst zu und legt großen Wert auf aktives Zuhören, um mehr Empathie und Einfühlungsvermögen in den Berufsalltag einbringen zu können. Dies ist aus ihrer Sicht unerlässlich, um eine Basis für ein vertrauensvolles Miteinander zu schaffen. Denn nur in einem offenen Arbeitsklima, in dem nicht ständig kontrolliert werden muss, engagieren sich Mitarbeitende gerne. In motivierten Angestellten, die ihre Aufgaben aus eigenem Antrieb selbstständig erledigen wollen, sieht Petra Jenner eines der wichtigsten Potenziale erfolgreicher Firmen.

Petra Jenner ist verheiratet. In ihrer Freizeit tanzt sie gerne, fährt Ski und macht Yoga. Außerdem liebt sie es, zu verreisen.

---

www   Mehr Informationen zu Petra Jenner.

Sammeln Sie Informationen über Persönlichkeiten oder Firmen aus dem In- und Ausland, die für das Thema „Wirtschaft" interessant sind, und stellen Sie sie im Kurs vor. Sie können dazu die Vorlage „Porträt" im Anhang verwenden.

Beispiele aus dem deutschsprachigen Bereich: Victorinox – VW – Konrad Zuse – Daniel Borel – Willi Verhuven – Adidas – Palfinger Gruppe – Joschka Fischer – Louise Piëch – Mabel Zuppinger – Margarete Steiff

Grammatik-Rückschau

1 Nominalisierung und Verbalisierung von Temporalsätzen

Nominalform	Verbalform
Seit der Entdeckung der Steinkohle hat das Ruhrgebiet eine rasante Entwicklung genommen.	**Seitdem** die Steinkohle entdeckt wurde, hat das Ruhrgebiet eine rasante Entwicklung genommen.
Nach dem Ende des Krieges stieg die Bevölkerungszahl bis 1950 rasch an.	**Nachdem** der Krieg beendet worden war, stieg die Bevölkerungszahl bis 1950 rasch an.
Die Kohle spielte **beim** wirtschaftlichen Wiederaufbau der Bundesrepublik eine entscheidende Rolle.	Die Kohle spielte eine entscheidende Rolle, **als** die Bundesrepublik wirtschaftlich wieder aufgebaut wurde.
Bis zum Beginn des wirtschaftlichen Abschwungs vergingen nur wenige Jahre.	**Bis** der wirtschaftliche Abschwung begann, vergingen nur wenige Jahre.
Vor dem Beginn der Kohlekrise arbeiteten die meisten Menschen in der Rohstoffverarbeitung.	**Bevor** die Kohlekrise begann, arbeiteten die meisten Menschen in der Rohstoffverarbeitung.
Während der Kohleförderung wurde in den Zechen schwer gearbeitet.	**Während** man Kohle förderte, wurde in den Zechen schwer gearbeitet.

2 Nominalisierung und Verbalisierung von Kausalsätzen

Nominalform	Verbalform
Wegen der starken Konkurrenz müssen die Unternehmenskosten möglichst niedrig gehalten werden.	**Weil/Da** die Konkurrenz stark ist, müssen die Unternehmenskosten möglichst niedrig gehalten werden.

3 Nominalisierung und Verbalisierung von Modalsätzen

Nominalform	Verbalform
Durch die Verlegung von Produktionsstätten ins Ausland profitieren Unternehmen von besseren Standortbedingungen und Steuervorteilen.	Unternehmen profitieren von besseren Standortbedingungen und Steuervorteilen, **indem** sie Produktionsstätten ins Ausland verlegen.
Durch das grenzenlose Einkaufen im Internet ist man als Konsument nicht mehr nur auf die Produkte und Dienstleistungen aus seinem eigenen Land angewiesen.	**Dadurch, dass** man im Internet grenzenlos einkaufen kann, ist man als Konsument nicht mehr nur auf die Produkte und Dienstleistungen aus seinem eigenen Land angewiesen.

Perfektes Timing

1a Sehen Sie den ersten Teil des Crowdfunding-Videos zum Kurzfilmprojekt „Perfektes Timing" ohne Ton. Worüber sprechen Alex und Benno? Sammeln Sie im Kurs Vermutungen.

b Sehen Sie den ersten Teil nun mit Ton. Ergänzen und korrigieren Sie Ihre Sammlung aus 1a.

2a Arbeiten Sie zu dritt. Sehen Sie den Rest des Films. Jeder macht Notizen zu einem Thema.

- Namen und Charakter der von den Schauspielern vorgestellten Rollen
- Handlung des Kurzfilms
- Requisiten und Orte

b Vergleichen und ergänzen Sie Ihre Notizen. Schreiben Sie dann eine kurze Zusammenfassung zum Inhalt und den Personen im Film.

Im Kurzfilm „Perfektes Timing" soll es um einen Jungen gehen, der …

sehen | nachdenken | diskutieren | ...

4

3a Ein Schauspieler wird vom Regisseur gebeten, seine Rolle auf Bairisch vorzustellen. Sehen Sie die Szene noch einmal und „übersetzen" Sie den Text.

> Servus! I bin der Andreas Bittl und ich spui den Hehla in dem Film „Perfektes Timing". Also, mir drahn jetzt die Szene, wo i mit so am 70er-Jahre Pontiak daherfahr und dann verkauf i da dem schwindligen Kunstsammler des g'stolne Buidl. Des drahn jetzt mir da.

ANDREAS Bittl

Hallo! Ich bin der Andreas Bittl und ich spiele den ...

b Warum möchte der Regisseur, dass der Schauspieler Bairisch spricht und weshalb ist der Schauspieler überrascht? Wie finden Sie die Idee?

---

4 Welche Witze und Gags wurden in den Crowdfunding-Film eingebaut? Wie werben die Filmemacher für Ihr Projekt? Sehen Sie den Film unter diesem Aspekt noch einmal und sammeln Sie im Kurs.

Werbung für finanzielle Unterstützung des Films	
einmalige Witze und Gags	
sich wiederholende Witze und Gags	

PERFEKTES TIMING
ein kurzspielfilm von alexander vafiopoulos

5 Die Finanzierung des Films ist geglückt und der Film wurde realisiert. Recherchieren Sie weitere Infos zum fertigen Film. Haben Sie Lust, den Kurzfilm anzusehen? Begründen Sie.

71

Ziele

1

Träume, Wünsche, Ziele – Welche habt ihr?
Welche Ziele, Träume und Wünsche habt ihr in eurem Leben und welche habt ihr schon erreicht? Gibt es ein Ziel, das ihr schon lange versucht zu erreichen, aber es klappt einfach nicht? Schreibt uns über eure Erfahrungen. Wir sind gespannt …

30.3. / 11:14 Uhr
Zuerst möchte ich sagen, dass ich Wünsche und Träume streng von meinen Zielen trenne. Ziele sind für mich Dinge, die ich auf alle Fälle erreichen muss, um im Leben weiterzukommen. Mein oberstes Ziel ist deshalb, meine Ausbildung erfolgreich abzuschließen. Außerdem will ich mehrere Sprachen sprechen können. Englisch und Spanisch kann ich schon ganz gut. Zurzeit lerne ich Japanisch. Mein Traum ist es, einen Sprachkurs in Tokio zu besuchen, aber das ist sehr teuer. Mein Wunsch wäre, Japanologie zu studieren.

A

Christoph, 41

Benny, 20

C

2

30.3. / 07:38 Uhr
Da ich schon älter bin, habe ich viele meiner Ziele schon erreicht: Ich habe eine Familie (habe schon zwei Enkelkinder 😊), einen tollen Job, bin viel gereist und habe Haus und Garten versorgt. Was will man mehr? Ich frage mich oft, ob ich schon alles getan habe, was ich wollte, und was meine nächsten Ziele sind. Mir fallen im Moment aber nur kleinere Ziele ein: Ich möchte mich unbedingt mehr bewegen und eigentlich möchte ich in Zukunft viel mehr für mich tun. Ich war immer für andere da. Ich glaube, es ist an der Zeit, etwas mehr an mich zu denken.

Sie lernen
Modul 1 | Einen Leserkommentar zu einem Interview über soziale Netzwerke schreiben
Modul 2 | Notizen zu einem Gespräch über berufliche Ziele machen
Modul 3 | Einen Artikel über gute Vorsätze verstehen und Tipps zum Erreichen von Vorsätzen geben
Modul 4 | Einen Aufsatz über freiwilliges Engagement schreiben
Modul 4 | Kurze Berichte von engagierten Menschen zusammenfassen

Grammatik
Modul 1 | Negative Konsekutivsätze mit *zu …, um zu / als dass*
Modul 3 | Nominalisierung und Verbalisierung von Konzessiv- und Finalsätzen

Anna Maria, 55

▶ AB Wortschatz

5

3

29.3. / 19:22 Uhr
Ich denke, man muss zwischen realen Zielen und Träumen unterscheiden. Bei mir ist es so, dass ich schon lange davon träume, zusammen mit meiner Freundin eine Weltreise zu machen. Nur leider ist das bei meinem Einkommen unbezahlbar. Also wird das ein Traum bleiben, wenn ich nicht gerade im Lotto gewinne … Aber auch das ist ein Traum, den fast jeder hat. ☺ Wenn es um meine Ziele geht, dann steht meine Hochzeit ganz oben. Meine Freundin und ich kennen uns schon acht Jahre. Es ist an der Zeit, den nächsten Schritt zu tun. Die Hochzeit ist bereits geplant …

1a Lesen Sie die Blogeinträge. Was denken Sie, welche Person hat welchen Eintrag geschrieben? Begründen Sie.

b Welche Ziele, Wünsche und Träume haben die Personen? Wie realistisch sind sie?

c Schreiben Sie einen kurzen Blogeintrag mit Ihren Zielen, Wünschen und Träumen.

2a Lesen Sie die Kalenderblätter. Erklären Sie, was in den Zitaten über Ziele gesagt wird.

1. Februar

Der Langsamste, der sein Ziel nur nicht aus den Augen verliert, geht immer noch geschwinder als der, der ohne Ziel herumirrt.
Gotthold Ephraim Lessing

1. August

Der ans Ziel getragen wurde, darf nicht glauben, es erreicht zu haben.
Marie von Ebner-Eschenbach

1. Oktober

Kein Ziel ist so hoch, dass es unwürdige Methoden rechtfertige.
Albert Einstein

b Welches Zitat gefällt Ihnen am besten? Warum?

Vernetzt

1a Nutzen Sie soziale Netzwerke? Welche und warum? Berichten Sie.

b Lesen Sie die Aussagen über soziale Netzwerke. Welcher stimmen Sie zu, welcher nicht? Begründen Sie.

A Wer sich in einem Netzwerk anmeldet, kommt seinen beruflichen Zielen durchaus ein Stückchen näher. Netzwerke fördern den Austausch und ermöglichen es, die Karriere durch Kontakte voranzutreiben.

B Soziale Netzwerke treiben uns unter dem Vorwand der Freiheit in die Isolation, denn virtuelle Freundschaften sind nicht in der Lage, reale Beziehungen zu ersetzen. Ich finde, sie sind meist nur oberflächlich und eindimensional.

2a Lesen Sie das Interview über soziale Netzwerke. Unterstreichen Sie in jedem Absatz die Hauptinformationen.

Kaum ein anderes Medium hat sich so schnell verbreitet wie soziale Netzwerke. Über die Ursachen und Folgen dieser rasanten Entwicklung haben wir mit dem Medien-
5 **pädagogen Tobias Grimm gesprochen.**

1 _____

_____

Der wichtigste Grund ist darin zu sehen, dass ein optimales Networking sowohl auf beruflicher als auch auf privater Ebene das Leben erleichtert. Kontakte in verschiedenen Branchen und Regionen können die Karriere vorantreiben und einen mit interessanten Menschen
10 zusammenführen. Darüber hinaus sind Netzwerke natürlich Orte, an denen man zusammen Zeit verbringen kann, auch wenn man räumlich getrennt ist.

2 _____

Ein Netzwerk geht in der Regel von einer Person oder einem Unternehmen aus. Von diesem Anfangspunkt verzweigt sich ein Netzwerk über direkte Kontakte – wie beispielsweise die Familie oder Kollegen – und weitere Kontakte. Auch Kontakte zweiten oder dritten Grades,
15 also die „Kontakte der Kontakte", können berufliche oder private Vorteile bringen. In allen Netzwerken findet man sogenannte Agenten. Das sind Personen, die sehr viele Kontakte um sich sammeln. Wer mehrere solcher Agenten kennt, dessen Netzwerk wird fast automatisch größer. Denn die Agenten wirken wie Multiplikatoren und ermöglichen die Kontaktaufnahme zu vielen verschiedenen Menschen in relativ kurzer Zeit.

3 _____

20 Soziale Netzwerke haben natürlich auch ihre Schattenseiten. Erstens glauben viele Nutzer, die Lebensräume im Netz würden sich in ihren Gesetzmäßigkeiten nicht von der realen Welt unterscheiden. Aber im virtuellen Raum existiert keine Zeit. Was hier einmal präsentiert wird, bleibt für immer. Zweitens ist alles, was man im Netz tut, öffentlich und das kann größere Auswirkungen haben. So besteht z. B. die Gefahr, sich durchsichtig zu machen: Zum Beispiel
25 liefere ich durch Einkäufe im Internet laufend Daten über mich. Viele Netzwerke verkaufen diese Daten und erzielen damit riesige Gewinne. Sie beteuern natürlich das Gegenteil. Aber hinsichtlich der Datensicherheit wurde schon zu oft gelogen, als dass man den Betreibern von Netzwerken glauben könnte.

4 _____

In einer Gesellschaft, in der es sehr wichtig ist, dass man sich öffentlich präsentiert, ist es für
30 viele Nutzer normal, möglichst umfangreiche Angaben über sich ins Netz zu stellen. Viele User vertreten die Meinung, man sei ja damit aufgewachsen und somit sei es selbstverständlich, dass alles öffentlich wird. Andere meinen, sie hätten nichts zu verbergen oder zu verheimlichen, also könne ihnen nichts passieren. Aber dazu will ich sagen: Persönliche Daten sind zu wichtig, um sie bedenkenlos ins Netz zu stellen.

Modul 1

5 _____

35 Die E-Mail ist zurzeit ein etabliertes Kommunikationsmittel, das wir sicher noch einige Jahre nutzen werden. Allerdings stoßen viele Firmen durch die E-Mail-Flut an ihre Grenzen. Täglich gehen zu viele E-Mails ein, als dass die Mitarbeiter sie alle lesen könnten. Die Lösung dieses Problems sind interne Netzwerke. Dadurch können die Mitarbeiter einer Firma viel effizienter kommunizieren. In der Praxis sieht das so aus, dass jedes Unternehmen ein eigenes Netzwerk
40 für seine Mitarbeiter anbietet, über das die betriebliche Kommunikation läuft, vergleichbar den Pinnwänden und Foren öffentlicher Netzwerke. Allerdings sind heute die Anschaffungskosten für Netzwerke noch zu hoch, um sie erfolgreich auf dem Markt durchzusetzen. Irgendwann werden jedoch firmeneigene Communitys den Mitarbeitern erlauben, ihre Kommunikation zu bündeln.

b Rekonstruieren Sie die Interviewfragen und ergänzen Sie sie im Text. ▶ Ü 1–2

c Worauf sollte man bei der Nutzung von sozialen Netzwerken achten? Formulieren Sie Tipps.

3a Wie sind die Konsekutivsätze im Interview (Abschnitt 3–5) formuliert? Notieren Sie sie in der Tabelle.

1. Hinsichtlich der Datensicherheit wurde schon so oft gelogen, dass man den Betreibern von Netzwerken **nicht** glauben kann.	*Hinsichtlich der Datensicherheit wurde schon zu oft gelogen, als dass man den Betreibern von Netzwerken glauben könnte.*
2. Persönliche Daten sind so wichtig, dass man sie **nicht** bedenkenlos ins Netz stellt.	
3. Täglich gehen so viele E-Mails ein, dass die Mitarbeiter sie **nicht** alle lesen können.	
4. Allerdings sind heute die Anschaffungskosten für Netzwerke noch so hoch, dass man sie **nicht** erfolgreich auf dem Markt durchsetzen kann.	

b Vergleichen Sie die Sätze in 3a. Markieren Sie, was anders ist, und ergänzen Sie die Regel.

Nebensatz	zwei	Konjunktiv II	Infinitiv	negative

Negative Konsekutivsätze

Konsekutivsätze mit *zu …*, *um zu* und *zu …*, *als dass* drücken eine _____ Folge aus.

Sie bestehen aus _____ Teilen: *zu* steht im Hauptsatz vor einem Adjektiv oder

Partizip, *um zu* und *als dass* leiten den _____ ein. Nach *um zu* steht der

_____, nach *als dass* steht das Verb im _____.

▶ Ü 3–6

c Verbinden Sie die Sätze mit *zu …*, *um zu* oder *zu …*, *als dass*.

1. Mitarbeiter haben oft viel Stress. Sie können nicht alle E-Mails beantworten.
2. Manche Firmen machen wenig Gewinn. Ein internes Netzwerk ist für sie nicht finanzierbar.
3. Im Internet gibt es viele Gefahren. Man kann sich nicht vor jeder Gefahr schützen.
4. Manche User sind unvorsichtig. Sie bemerken Cyberkriminalität nicht rechtzeitig.

▶ Ü 7–8

4 Schreiben Sie Ihre Meinung zum Interview in einem Leserkommentar. Wägen Sie Vor- und Nachteile von sozialen Netzwerken ab. Begründen Sie Ihren Standpunkt.

Der Weg ist das Ziel

1a Welche beruflichen Ziele haben Sie? Beschreiben Sie sie kurz.

▶ Ü 1–2   **b** Wie wollen Sie diese Ziele erreichen?

2a Wege zum Ziel. Ordnen Sie die Verben zu. Es gibt mehrere Möglichkeiten.

1. seine Ziele _____
2. sich auf ein Teilgebiet _____
3. bis ins Detail _____
4. sich Gedanken über eine Veränderung _____
5. einen Leitfaden _____
6. eine Bestandsaufnahme _____
7. ein Stärken- und Schwächenprofil _____
8. sich die Frage nach seinen Wünschen _____

> stellen   anfertigen   machen   spezialisieren   erstellen   planen   entwickeln   formulieren

b Sie hören jetzt eine Radiosendung zum Thema „Berufliche Ziele". Sie hören den Text nur einmal. Ergänzen Sie beim Hören die Sätze 1–10 mit der passenden Information. Schreiben Sie nicht mehr als vier Wörter pro Satz.

1. Kommunikationswirte sind in Werbe- und Marketingabteilungen fast aller _____ tätig.
2. Die Haupttätigkeit eines Kommunikationswirtes ist _____ _____.
3. Frau Wendt hat zuerst eine Ausbildung bei _____ gemacht.
4. Herr Lehmann arbeitet als _____.
5. Die Zeit, in der wir arbeiten, ist ein Großteil _____ _____.
6. Wenn der Anteil der angenehmen Arbeiten _____ liegt, sollte man sich beruflich verändern.
7. Frau Wendt hat das Stärken- und Schwächenprofil geholfen, leichter _____ _____ zu treffen.
8. Das formulierte Ziel muss _____ haben.
9. Man kann sein Ziel umsetzen, indem man bis _____ _____ plant.
10. Oft verschieben Menschen ihr Ziel, weil sie nicht _____ _____ wollen.

Modul 2

3 Hören Sie den zweiten Teil der Radiosendung noch einmal. Notieren Sie während des Hörens die Tipps, die Herr Lehmann für die Berufsplanung gibt.

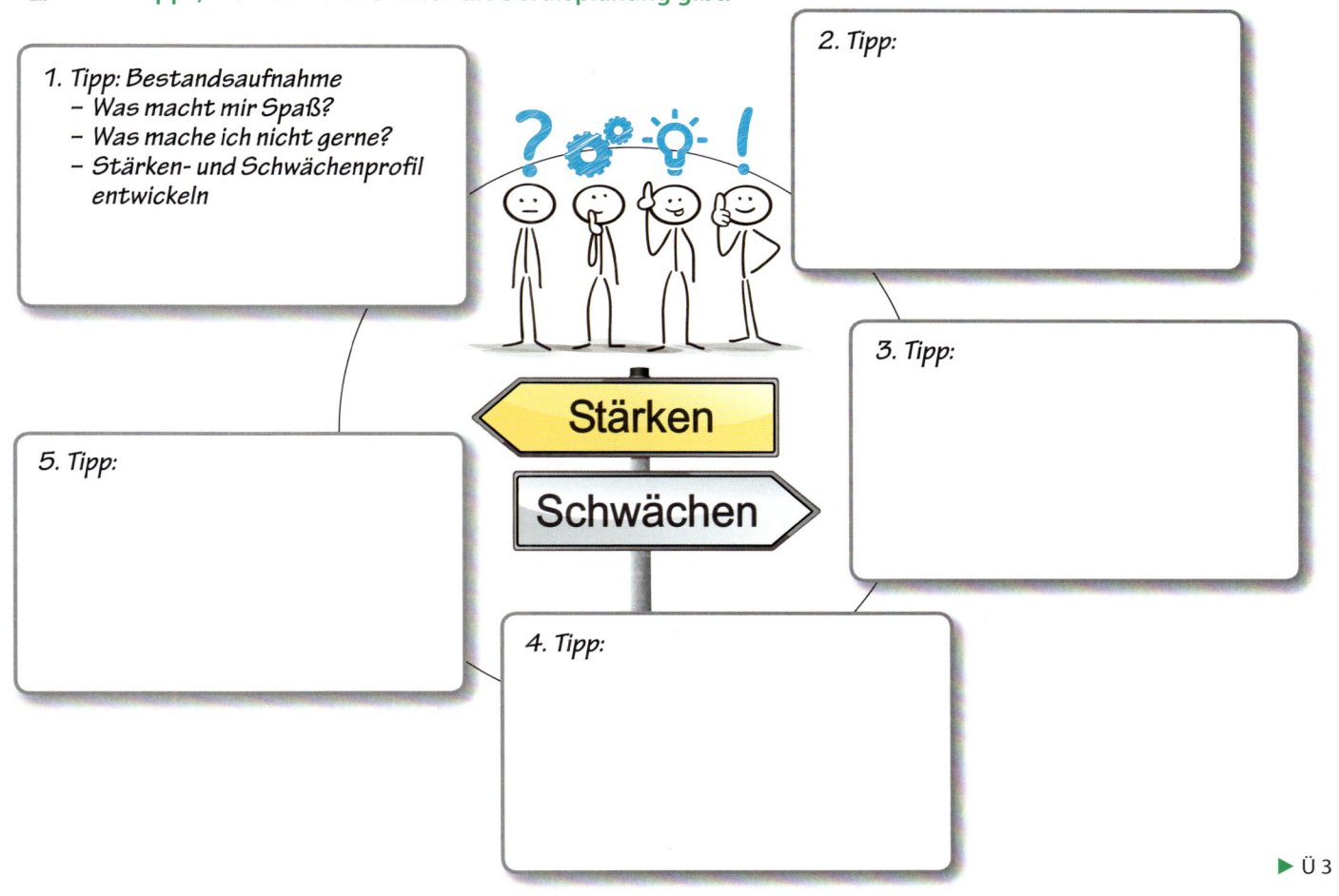

1. Tipp: Bestandsaufnahme
 – *Was macht mir Spaß?*
 – *Was mache ich nicht gerne?*
 – *Stärken- und Schwächenprofil entwickeln*

2. Tipp:

3. Tipp:

5. Tipp:

4. Tipp:

Stärken

Schwächen

▶ Ü 3

4 Ein Ziel zu haben und es zu erreichen sind zwei verschiedene Dinge. Um Ziele zu realisieren, braucht man eine systematische Planung. Überlegen Sie sich zuerst ein für Sie wichtiges Ziel. Planen Sie es mithilfe der Fragen. Präsentieren Sie Ihr Ziel anschließend einem Partner / einer Partnerin. Er/Sie stellt Ihnen zu Ihrem Ziel Fragen.

SPRACHE IM ALLTAG
Vom Planen
etw. läuft nach Plan
etw. verläuft planmäßig
etw. steht auf dem Plan
einen Plan B haben
etw. ist verplant

Wie viel Zeit brauchen Sie, um Ihr Ziel zu erreichen?

Was ist alles nötig, damit Sie Ihr Ziel erreichen können (Wissen, Können …)?

Wie und wo bekommen oder erlernen Sie das, was Ihnen noch fehlt?

Haben Sie einen Plan B, falls Sie nicht vorankommen?

Mein großes Ziel in den nächsten Jahren ist, … zu studieren. Deshalb will ich mich zuerst bei der Studienberatung erkundigen.

Ist dein Schulabschluss hier anerkannt?

▶ Ü 4

Ab morgen!

1a Was sind typische „gute Vorsätze"? In welchen Situationen fasst man sie?

b Finden Sie es schwer, gute Vorsätze in die Tat umzusetzen? Warum (nicht)?

2a Lesen Sie den Artikel. Arbeiten Sie zu zweit und beantworten Sie die Fragen.

1. Welche guten Vorsätze fassen die Deutschen laut einer Studie?
2. Wie bilden sich Gewohnheiten?
3. Wann verändert man seine Gewohnheiten?
4. Was versteht man unter dem „Falsche-Hoffnung-Syndrom"?
5. Welche Strategien helfen bei der Umsetzung guter Vorsätze?

Gute Vorsätze

Kaum haben sich zum Jahreswechsel die Rauchschwaden der Raketen und Böller am Himmel in Luft aufgelöst, erscheinen am Horizont unzählige Lichtblicke: Die guten Vorsätze für das neue Jahr gehen an den Start.

Beim Jahreswechsel wollen sich laut einer Umfrage 57 Prozent der Deutschen mehr bewegen, 48 Prozent nehmen sich vor, gesünder zu essen, 36 Prozent wollen an Gewicht verlieren und 19 Prozent planen, das Rauchen aufzugeben. Obwohl sie sehr motiviert sind, verpufft nach zwei bis drei Monaten bei mehr als der Hälfte der Befragten die Anfangsbegeisterung. Schlimmer noch: Sie geben auf. Mangelnde Lust, zu wenig Zeit und zu viel Stress, vor allem aber zu hohe Ziele geben die Gestrauchelten als Gründe für die schnelle Kapitulation an.

Aber wie bilden sich eigentlich Gewohnheiten? Sie entwickeln sich aus bewusst getroffenen Entscheidungen, die zum Zeitpunkt ihres Entstehens vom Gehirn als positiv, nützlich, gut oder spannungsmindernd bewertet wurden. Hat sich eine Gewohnheit gebildet, wird sie „automatisiert". Half also einst das üppige Essen dabei, Spannungen abzubauen, wenn sich Unlust und Frust einstellten, wird das Bewältigungsverhalten im Gehirn als positives Gefühl wahrgenommen und nach mehrfachen Wiederholungen gespeichert und „eingebaut".

Wenn das Leiden sehr stark ist, kann es dazu kommen, dass sich der Betroffene eine Veränderung wünscht. Auf der einen Seite stehen also alltägliche Verlockungen wie der Genuss. Auf der anderen Seite winkt das schlechte Gewissen, weil der Verstand beispielsweise um die Nachteile von andauernder Bewegungsarmut und Übergewicht weiß: Herz- und Kreislaufprobleme, Diabetes-Risiko und vieles mehr. Kanadische Psychologen erforschten das Gesundheitshandeln von Menschen, die abnehmen wollten. Sie versuchten herauszubekommen, warum so viele Menschen mit guten Vorsätzen mehrmals scheitern, sich aber immer wieder zu guten Vorsätzen aufraffen, und stießen auf das Falsche-Hoffnung-Syndrom. Weil sie unrealistische Erwartungen hatten, scheiterten viele hoch motivierte, aber schlecht informierte Menschen. Viele stellten sich vor, sie nähmen innerhalb kürzester Zeit viele Kilos ab, fänden auf diese Weise einen Traumpartner oder würden anschließend im Berufsleben besser zurechtkommen. Nachdem sie scheiterten, führten viele den Misserfolg auf mangelnde Anstrengung und auf die falsche Diätmethode zurück. Statt ihre Erwartungen zu korrigieren, wechselte das Gros einfach die Diät.

Menschen, die ein starkes Veränderungsbedürfnis haben, hilft es, wenn sie genau wissen, was sie für sich ändern wollen und sich darüber gut informieren. Wichtig ist dabei, so der Chemnitzer Psychologe Udo Rudolph, sich auf eine Sache zu konzentrieren und sich realistische Ziele zu setzen. Viele Menschen setzen sich zu hohe Ziele, sodass sie schnell Fehlschläge hinnehmen müssen. Also, nicht gleich alles ändern wollen: abnehmen, mehr bewegen und Rauchen aufgeben. Lieber eins nach dem anderen tun. Es ist hilfreich, kleine Schritte zu gehen. Wer sich überfordert, verliert schnell die anfängliche Freude an der Herausforderung. Aus Stubenhockern werden nur mit der Zeit Spitzenläufer.

Sinnvoll ist es auch, mit konkreten Formulierungen zu arbeiten. Anstatt zu sagen, man wolle gesünder essen, sagt man besser: „Ich esse fünfmal am Tag Obst oder Gemüse." Gut ist es, ein Tagebuch zu führen und sich für das Erreichen von Etappenzielen angemessen zu belohnen. Da sich der Mensch aber auch an Belohnungen gewöhnen kann, sollten sie in Maßen erfolgen. Um das Vorhaben besser bewältigen zu können, hilft womöglich auch die Gesellschaft anderer in entsprechenden Kursen.

Wer sich feste Termine und Teilziele setzt, sie aber dann und wann nicht einhalten kann, sollte nicht gleich verzweifeln. Aufgeschoben ist nicht aufgehoben. Nur darf das Aufschieben nicht zur Gewohnheit werden. Dann nämlich wird es stressig, weil das Selbstvertrauen schwindet.

Modul 3

b Was bedeuten die Ausdrücke aus dem Artikel? Ordnen Sie sie den Umschreibungen zu.

1. ____ sich etw. vornehmen (Z. 8) A sich zwingen/überwinden, etw. zu tun
2. ____ verpuffen (Z. 11) B zu viel von sich selbst verlangen
3. ____ sich einstellen (Z. 23–24) C ein Ziel nicht erreichen
4. ____ scheitern (Z. 38) D sich ein Ziel setzen
5. ____ sich zu etw. aufraffen (Z 38–39) E eintreten, die Folge sein
6. ____ sich überfordern (Z. 60) F sich auflösen, schnell schwächer werden

▶ Ü 1

3a Konzessivsätze. Ergänzen Sie die Regel mit *obwohl, trotzdem/dennoch, zwar …, aber* und *trotz*.

> **Konzessivsätze**
>
> Mit Konzessivsätzen drückt man einen Gegengrund oder eine Einschränkung aus.
>
> **Verbalform (Konnektor)**
>
> _obwohl_ _____   _Obwohl_ sie sehr motiviert sind, verpufft die Anfangsbegeisterung
> (Nebensatz)   bei vielen Befragten schnell.
>
> _____   Sie sind sehr motiviert, _____ verpufft die
> (Hauptsatz mit Inversion)   Anfangsbegeisterung bei vielen Befragten schnell.
>
> _____   Sie sind _____ sehr motiviert, _____ die Anfangs-
> (Hauptsatz)   begeisterung verpufft bei vielen Befragten schnell.
>
> **Nominalform (Präposition)**
>
> _____ + Genitiv   _____ großer Motivation verpufft die Anfangsbegeisterung
>   bei vielen Befragten schnell.

b Formulieren Sie die Sätze um. Verwenden Sie dabei alle Möglichkeiten zur Bildung von Konzessivsätzen aus 3a.

1. Obwohl sie gute Vorsätze haben, ernähren sich viele Menschen eher ungesund.
2. Viele Menschen haben ein schlechtes Gewissen, trotzdem schaffen sie es nicht, ihr Verhalten zu ändern.
3. Trotz des Wunschs nach Veränderung gelingt nur wenigen Menschen die Realisierung ihrer Vorsätze.
4. Viele Menschen machen zwar detaillierte Pläne, aber sie halten sich nicht daran.

▶ Ü 2–3

4 Finalsätze. Lesen Sie die Sätze 1–4 und ergänzen Sie die Regel.

1. Um das Vorhaben besser bewältigen zu können,
2. Damit man das Vorhaben besser bewältigen kann,
3. Zur besseren Bewältigung des Vorhabens
4. Für die bessere Bewältigung des Vorhabens

} hilft die Gesellschaft anderer in Kursen.

> **Finalsätze** geben eine Absicht, einen Zweck oder ein Ziel an.
>
> Verbalform (Konnektoren): _____   Nominalform (Präpositionen): _____

5 Verbinden Sie die Sätze mithilfe der Präpositionen.

1. Viele Leute verändern ihre Gewohnheiten. Sie wollen ihre Lebensqualität verbessern. (zu)
2. Er hat einige Schwierigkeiten. Er gibt seine Vorsätze nicht auf. (trotz)
3. Die Vorsätze werden leichter umgesetzt. Die Ziele sollten nicht zu hoch sein. (für)
4. Sie macht Überstunden. Ihr Gesundheitszustand ist schlecht. (trotz)

▶ Ü 4–6

6 Arbeiten Sie in Gruppen. Nennen Sie einen guten Vorsatz. Die anderen geben Tipps, wie Sie diesen Vorsatz erreichen können.

▶ Ü 7

Ehrenamtlich

1a Was bedeutet der Begriff „Ehrenamt"? In welchen Bereichen kann man sich engagieren? Waren Sie oder jemand, den Sie kennen, schon einmal ehrenamtlich aktiv? Berichten Sie.

b Beschreiben Sie die Karikatur. Was wird hier dargestellt?

2a Lesen Sie den folgenden Text. Welche der Sätze a–h gehören in die Lücken 1–6? Es gibt jeweils nur eine richtige Lösung. Zwei Sätze können nicht zugeordnet werden. Lücke 0 ist ein Beispiel.

Beispiel:

z   Sie erhalten außerdem Fortbildungen und können sich bei den Agenturen beraten lassen. _0_

a   Während in einem Dorf die Feste der Freiwilligen Feuerwehr als soziales Highlight gelten, gibt es in der Stadt genug Abwechslung und Zerstreuung. ___

b   Dasselbe gilt für das Einkommen. ___

c   Menschen möchten die Gesellschaft und ihr Umfeld mitgestalten, etwas im Kleinen verändern und nicht passiv zusehen. ___

d   Dort ist der Wohlstand vielerorts größer und die Arbeitslosenquote niedriger. ___

e   Erfahrungsberichte von Freiwilligen können dabei helfen, die Probleme zu verstehen. ___

f   Heute ist das oft anders. ___

g   Auch im Rahmen eines sozialen Berufs kann man das zeigen. ___

h   So setzen sich rund 34 Prozent regelmäßig für das Gemeinwohl ein. ___

STRATEGIE | Auf Textzusammenhänge achten

Textinhalte werden durch Bezugswörter verbunden. Achten Sie z. B. auf Pronomen, Konnektoren, Ort- und Zeitangaben und Synonyme. Überlegen Sie, worauf sie sich beziehen.

Das Ehrenamt – der Kitt der Gesellschaft

Ein Drittel aller Deutschen engagiert sich in der Freizeit ehrenamtlich und leistet damit einen großen Beitrag für unsere Gesellschaft.

Menschen, die sich ehrenamtlich engagieren möchten, werden heute professionell betreut. So können Interessierte z. B. in Online-Datenbanken von Freiwilligenagenturen unter zahlreichen Angeboten das passende finden. –0– Und an den meisten Einsatzorten gibt es sogar eigens abgestellte Mitarbeiter, die die Freiwilligen begleiten und ihnen mit Rat und Tat zur Seite stehen.

Sich für andere zu engagieren, ist weiter verbreitet, als man denkt. Die Zahlen klingen beeindruckend: –1– Unter Studenten sind es sogar zwei Drittel. Laut einer Untersuchung leisten die Freiwilligen jährlich rund 4,6 Milliarden Stunden ehrenamtliche Arbeit. Würde man diese Stunden mit dem Mindestlohn honorieren, käme man auf eine Summe von fast 40 Milliarden Euro. Damit würden die Kosten im sozialen Bereich immens steigen und viele Initiativen und Projekte wären unbezahlbar.

Fertigkeitstraining

Modul 4

Aber wer engagiert sich eigentlich? Eine Studie besagt: Je höher der eigene Bildungsgrad, desto stärker das Engagement. –2– Wer mehr verdient, bringt sich häufiger in die Gesellschaft ein, im Schnitt 16,2 Stunden pro Monat.

Dies erklärt auch, warum in den südlichen Bundesländern Deutschlands mehr Menschen ein Ehrenamt übernehmen. –3– Außerdem ist ein Unterschied zwischen Stadt und Land auszumachen. Je kleiner die Gemeinde, desto größer das Engagement. Durch die soziale Kontrolle in kleinen Orten entsteht oft ein Mitmacheffekt. Umgekehrt gilt: In anonymen Großstädten ist das freiwillige Engagement am geringsten. Die soziale Kontrolle fehlt und oftmals der Anreiz. –4–

Ehrenamtlicher Einsatz lohnt sich oft auch in beruflicher Hinsicht, denn Arbeitgeber sehen es heute durchaus gern, wenn sich jemand für andere einsetzt. Man sollte entsprechende Tätigkeiten also unbedingt auf dem Lebenslauf vermerken. Damit kann man sich auch von der Masse der Bewerber absetzen.

Trotz der beeindruckenden Zahlen ist in der öffentlichen Diskussion von einer Krise im Ehrenamt die Rede. Das liegt am Strukturwandel, den der Freiwilligendienst durchlebt. So engagierten sich die Menschen früher langfristig in Vereinen, Parteien oder der Kirche und blieben den Organisationen über Jahre hinweg treu. –5– Besonders jüngere Menschen setzen sich gern für Projekte ein, die zeitlich und inhaltlich begrenzt sind, wie z. B. Deiche gegen Hochwasser bauen, Bäume auf dem Schulhof pflanzen oder im Wald Müll einsammeln.

Die Gründe, sich zu engagieren, sind aber sicherlich größtenteils gleich geblieben. –6– Wer Migranten bei Behördengängen unterstützt oder im Altersheim eine Theatergruppe leitet, lernt neue Lebenswelten und andere Perspektiven kennen. Ein Engagement bereichert also immer auch das eigene Leben. Nicht zu vergessen ist aber auch der Wunsch nach Geselligkeit und Abwechslung. Dies ist für die meisten Menschen oft ebenso wichtig, wie anderen zu helfen.

b Was sagt der Text zu den folgenden Punkten? Erklären Sie und diskutieren Sie anschließend über die Themen.

- sozialer Bereich mit/ohne Freiwillige/n
- Ehrenamt und Stellensuche
- Gründe für freiwilliges Engagement
- Veränderungen beim Ehrenamt
- Engagement der verschiedenen Bevölkerungsschichten

c Wie ist das freiwillige Engagement in Ihrem Land? Berichten Sie.

d Entscheiden Sie sich für ein Thema. Recherchieren Sie Informationen und präsentieren Sie sie in Gruppen.

Thema 1
Stellen Sie eine Organisation / einen Verein vor, in dem man sich engagieren kann.

Thema 2
Was und für wen ist der Bundesfreiwilligendienst?

Ehrenamtlich

3 Die Stadtverwaltung veranstaltet einen Schreibwettbewerb zum Thema „Freiwilliges Engagement heute". Schreiben Sie einen kurzen Aufsatz, der sich mit der Situation in Deutschland und/oder in Ihrem Heimatland beschäftigt (ca. 200 Wörter).

a Vor dem Schreiben. Überlegen Sie sich eine Struktur für Ihren Aufsatz.

- Sammeln Sie Argumente und Ideen und notieren Sie Stichpunkte.
- Ordnen Sie die Argumente nach Ihrer Wichtigkeit.
- Sammeln Sie Beispiele und Zahlen.
- Notieren Sie persönliche Erfahrungen, die die Argumente belegen.

b Markieren Sie Formulierungen, die Sie in Ihrem Aufsatz verwenden möchten.

EINLEITUNG	ARGUMENTE/ GEDANKEN HERVORHEBEN
Dieses Thema ist von besonderer Aktualität, weil …	Hierbei muss man besonders betonen/hervorheben, dass …
Eine heute viel diskutierte Frage ist …	Besonders wichtig aber erscheint …
Die Auseinandersetzung mit diesem Thema ist wichtig, da …	Ausschlaggebend ist …
Mit diesem Thema muss man sich befassen, denn …	Man darf auch nicht übersehen, dass …
	Außerdem spielt noch … eine wichtige Rolle.
	Weitaus wichtiger / Von besonderer Bedeutung jedoch ist …
MIT BEISPIELEN VERDEUTLICHEN	**ETWAS ERGÄNZEN**
… ist dafür beispielhaft.	Darüber hinaus ist zu erwähnen, …
Das lässt sich mit folgendem Beispiel verdeutlichen: …	… sollte auch gesagt werden.
Als Beispiel kann … dienen.	Hinzuzufügen wäre noch …
Ein treffendes Beispiel dafür ist die Tatsache, dass …	Nicht zu vergessen ist die Tatsache, dass …
Ein Beispiel, das man hier unbedingt anführen sollte, ist …	
ETWAS WIEDERHOLEN	**SCHLUSS**
Wie bereits erwähnt, …	Zusammenfassend/Abschließend lässt sich sagen, …
Wie schon beschrieben, …	Mich überzeugen am stärksten diese Gründe: …
Wie bereits dargelegt/dargestellt, …	Meiner Einschätzung nach …
	In Anbetracht der aktuellen Situation …

c Sehen Sie sich die Hinweise zum Aufbau des Aufsatzes an und ergänzen Sie Ihre Notizen aus 3a.

1. Einleitung
- Bezugspunkte zur Aktualität
- Wichtigkeit des Themas hervorheben
- Gedanken, die zum Hauptteil überleiten

2. Hauptteil
- Formulierung der eigenen Grundhaltung
- Argumentation: Steigerung vom schwächsten Argument zum stärksten

3. Schlussteil
- abschließendes Gesamturteil
- Ausblick

Modul 4

d Schreiben Sie jetzt Ihren Aufsatz. Achten Sie auf komplexe Satzstrukturen und einen breiten Wortschatz.

e Kontrollieren Sie nun Ihren Text. Lesen Sie ihn mehrmals und achten Sie dabei immer nur auf zwei bis drei der folgenden Punkte.

- Sind die Verben und Subjekte an der richtigen Position?
- Sind die Artikel richtig?
- Haben Sie genug Konnektoren eingesetzt?
- Sind die Tempusformen korrekt?
- Stimmen die Präpositionen?
- Sind die Wörter richtig geschrieben?
- Haben Sie alle notwendigen Kommas und Punkte gesetzt?

▶ Ü 1

4a Hören Sie vier kurze Berichte von Personen, die sich ehrenamtlich engagieren. Notieren Sie Stichpunkte.

	Projekt / Art der Tätigkeit	Gründe für Engagement
Person 1		
Person 2		
Person 3		
Person 4		

b Arbeiten Sie zu zweit. Jeder fasst zwei Berichte zusammen. Ergänzen Sie gegenseitig Ihre Notizen.

c Welches Projekt finden Sie am interessantesten? Warum?

▶ Ü 2

Porträt

Hermann Gmeiner (23. Juni 1919–26. April 1986)
Gründer der SOS-Kinderdörfer

Es war das Jahr 1949: Der Österreicher Hermann Gmeiner war gerade 30 Jahre alt, studierte Medizin und wollte Arzt werden. Doch jeden Tag erlebte er das Elend der Kriegswaisen. Das Mitgefühl für die Kinder war so stark, dass er alle seine bisherigen Lebenspläne aufgab und fast aus dem Nichts heraus im gleichen Jahr sein erstes SOS-Kinderdorf in Imst in Tirol eröffnete. Das war der Beginn seines Lebenswerkes.

Die Mutter, die Geschwister, das Haus und das Dorf – so einfach beschreibt Hermann Gmeiner die Grundbedürfnisse und die Grundrechte eines jeden Kindes. Und diese vier Säulen sind bis heute die Grundlage der SOS-Kinderdorf-Arbeit. Hermann Gmeiner entwickelte diese Überzeugung aus eigener Erfahrung: Er wurde 1919 als Sohn einer einfachen Bergbauernfamilie in Alberschwende im österreichischen Vorarlberg geboren. Als er fünf Jahre alt war, starb seine Mutter. Die älteste Schwester Elsa übernahm die Mutterrolle für die acht jüngeren Geschwister. Hermann Gmeiner sagte später oft, dass die Idee der SOS-Kinderdörfer seiner Mutter und seiner Schwester Elsa zu verdanken sei. Denn dank dieser beiden Frauen konnte er in Geborgenheit aufwachsen und seine Persönlichkeit entwickeln. Schon als Kind fiel Hermann Gmeiner als begabter Junge auf. Ein Stipendium ermöglichte ihm nach dem Krieg ein Studium der Medizin. Zusätzlich engagierte er sich in der Jugendfürsorge. Als er die bittere Not der Kriegswaisenkinder hautnah erlebte, entwickelte sich sein Wunsch zu helfen.

Hermann Gmeiner war tief überzeugt von seiner Idee und er verstand zu begeistern. Er begann im Freundeskreis mit einer einfachen Bitte: Mit nur einem österreichischen Schilling im Monat könne für viele Kinder das Schicksal zum Guten gewendet werden. Je mehr Menschen bereit seien, diesen einen Schilling im Monat zu spenden, desto mehr Kindern könne geholfen werden. Und Hermann Gmeiner gewann viele Unterstützer für seine Idee. Ein Dorf war ihm bald nicht genug, denn Not gab es überall. In jedem Land der Welt wollte er Kindern mit einem SOS-Kinderdorf helfen. 1956 wurde das erste SOS-Kinderdorf in Deutschland in Dießen am Ammersee eröffnet, 1963 das erste nicht-europäische SOS-Kinderdorf in Korea, in den 70er-Jahren folgten Kinderdörfer in Lateinamerika und Afrika.

Hermann Gmeiner mit Kindern aus dem SOS-Kinderdorf Bethlehem

Hermann Gmeiner stellte in den folgenden Jahren sein Leben in den Dienst seiner Idee. Er reiste um die Welt und traf sich mit den Mächtigen, den Einflussreichen, den Meinungsmachern und versuchte, sie alle für seine Idee zu gewinnen. Dabei war er sehr erfolgreich und schaffte es, eines der größten Sozialwerke der Welt für Kinder aufzubauen. 1986 starb Hermann Gmeiner in Innsbruck. Doch seine weltumspannende Idee lebt bis heute weiter.

Heute gibt es in 133 Ländern SOS-Kinderdörfer und das Kinderhilfswerk ist mittlerweile neben den rund 500 SOS-Kinderdörfern auch für zahlreiche Zusatzeinrichtungen wie Kindergärten, Schulen, Berufsausbildungsstätten und Sozial- und Medizinzentren verantwortlich und hilft so bedürftigen Kindern, Jugendlichen und Familien.

www Mehr Informationen zu Hermann Gmeiner.

Sammeln Sie Informationen über Persönlichkeiten aus dem In- und Ausland, die für das Thema „Ziele" interessant sind, und stellen Sie sie im Kurs vor. Sie können dazu die Vorlage „Porträt" im Anhang verwenden.

Beispiele aus dem deutschsprachigen Bereich: entia – Kindernothilfe – Aktion Deutschland hilft – Lebenshilfe – Ärzte ohne Grenzen

Grammatik-Rückschau

1 Negative Konsekutivsätze

Konsekutivsätze mit *zu …*, *um zu* und *zu …, als dass* drücken eine negative Folge aus. Sie bestehen aus zwei Teilen: *zu* steht im Hauptsatz vor einem Adjektiv oder Partizip, *um zu* und *als dass* leiten den Nebensatz ein. Nach *um zu* steht der Infinitiv, nach *als dass* steht das Verb im Konjunktiv II.

Konsekutivsatz mit *zu …, als dass* + Konjunktiv II	Konsekutivsatz mit *so …, dass* + Negation
Hinsichtlich der Datensicherheit wurde schon **zu** oft gelogen, **als dass** man den Betreibern von Netzwerken glauben könnte.	Hinsichtlich der Datensicherheit wurde schon **so** oft gelogen, **dass** man den Betreibern von Netzwerken **nicht** glauben kann.
Konsekutivsatz mit *zu …, um zu* + Infinitiv	**Konsekutivsatz mit *so …, dass* + Negation**
Persönliche Daten sind **zu** wichtig, **um** sie bedenkenlos ins Netz **zu** stellen.	Persönliche Daten sind **so** wichtig, **dass** man sie **nicht** bedenkenlos ins Netz stellt.

2 Nominalisierung und Verbalisierung von Konzessivsätzen

Mit Konzessivsätzen drückt man einen Gegengrund oder eine Einschränkung aus.

Verbalform (Konnektor)	
obwohl (Nebensatz)	**Obwohl** sie sehr motiviert sind, verpufft die Anfangsbegeisterung bei vielen Befragten schnell.
trotzdem/dennoch (Hauptsatz mit Inversion)	Sie sind sehr motiviert, **trotzdem/dennoch** verpufft die Anfangsbegeisterung bei vielen Befragten schnell.
zwar …, aber (Hauptsatz)	Sie sind **zwar** sehr motiviert, **aber** die Anfangsbegeisterung verpufft bei vielen Befragten schnell.
Nominalform (Präposition)	
trotz + Genitiv	**Trotz** großer Motivation verpufft die Anfangsbegeisterung bei vielen Befragten schnell.

3 Nominalisierung und Verbalisierung von Finalsätzen

Finalsätze geben eine Absicht, einen Zweck oder ein Ziel an.

Verbalform (Konnektor)	
um … zu	**Um** das Vorhaben besser bewältigen **zu** können, hilft die Gesellschaft anderer in Kursen.
damit	**Damit** man das Vorhaben besser bewältigen kann, hilft die Gesellschaft anderer in Kursen.
Nominalform (Präposition)	
zu + Dativ	**Zur** besseren Bewältigung des Vorhabens hilft die Gesellschaft anderer in Kursen.
für + Akkusativ	**Für** die bessere Bewältigung des Vorhabens hilft die Gesellschaft anderer in Kursen.

Lügendetektor der Zukunft

1a Unser Gehirn. Welche Zahlen passen? Raten Sie zu zweit.

270   40   37   22   11   10   1,3

A Am leistungsfähigsten ist unser Gehirn, wenn wir _____ Jahre alt sind. Schon mit _____ geht es wieder bergab.

B Unser Gehirn wiegt ungefähr so viel wie 13 Tafeln Schokolade, nämlich _____ Kilogramm.

C Sage und schreibe _____ volle Badewannen Blut fließen jeden Tag durch unser Gehirn. Den darin enthaltenen Sauerstoff braucht das Gehirn, um zu funktionieren.

D Jede Sekunde treffen ca. _____ Millionen Sinneseindrücke auf unser Gehirn. Diese können nicht alle verarbeitet werden, da hilft nur Selektion: Unser Gehirn filtert die _____ wichtigsten Informationen heraus.

E Unser Gehirn arbeitet sehr schnell. Die Informationen zwischen Körper und Kopf rasen mit einer Geschwindigkeit von _____ km/h durch unser Nervensystem.

b Kontrollieren Sie Ihre Antworten mit den Lösungen auf Seite 174. Welche Fakten finden Sie besonders interessant? Kennen Sie andere interessante Fakten über das menschliche Gehirn?

2a Sehen Sie den Film. Welche Aussage ist richtig? Kreuzen Sie an.

☐ 1. Weltweit versuchen Neurowissenschaftler, einen verlässlichen Lügendetektor zu entwickeln.
☐ 2. In Berlin ist es Wissenschaftlern gelungen, anhand von Hirnaktivitäten bestimmte Gedanken von Personen zu lesen.
☐ 3. Die neuen Erkenntnisse über das menschliche Gehirn haben laut den Forschern vor allem positive Auswirkungen.

b Welche Erklärung passt zu den Ausdrücken aus dem Film?

____ 1. ein Geheimnis lüften   A es gibt viele Meinungen dazu
____ 2. sich vortasten   B lenken
____ 3. verblüfft sein   C decodieren, herausfinden
____ 4. steuern   D sich langsam vorarbeiten
____ 5. etw. verwehren   E etw. aufklären/entdecken/verraten
____ 6. umstritten sein   F etw. verweigern
____ 7. entschlüsseln   G erstaunt sein

sehen | nachdenken | diskutieren | ... **5**

3 Sehen Sie die erste Filmsequenz und beantworten Sie die Fragen.

1. Was verbindet die computergestützte Neurowissenschaft?
2. Was ist das Ziel des Neurophysikers John-Dylan Haynes und seiner Kollegen?
3. Was wollen die Wissenschaftler mit dem beschriebenen Versuch herausfinden?
4. Wie läuft der Versuch ab?
5. Was ist das Ergebnis des Versuchs?
6. Was bedeutet das Ergebnis für die Zukunft?

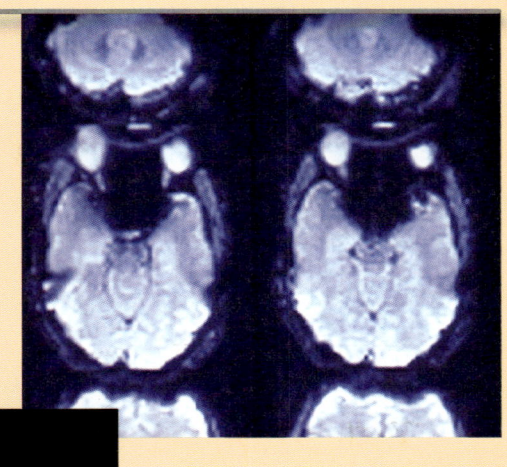

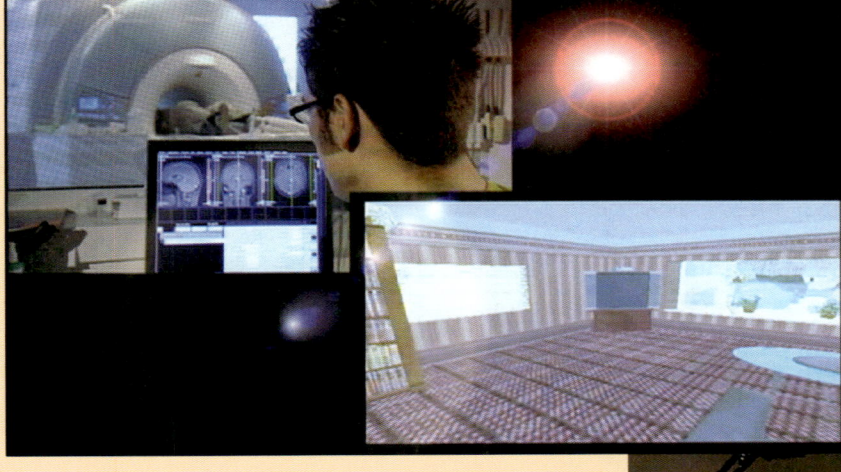

4a Sehen Sie die zweite Filmsequenz. Erklären Sie, was John-Dylan Haynes meint.

Es gibt ein ethisches Kontinuum bei dem Problem: Auf der einen Seite können wir die Absichten einer Person auslesen, die mit ihrer Gedankenkraft zum Beispiel ein künstliches Gliedmaß steuern möchte. Das heißt, ich stelle mir jetzt jemanden vor, der sich nicht mehr bewegen kann und kommunizieren möchte und zum Beispiel einen künstlichen Arm steuern möchte. So einer Person wollen wir natürlich helfen. Wir wollen dieser Person die Hilfe, die wir ihr mit unserer Forschung geben können, nicht verwehren. Auf der anderen Seite haben wir auch Anwendungen, die umstritten sind. Wir haben zum Beispiel die Lügendetektion.

b Der gläserne Mensch – Was bedeutet dieser Ausdruck? Welche Chancen und Gefahren sehen Sie? Diskutieren Sie.

87

Alltägliches

Diese Übungen bereiten Sie auf das Kapitel vor.

1 Was für ein Tag! Ergänzen Sie die passenden Ausdrücke in der richtigen Form im Text.

Arbeitszeiten erfassen	den Wecker stellen	abstürzen	die Leitung bricht zusammen
kündigen	beitreten	Behördengang erledigen	im Stau stehen	verschütten
Portemonnaie vergessen	drei Zehen brechen	sich in eine Telefonkonferenz einwählen

Liebe Rana,

gestern ging wirklich alles schief – was für ein Tag! Es fing schon damit an, dass ich erst um acht Uhr aufwachte. Toll: Ich hatte vergessen, (1) _____ zu _____ und habe verschlafen. Dabei wollte ich doch um sieben Uhr schon einen wichtigen (2) _____: Mein Reisepass war schon seit einem halben Jahr abgelaufen. In all der Hektik habe ich dann natürlich gleich meinen Kaffee (3) _____ und musste mich noch mal umziehen. Als ich dann endlich auf dem Weg ins Büro war, ging es nicht weiter und ich (4) _____ zwanzig Minuten _____. Und wie kann es anders sein? Vor dem Büro habe ich dann gemerkt, dass ich mein (5) _____ und darin ist meine Zugangskarte für die Firma. Die Karte ist mein Schlüssel und sie (6) _____ auch meine _____ … Ich war dann gerade noch rechtzeitig an meinem Computer, um (7) _____ wichtige _____. Aber immer, wenn ich etwas sagen wollte, ist (8) _____ oder die Verbindung war so schlecht, dass mich niemand verstehen konnte. Im Laufe des Tages ist mein Computer dann noch drei Mal (9) _____. Das passiert mir zurzeit ständig – das nervt wirklich!

Und dann die nächste Katastrophe: Letzte Woche bin ich ja endlich dem Ruderverein (10) _____ und heute nach der Arbeit war ich beim ersten Training. – Zuerst war alles super, aber dann ist mir das Boot auf den Fuß gefallen und ich habe mir (11) _____ ☹. Vielleicht sollte ich morgen doch besser gleich die Mitgliedschaft wieder (12) _____!

Ich hoffe, dein Tag war besser!

Bis bald

Isa

88

2a Begriffe aus dem Alltag. Notieren Sie zu den Nomen den Artikel und ein passendes Adjektiv.

1. *die* Routine — *routiniert*
2. *die* Verantwortung — *verantwortlich*
3. *der* Rhythmus — *rhythmisch*
4. *die* Monotonie — *monoton*
5. *der* Stress — *stressig*
6. *die* Eintönigkeit — *eintönig*
7. *die* Langeweile — *langweilig*
8. *die* Sicherheit — *sicher*
9. *die* Sorglosigkeit — *sorglos*
10. *der* Spaß — *spaßig*
11. *die* Gewohnheit — *gewohnt / gewöhnlich*
12. *die* Abwechslung — *abwechslungsreich*

b Schreiben Sie in wenigen Sätzen, was Sie an Ihrem Alltag mögen, was nicht so sehr. Verwenden Sie auch Wörter aus 2a.

_____

_____

_____

_____

_____

3 Welches Wort passt wo? Ergänzen Sie die Verben.

abschalten	entfliehen	abgewinnen	meistern

1. Als berufstätiger und alleinerziehender Vater von drei Kindern ist es manchmal ganz schön schwierig, den Alltag zu _____.
2. Manchmal muss ich einfach dem Alltag eine Weile _____. Dann fahre ich am Wochenende auf eine Hütte in den Bergen. Da kann ich so richtig _____.
3. Nach dem Kurzurlaub freue ich mich immer auf zu Hause. Ich finde, man kann dem Alltag durchaus auch positive Seiten _____.

4 Wann bzw. in welchen Situationen machen Sie das? Wählen Sie fünf Ausdrücke und schreiben Sie Sätze.

sich durch die Fernsehprogramme zappen   gähnen   an der Kasse Schlange stehen
seinen Gedanken nachhängen   unter Zeitdruck geraten   Einkäufe erledigen   Essen zubereiten
Zeit für sich finden   sich um die Kinder kümmern   Leihfristen (online) verlängern   zur Ruhe kommen
sich amüsieren   jemandem ein Getränk ausgeben   den Haushalt in Ordnung bringen
den Fahrradschlauch flicken   Zeit mit Freunden verbringen

Am Abend – vor allem freitags – zappe ich mich manchmal sinnlos durch die Fernsehprogramme. Am Samstag vergeht die Zeit dann immer viel zu schnell, wenn ich …

Zeitgefühl

1 Sprichwörter und Redewendungen zum Thema „Zeit". Was passt wo? Ergänzen Sie die Aussagen.

> mit der Zeit gehen eine Frage der Zeit sein
> nicht endlos Zeit haben Zeit verbringen sich Zeit nehmen
> unter Zeitdruck stehen die Zeit totschlagen

1. Als Software-Entwickler arbeite ich an neuen Programmen. Die Konkurrenz ist groß und sehr schnell, deshalb _stehen_ wir ständig _unter Zeitdruck_.
2. Gute Ideen für ein Produkt kommen nicht auf die Schnelle. Da ist es besser, wenn man _sich Zeit nehmen_.
3. In meinem Praktikum wusste ich nie, was ich den ganzen Tag tun soll. Ich habe mir irgendwelche blöden Aufgaben gesucht, um _die Zeit totzuschlagen_. → industry
4. Sie entwickeln in Ihrer Firma keine Apps? Das wundert mich. In Ihrer Branche müssen Sie doch _mit der Zeit gehen_.
5. Dieses Modell verkaufen wir seit fünf Jahren. Aber die Kunden werden bald nach etwas Neuem fragen. Das _geht ist_ nur _mit der Zeit eine Frage der Zeit_.
6. Jetzt beeilen Sie sich mal, Herr Müller! Wir _haben endlos Zeit nicht_.
7. Manchmal ist mein Job in der neuen Firma ziemlich eintönig. Die meiste _Zeit verbringe_ ich vor dem Bildschirm und kontrolliere Listen.

2a Lesen Sie die Aussagen 1–10 zum Interview „Kann man Zeit empfinden?" im Lehrbuch. Welche Aussagen sind richtig (+), welche sind falsch (-), welche kommen im Text nicht vor (0)?

	+	-	0
1. Unser Gedächtnis bestimmt, ob wir eine Zeitdauer als lang oder kurz empfinden.	☐	☐	☐
2. Immer, wenn ich mich an viele Dinge erinnern kann, die in einer bestimmten Zeit passiert sind, dann glaube ich, dass diese Zeitspanne langsam vergangen ist.	☐	☐	☐
3. Im Urlaub bemerken die meisten Menschen nicht, wie die Zeit vergeht.	☐	☐	☐
4. Wer gut plant, erlebt die Gegenwart intensiver.	☐	☐	☐
5. Die Speicherung von Erlebnissen im Gehirn hängt davon ab, wie intensiv wir sie wahrgenommen haben.	☐	☐	☐
6. Kinder erleben viele neue Dinge. Für sie vergeht die Zeit langsam.	☐	☐	☐
7. Für alte Menschen vergeht die Zeit sehr schnell, weil sie keine Aufgaben haben.	☐	☐	☐
8. Jeder Mensch braucht Routinen, damit er seine Zeit gut organisieren kann.	☐	☐	☐
9. Wenn man etwas spannend findet und sich darauf konzentriert, vergeht die Zeit langsamer.	☐	☐	☐
10. Nichtstun sollte man vermeiden, denn dabei verliert man seine Konzentration für die wichtigen Projekte.	☐	☐	☐

b Arbeiten Sie zu zweit: Vergleichen Sie Ihre Antworten und korrigieren Sie gemeinsam die falschen Aussagen.

Modul 1

3 Setzen Sie die Sätze mit *folglich*, *demnach* oder *somit* und den Ausdrücken aus dem Kasten fort.

> die Produktion stillstehen   gute Chancen haben zu bestehen   zwei Wochen nicht arbeiten können
> viele gemeinsame Erinnerungen teilen können   wichtige Informationen fehlen
> kaum Zeit für ein Hobby haben

1. Unser Chef arbeitet 60 Stunden pro Woche. – folglich
2. Im Urlaub kann die ganze Familie etwas zusammen erleben. – folglich
3. Mein Bruder hat wochenlang für sein Examen gelernt. – somit
4. Der Arzt hat bei Robert eine schwere Grippe festgestellt. – demnach
5. Mein Kollege war bei dem Meeting nicht dabei. – folglich
6. In der Fabrik ist eine Maschine ausgefallen. – somit

1. Unser Chef arbeitet 60 Stunden pro Woche, folglich hat er …

4 Welche Aussagen passen zusammen? Ordnen Sie zu. Manchmal gibt es mehrere Möglichkeiten.

1. Ich muss morgens starken Kaffee trinken, sonst …
2. Ich bleibe heute länger im Büro, andernfalls …
3. Ich muss mich beeilen, sonst …
4. Ich brauche eine Pause, andernfalls …
5. Ich muss einen Urlaubsantrag stellen, sonst …

a … kann ich mich nicht mehr konzentrieren.
b … werde ich nicht wach.
c … bekomme ich nicht frei.
d … schaffe ich die Arbeit nicht.
e … verpasse ich den Bus.

5 *außer wenn …* oder *es sei denn, …*? Setzen Sie den passenden Konnektor ein.

1. Auf Partys langweile ich mich schnell, _____ ich mich gut unterhalten kann.
2. In Vorstellungsgesprächen vergeht die Zeit meistens sehr schnell, _____ man weiß keine Antwort auf die Fragen.
3. Im Alltag rast die Zeit meistens, _____ man viele neue und interessante Erlebnisse hat.
4. Sabina möchte nicht mit zur Betriebsfeier gehen, _____ Herr Schuster kommt auch.
5. Ich finde lange Autofahrten schrecklich, _____ wir in den Urlaub fahren.

6 Schreiben Sie Sätze zu den Bildern. Verwenden Sie die Konnektoren aus 4 und 5.

A Morgens muss er früher aufstehen, …

Vereine heute

Modul 2

1 Die einen sind in Ihrer Freizeit im Verein aktiv, die anderen verbringen die meiste Zeit zu Hause. Lesen Sie den folgenden Text und wählen Sie bei den Aufgaben 1–10 die Wörter (a, b, c oder d), die in den Satz passen. Es gibt jeweils nur eine richtige Antwort.

Was Deutschland nach der Arbeit macht

Theater, schlafen, Kaffee trinken: Was stellen die Deutschen in ihrer (0) an? Eine Studie geht diesen Fragen auf den Grund – und fördert erstaunliche Ergebnisse zutage. Sicher ist: Das Verhalten der Deutschen ändert sich.

Die Daten der Hamburger Forscher zeichnen ein klares Bild (1) deutschen Freizeitverhalten: Egal, ob Mann oder Frau, Stadt- oder Landbewohner, arm oder reich – für die überwiegende Mehrheit der Deutschen (2) das Fernsehen die mit Abstand wichtigste Freizeitaktivität.

97 Prozent der Deutschen (3) mindestens einmal pro Woche das TV-Gerät ein, heißt es in der aktuellen Auswertung zum „Freizeit-Monitor". Über zwei Drittel der Deutschen schauen demnach (4) täglich fern. Im Freizeit-Monitor belegt die Aktivität „Fernsehen" (5) zum 25. Mal in Folge den ersten Platz, wie der Wissenschaftliche Leiter der Stiftung für Zukunftsfragen, Ulrich Reinhardt, betont. Der TV-Konsum liegt damit weit vor Freizeitbeschäftigungen wie „Gedanken nachgehen", „Zeit mit dem Partner (6)" oder „Über wichtige Dinge reden". Nur 65 Prozent der (7) geben an, sich mindestens einmal pro Woche dem „Ausschlafen" zu widmen. Klassiker wie „Kaffee trinken" und „Kuchen essen" stehen der Studie zufolge nur noch bei 53 Prozent der Deutschen regelmäßig auf dem Programm.

Im Zehnjahresvergleich (8) sich, wie stark die Medien mittlerweile den Freizeitalltag prägen: (9) eines Jahrzehnts stieg die PC-, Internet- oder Handynutzung stark an. Auf der anderen Seite haben, so heißt es in der Studie, soziale Aktivitäten deutlich an Bedeutung (10): Die Bürger unternehmen mittlerweile seltener etwas mit Freunden, sprechen weniger Einladungen aus und reden auch nicht mehr so oft über „wichtige Dinge" wie früher, fassen die Forscher die Entwicklung im aktuellen Freizeit-Monitor zusammen.

Beispiel: (0)
- [a] Alltag
- [b] Arbeit
- [c] Freiheit
- [x] Freizeit

Lösung: d

1
- [a] am
- [b] auf
- [x] über
- [d] vom

2
- [x] bleibt
- [b] blieb
- [c] schaut
- [d] wird

3
- [a] machen
- [b] öffnen
- [x] schalten
- [d] starten

4
- [a] andernfalls
- [b] des Weiteren
- [x] sogar
- [d] sonst

5
- [a] dafür
- [x] damit
- [c] daraus
- [d] davon

6
- [a] verbinden
- [b] verbreiten
- [x] verbringen
- [d] verweilen

7
- [x] Befragten
- [b] Befragung
- [c] Fragenden
- [d] Gefragte

8
- [a] bekennt
- [b] erkennt
- [c] sieht
- [x] zeigt

9
- [a] Durch
- [b] Inmitten
- [x] Innerhalb
- [d] Längs

10
- [a] verdient
- [x] verloren
- [c] verringert
- [d] versagt

92

Zuletzt online …

Modul 3 **1**

1a Sie hören ein Gespräch in einer Radiosendung. Welche Aussagen sind richtig? Kreuzen Sie an.

	r	f
1. Werner Wanko behauptet, dass die Arbeit mit schnelleren Computern schneller erledigt wird.	✓	☒
2. Die Zeit, die Computer zum Hochfahren benötigen, ist kürzer als früher, aber nicht so kurz, wie sie sein könnte.	☒	☐
3. Dank neuer Updates und aktueller Programme gewinnen wir viel Zeit.	✓	☐
4. Beim Kauf eines neuen Rechners soll man in speziellen Foren nach Updates für andere Geräte, wie z. B. den Drucker, suchen.	☐	✓
5. Wanko empfiehlt den Verbrauchern dringend, alle Sicherheitsmaßnahmen und die Anti-Viren-Software täglich auf dem neuesten Stand zu halten.	✓	☒
6. Verbraucherschützer empfehlen, die Zeit im Internet zu begrenzen.	✓	☐
7. Ohne Internet und Computer wären wir weniger abgelenkt und würden konzentrierter arbeiten.	☐	✓

b Hören Sie das Gespräch noch einmal und ergänzen Sie die Zusammenfassung.

Im Radiogespräch mit Werner Wanko vom Bundesamt für
(1) __Verbraucherschutz__ geht
es um die Frage, ob uns immer schnellere Computer
und das Internet (2) __Zeit sparen / stehlen__
_____. Zunächst erklärt Wanko, dass die neuen
Rechner zwar deutlich (3) __schneller__ _100 mal schneller_
geworden sind, aber z. B. die Zeiten zum Hochfahren der
Rechner im Verhältnis zu ihrer Leistung nicht schnell genug
sind. Er vermutet dahinter bewusste Entscheidungen der Computerindustrie, um Verbraucher zum
(4) __Kauf eines neuen Rechners__ zu verleiten.
Wanko sieht drei Hauptursachen dafür, dass Computer und Internet Zeitdiebe sind: Als ersten Grund
nennt er (5) __Incompatabilität__. Dazu erklärt er, dass wir viel zu viel Zeit
damit verlieren, Softwarekonflikte oder -probleme (6) __zu beheben / lösen__. Außerdem
ist es oft schwierig, aktuelle Software für gut funktionierende, aber ältere (7) __Geräte__
(z. B. Drucker) zu finden. Als zweiten Punkt nennt er das Thema (8) __Sicherheit__.
Er erklärt, dass unsere Rechner insgesamt viel Zeit benötigen, um alles auf Viren zu überprüfen und
Sicherheitssoftware zu aktualisieren. Und schließlich nennt er den für ihn größten Zeitfresser:
(9) __der Mensch / wir__ selber, der sich zu oft und zu lange vom großen Angebot im Internet ablenken lässt. Dem Moderator und auch Herrn Wanko ist es am Ende des Gesprächs wichtig, darauf
hinzuweisen, dass sie das Surfen im Internet nicht generell (10) __für schlecht__ halten.
Sie empfehlen jedoch, dass man die Zeit bewusst als Pause wahrnehmen und seine Grenzen kennen sollte.

Zuletzt online …

Modul 3

2 Trennbare und untrennbare Verben. Ergänzen Sie die Verben im Perfekt. Zwei Verben bleiben übrig.

aufzeigen	überraschen	überzeugen
besuchen	anfangen	gefallen	verstehen
beantworten	gegenüberstellen	mitnehmen

Gestern (1) ___hat___ der Vortrag „Handys und Smartphones – Zeitdiebe oder nicht?" pünktlich um 20 Uhr ___angefangen___. Ich (2) ___habe___ diesen Vortrag ___besucht___, weil mich das Thema schon seit Langem interessiert. Die Referentin (3) ___hat___ zunächst die technische Entwicklung der Handys von den Anfängen bis heute ___aufgezeigt___. Dann (4) ___stellte___ sie den heutigen Gebrauch von Smartphones dem Gebrauch von vor fünf Jahren ___gegenüber___. Das Ergebnis (5) ___überrascht___ mich nicht _____: Die Nutzerzahlen haben sich mehr als verfünffacht. Das Fazit des Vortrags (6) ___hat___ mir sehr gut ___gefallen___: Es ging der Referentin nämlich nicht darum, Smartphones schlechtzumachen, sondern unseren Umgang damit infrage zu stellen. Sie (7) ___hat___ die meisten Teilnehmer davon ___überzeugt___, dass es gesünder ist, das Handy öfter mal aus zu lassen. Nach dem Vortrag (8) ___beantwortete___ sie noch viele Fragen _____, aber da musste ich leider schon gehen.

3 Infinitiv mit *zu*. Wo steht *zu*? Schreiben Sie die Sätze.

1. Du schaffst es immer wieder, mich von den Vorteilen eines neuen Smartphones (überzeugen).
2. Du hast mich überzeugt: Es ist wichtig, die Kosten genau (durchrechnen).
3. Hast du vergessen, die Handyrechnung (überweisen)?
4. Der Telefonanbieter hat vor, das gesamte Netz (umbauen).
5. Ich hatte keine Zeit, deine Nachricht gründlich (durchlesen).
6. Es ist übertrieben, vielen Smartphonenutzern gleich Spielsucht (unterstellen).
7. Es ist ihr gelungen, seine sehr kritische Meinung (widerlegen).

4 Trennbar oder nicht? Bilden Sie Sätze im Präteritum.

1. der Kollege – die Spielanleitung – in seine Muttersprache – übersetzen
2. wegen einer Baustelle – ich – die Kreuzung – umfahren
3. ein Auto – mich – fast – umfahren
4. wegen eines Gewitters – in einer Scheune – mich unterstellen
5. mit dieser Taktik – ich – das Problem – umgehen
6. im zweiten Spiel – ich – die Strecke – vom Hafen bis zur Insel – mit dem Schiff – ohne Probleme – durchfahren
7. das Schiff – vom Festland – auf die Insel – übersetzen
8. ein Schreck – mich – beim Blick auf die Uhr – durchfahren
9. meine Freundin – mir – Spielsucht – unterstellen
10. mit ihrer Kritik – locker – ich – umgehen

Unser Zuhause

Modul 4 — **1**

1 Welche typische Aussage aus WG-Castings passt zu welcher Umschreibung? Ordnen Sie zu.

1. Mir ist ökologisches Bewusstsein wichtig.
2. Ich würde mich als ordnungsliebend bezeichnen.
3. Ich denke, ich handle ökonomisch.
4. Ich mag es ganz gerne, wenn immer was los ist.
5. Ich könnte für die WG auch mal was Leckeres auf den Tisch bringen.
6. Meine Freunde sagen, dass man sich auf mich verlassen kann.

- ~~4~~ 6 a Diese Person ist gerne mit anderen Menschen zusammen.
- 2 b Diese Person räumt häufig auf und lässt nichts herumstehen.
- 6 c Vermutlich wird diese Person zuverlässig sein.
- 5 d Hier kann jemand gut kochen.
- 3 ~~4~~ e Das ist jemand, der das Geld aus der WG-Kasse nicht sinnlos ausgibt.
- 1 f Diese Person achtet darauf, die Umwelt zu schonen.

2a Lesen Sie Teile aus einem Gespräch in einer WG. Um welche Themen geht es?

○ Ich wollte mal sagen, dass ich es nicht so gut finde, dass (1) __du so laut Musik spielst / hörst__.

● Ich verstehe ja, dass du lieber deine Ruhe haben willst, aber ich brauche zum Entspannen eben Musik.

○ Aber (2) __so laut muss es nicht sein__?

● Ich finde gar nicht, dass die so laut ist. Und wenn deine Freunde da sind, ist es auch nicht gerade leise.

○ Na ja, wir unterhalten uns eben. Wie wäre es denn, wenn (3) __du Kopfhörer benutzt und wir leiser reden__?

● Hört sich fair an. Dann schlage ich vor, dass wir das mal eine Woche ausprobieren.

○ Okay, damit kann ich gut leben.

● Dann können wir vielleicht auch gleich noch einmal darüber reden, dass (4) __du nie einkaufst__.

○ Ja, stimmt leider. Ich vergesse einfach immer einzukaufen.

● Eine Lösung wäre vielleicht, dass wir (5) __zusammen ~~einf~~ einkaufen gehen__.

○ Ja, gut. Dann versuchen wir das mal in der nächsten Woche.

b Ergänzen Sie zu zweit passende Äußerungen im Gespräch aus 2a.

c Lesen und spielen Sie Ihr Gespräch in Gruppen vor. Welches hat Ihnen am besten gefallen? Warum?

95

Unser Zuhause

3 Sie wohnen in einer 3er-WG. Marcel, Ihr Mitbewohner, hat in letzter Zeit viel für die WG getan – Sie dagegen fast nichts. Jetzt schreibt er Ihnen Nachrichten. Formulieren Sie zu zweit zu jeder Nachricht eine Antwort zur Problemlösung.

> Kühlschrank ist leer und Getränke sind alle!!! Kauft endlich auch mal ein.

> Im Bad geht das Licht nicht mehr und der Küchentisch wackelt. Ich habe gerade den Staubsauger repariert.

> Wir müssen den Hausmeister anrufen ... Ihr erinnert euch? Bitte erledigen. Schnell!

> Wir wollten doch mal was unternehmen ... Gilt das noch?

4 Lesen Sie den folgenden Text. Der Text enthält einige Fehler in Grammatik, Wortschatz, Rechtschreibung oder Zeichensetzung. Pro Zeile gibt es nur einen Fehler. Manche Zeilen sind korrekt. Wenn Sie einen Fehler gefunden haben, schreiben Sie Ihre Korrektur rechts neben die Zeile. Wenn die Zeile korrekt ist, machen Sie ein Häkchen (✓).

TIPP Achten Sie auch auf Fehler, die dadurch entstehen, dass etwas fehlt (Satzzeichen, Wörter oder Teile von Wörtern).

0	Leben in WGs wird immer beleibter	beliebter
1	Früher lebten vor allen junge Leute mit wenig Geld zusammen in	~~wenigen~~ vor allem
2	eine Wohngemeinschaft, damit sie sich die anfallenden Kosten für die	einer
3	Mitte teilen konnten.	Miete
4	WGs haben neben den Finanzen aber weitere positive Aspekte: Man	✓
5	kann schnell neue Freunde haben, kommt in der neuen Umgebung	finden
6	schnell mit anderen in Kontackt und bleibt nicht allein.	Kontakt
7	Weswegen leben inzwischen auch viele berufstätige Menschen in	~~Deswegen~~
8	Wohngemeinschaften, die sie eigentlich problemlos eine eigene	sich
9	Wohnung leisten müssten.	könnten
10	Auch für Senioren wird immer interessanter, in eine WG zu ziehen. Laut	~~einer~~ es
11	einer Umfrage des Forsa-Instituts sagen zwei Drittel der Senioren "Das	:
12	Leben in einer WG ist das optimale Wohnkonzept im Alter."	✓
13	Menschen über 60 hoffen in WGs an soziale Kontakte und gegenseitige	auf
14	Unterstützung. Man muss aber bedenken, dass nicht allen für eine	alle
15	Wohngemeinschaft wirklich ereignet sind. Man sollte tolerant, offen,	geeignet
16	flexibel und spontan sein, um sich in einer Wohngemeinschaft	✓
17	wohlfühlen. Außerdem sind Kompromisse nötig, damit es mit dem WG-	Wohlzufühlen
18	Leben kommt. Entscheidend ist es aber, die richtigen Leute zu finden.	funktioniert
19	Man muss genau übernehmen, was man will. Menschen, die nicht mit	überlegen
20	guten Freunde eine WG gründen, müssen mehr Zeit investieren, um	Freunden
21	Personen zu finden, die ähnliche Vorstellungen am Zusammenleben	vom
22	haben wie Sie selbst.	sie

Modul 4

5a Welche Mängel in einer Wohnung zeigen die Bilder? Ordnen Sie zu.

| Schimmel an der Wand | Wasserschaden an der Decke | kaputte Fliesen |
| Steckdosen kaputt | Risse in der Wand | Kratzer auf dem Parkett |

1. _____ 2. _____ 3. _____

4. _____ 5. _____ 6. _____

b Welches Verb passt nicht? Streichen Sie es durch.

1. eine Beschwerde	vorbringen	beschreiben	formulieren	einreichen
2. einen Mangel	feststellen	beheben	gestalten	entdecken
3. Reparaturen	aufbauen	durchführen	veranlassen	beauftragen
4. den Hausmeister	informieren	besprechen	ansprechen	holen
5. einer Aufforderung	nachkommen	entsprechen	Folge leisten	nachholen
6. die Wohnung	gestalten	beseitigen	renovieren	reparieren

6 Sich beschweren – formell und informell. Welche Redemittel haben die gleiche Bedeutung? Ordnen Sie zu.

informell (im Gespräch)	formell (im Beschwerdebrief)
1. _e_ Wir haben gemerkt, dass …	a Unseres Erachtens …
2. ____ Keiner hat etwas getan.	b … funktioniert nicht einwandfrei
3. ____ Einige Dinge sind in der Wohnung kaputt.	c Wir haben bereits darauf hingewiesen, dass …
4. ____ … geht nicht.	d Es wurde nichts unternommen.
5. ____ Tun Sie schnell etwas.	e Leider mussten wir feststellen, dass …
6. ____ Könnten Sie … bitte in Ordnung bringen?	f … ist dringend notwendig.
7. ____ Wir haben schon gesagt, dass …	g Es sind mehrere Mängel aufgetreten.
8. ____ Wir finden, dass …	h … ist defekt.
9. ____ Es ist ganz wichtig, dass …	i Könnten Sie bitte die Mängel an … beseitigen?
10. ____ … funktioniert nicht gut.	j Kommen Sie unserer Aufforderung umgehend nach.

Unser Zuhause — Modul 4

Aussprache: schnelles Sprechen – Verschmelzungen und Verschleifungen

1 Wörter können sich beim schnellen Sprechen ändern. Lesen Sie die Varianten in A–D. Welche Variante hören Sie zuerst (1) und welche danach (2)? Notieren Sie die Ziffern.

A Haben Sie Zeit? ____
   Ham Sie Zeit? ____

B Wollen wir schwimmen? ____
   Wolln wir schwimm? ____

C Bitte nicht rauchen. ____
   Bitte nich rauchn. ____

D Wir können gut kochen. ____
   Wir könn gut kochn. ____

Boah … hamwa wieda voll verlorn.

Neee … kannste so nich sagn. War nur 0:5.

2a Welche Sätze hören Sie? Kreuzen Sie an.

1. a Sie sehen das Spiel in einem Stadion an.
   b Sie sehen das Spiel in ihrem Stadion an.
2. a Was wollen Sie trinken?
   b Was wollte sie trinken?
3. a Sie könnte im selben Zimmer warten.
   b Sie können in seinem Zimmer warten.
4. a Hättest du mal einen Euro für mich?
   b Hast du mal einen Euro für mich?
5. a Ist es nicht schön?
   b Ist sie nicht schön?
6. a Waren Sie in der Mensa?
   b Warten Sie an der Mensa!

b Hören Sie noch einmal und sprechen Sie mit. Was ändert sich beim schnellen Sprechen?

3 Ergänzen Sie die Regeln zu zweit.

| am Ende | gebildet | gesprochen | Vokalen | Umgangssprache |

Beim schnellen Sprechen, besonders in der (1) _____,
werden oft Silben und Laute (2) _____ von Wörtern zusammen-
gezogen oder nicht (3) _____ (gehen – gehn / bauen – baun / nicht – nich),
vor allem nach (4) _____, Diphthongen, h, l, r, m und n. Oder nach sch oder ch.
Manchmal wird durch das Weglassen von Lauten und Silben aus mehreren Wörtern ein Wort
(5) _____ (um das – ums / kannst du – kannste / Was ist denn los? – Wassn los?).

4 Lesen und sprechen Sie zu zweit die Mini-Dialoge. Einmal in normalem Tempo und einmal schnell mit zusammengezogenen Lauten und/oder Wörtern.

	A	B
normal:	○ Wollen wir mal fahren? ● Noch nicht. Hier ist es so nett.	○ Hast du mal zwei Euro? ● Was ist denn los? Was machst du denn mit deinem Geld?
schnell:	○ Wollnwa ma fahn? ● Noch nich. Hier isses so nett.	○ Haste ma zwei Euro? ● Wassn los? Was machstn mit deim Geld?

98

Selbsteinschätzung 1

So schätze ich mich nach Kapitel 1 ein: Ich kann …	+	○	−
… Aussagen von Menschen, die sich in Vereinen engagieren, verstehen. ▶M2, A2a, b	☐	☐	☐
… ein Radiogespräch über Zeitverlust durch Internet- und Computernutzung zusammenfassen. ▶AB M3, Ü1	☐	☐	☐
… wichtige Tipps und Regeln aus einem Radiobeitrag zum Thema „Leben in WGs" verstehen, auch wenn nicht unbedingt Standardsprache gesprochen wird. ▶M4, A2b	☐	☐	☐
… einen komplexen Informationstext über das Thema „Zeitempfinden" verstehen. ▶M1, A1b	☐	☐	☐
… einen Text zum Thema „Zeitdieb Handy" zusammenfassen. ▶M3, A2b, c	☐	☐	☐
… einen Informationstext zu verschiedenen WG-Formen verstehen und wichtige Informationen zu jeder Form herausarbeiten. ▶M4, A5a	☐	☐	☐
… Erfahrungen zum Thema „Zeitempfinden" mit anderen austauschen. ▶M1, A1d	☐	☐	☐
… Gedanken und Meinungen zum Thema „Vereine" präzise und klar ausdrücken. ▶M2, A2c	☐	☐	☐
… einen Verein vorstellen und jemanden zur Mitgliedschaft in diesem Verein überreden. ▶M2, A3	☐	☐	☐
… ein Gespräch in einem WG-Casting führen, Fragen stellen und meine Qualitäten als Mitbewohner/in benennen. ▶M4, A3	☐	☐	☐
… über Probleme in einer Wohngemeinschaft diskutieren, meine Meinung vertreten und gemeinsam Lösungen finden. ▶M4, A4a–c	☐	☐	☐
… Notizen zu einem Text mit dem Thema „Zeitdieb Handy" erstellen. ▶M3, A2c	☐	☐	☐
… eine kurze Nachricht an einen Mitbewohner schreiben, die eine Problemlösung enthält. ▶AB M4, Ü2c	☐	☐	☐
… einen Beschwerdebrief wegen Wohnungsmängeln an einen Vermieter schreiben. ▶M4, A6b–d	☐	☐	☐

Das habe ich zusätzlich zum Buch auf Deutsch gemacht (Projekte, Internet, Filme, Lesetexte, …):

Datum: Aktivität:

_____   _____

_____   _____

_____   _____

_____   _____

Grammatik und Wortschatz weiterüben: interaktive Online-Übungen unter www.aspekte.biz/online-uebungen3

Wortschatz

Modul 1 — Zeitgefühl

definitiv	_____	sich positionieren	_____
empfinden (empfindet, empfand, hat empfunden)	_____	routiniert	_____
		der Zeitdruck	_____
		zeitraubend	_____
entschleunigen	_____	der Zeitraum, -"e	_____
erfahren (erfährt, erfuhr, hat erfahren)	_____	zukunftsorientiert	_____
		zurückblicken auf	_____
der Gedanke, -n	_____		

Modul 2 — Vereine heute

der Auslöser, -	_____	der/die Vorsitzende, -n	_____
beitreten (tritt bei, trat bei, ist beigetreten)	_____	der Vereinsgeist	_____
		das Vereinsleben	_____
der Eifer	_____	die Vereinsmeierei	_____
der/die Gleichgesinnte, -n	_____	das Zusammengehörigkeitsgefühl, -e	_____
kontrovers	_____		
die Mitgliedschaft, -en	_____		

Modul 3 — Zuletzt online …

achtsam	cautious	überrannt werden	
durchschauen	see through something / somebody	verunsichert	unsettled
entsperren	to unlock	voreilig	impulsive
die Erholungsphase, -n	recovery period	die Vorstufe, -n	preliminary stage
klammheimlich	clandestine	wegbrechen (bricht weg, brach weg, ist weggebrochen)	break away
die Langzeitfolge, -n	long-term consequences		
sich schämen für	to be embarassed by		
die Spielsucht	gaming addiction	sich zerstreuen	to disperse / to ease fears
übermäßig	excessive / overly	zocken	賭錢 to gamble

durchschauen: (separable) see through sth
(stress on first syllable) e.g. window

durchschauen: (unseparable) see through sb. mind
(stress on 2nd syllable) figure something out

Wortschatz — 1

Modul 4   Unser Zuhause

anonym		die Mahnung, -en	*(reminder)* warning for a payment
die Ausgaben (Pl.)	expenses	meckern	
die Belastbarkeit	capacity / resilience	das Motiv, -e	
betreiben (betreibt, betrieb, hat betrieben)	operate / conduct	die Nervensäge, -n	annoying person
bewährt		professionell	*(beruflich)*
das Bewusstsein	consciousness	sich rechnen	*es lohnt sich*
das Casting, -s		der Überfluss	overflow (pos.) eg. gold, money
das Eigentum		umgehend	*sofort*
die Enttäuschung, -en	disappointment	die Umsetzung, -en	realisation of something eg. of a plan
die Frist, -en	dead line	die Zukunftsperspektive, -n	
die Gemeinschaftskasse, -n		sich zurückziehen (zieht sich zurück, zog sich zurück, hat sich zurückgezogen)	
komfortabel	comfortable		
die Kommune, -n			
kündbar			

Wichtige Wortverbindungen

(voreilig) Alarm schlagen (schlägt, schlug, hat geschlagen) _____

einen Ausgleich haben zu _____

der Lauf der Zeit _____

etw. in sein Leben holen _____

auf die Zeit achten _____

es ist einem nach etw. _____

Wörter, die für mich wichtig sind:

_____   _____   _____   _____

_____   _____   _____   _____

_____   _____   _____   _____

_____   _____   _____   _____

Hast du Worte?

Diese Übungen bereiten Sie auf das Kapitel vor.

1 Was passt wo? Ergänzen Sie.

| wortwörtlich | kein Wort über etw. verlieren | Worte | wortlos | wortgewandt |
| sich zu Wort melden | jmd. beim Wort nehmen | ~~Wörter~~ | wortkarg | zu Wort kommen |

1. Der Text, den wir schreiben sollen, umfasst ca. 250 _Wörter_____.
2. Die Chefin sprach gestern bei der Versammlung deutliche _____.
3. Susanne spricht so viel, da _____ ich nie _____.
4. „Was hat denn Peter zu dem Problem gesagt?" – „Nichts, der hat sich bei der Diskussion kein einziges Mal _____."
5. „Wenn du Hilfe brauchst, sag Bescheid." – „Gut, danke, ich werde dich _____."
6. „Hast du eigentlich mit Sarah noch mal über euren Streit gesprochen?" – „Nee, ich habe sie gestern getroffen, aber sie hat _____ darüber _____."
7. „Ich finde, er ist ein brillanter Redner." – „Stimmt, er ist wirklich sehr _____."
8. Jetzt sag doch auch mal was anderes als „Ja." oder „Nein."! Sei nicht immer so _____.
9. Der Chef war mit unserer Arbeit gar nicht zufrieden. Nach seiner Kritik haben wir erst einmal _____ das Meeting verlassen.
10. „Was hat er denn gesagt?" – „Das habe ich dir doch schon erzählt." – „Ja, aber was hat er denn ganz genau gesagt?" – „Also gut, _____ hat er gesagt, dass …"

2 Welches Wort passt nicht? Streichen Sie es durch.

1. sich streiten – sich auseinandersetzen – sich beschimpfen – sich vertragen
2. kooperieren – referieren – vortragen – präsentieren
3. versprechen – beweisen – versichern – beteuern
4. meinen – denken – glauben – erfahren

3 Nomen zum Thema „Kommunikation". Lesen Sie die Definitionen und ergänzen Sie das Rätsel. Wie heißt das Lösungswort?

	1		I			U			I	O	
2			O				A				
	3	E				Ä		U			
	4			E			A			U	
	5		I	A		O					
	6	U			E			A		U	

waagrecht: 1. wenn mehrere Personen ihre Argumente zu einem Thema austauschen, 2. Präsentation, 3. wenn man beschreibt, wie etwas funktioniert, 4. wenn mehrere Parteien über Bedingungen sprechen, z. B. bei einem Vertrag, 5. wenn zwei Personen miteinander sprechen / Gegenteil von Monolog, 6. wenn mehrere Personen miteinander sprechen
senkrecht: verbale Auseinandersetzung

4a Erstellen Sie einen Wortigel zum Thema „Sprechen".

| ausführen | plaudern | beraten | definieren | spotten | erläutern | erörtern | tratschen |
| labern | begründen | ~~quatschen~~ | einwerfen | ~~besprechen~~ | | lästern | wiedergeben |

formell — *besprechen*

informell — *quatschen*

b Ergänzen Sie die Sätze mit Verben aus 4a. Es gibt mehrere Möglichkeiten.

1. Ich habe Maria gestern seit Langem einmal wieder getroffen. Es gab so viel zu erzählen und wir haben den ganzen Abend _____.

2. Mein Mann war heute Morgen ganz aufgeregt. Er muss bei seinem Chef sein neues Projekt _____.

3. In unserem Team gibt es immer wieder Konflikte. Heute werden wir uns zusammensetzen und _____, was besser werden muss.

4. Unter meinen Kollegen wird viel zu viel über andere _____. Das finde ich unfair, wenn man sich nicht wehren kann.

5 Redewendungen, um über Witze zu sprechen. Welche sind positiv (+), welche negativ (-)?

____ 1. Hat Jan dir schon den super Witz mit dem Löwen erzählt? Ich fand den *brüllend komisch*.

____ 2. Ach, du meinst den Safariwitz? *Darüber konnte ich nur müde lächeln.*

____ 3. Ben kann wirklich am besten Witze erzählen. Ich könnte mich jedes Mal *kaputtlachen*.

____ 4. Für unsere Betriebsfeier hat unser Chef einen Clown engagiert. Na ja, *wer's mag*.

____ 5. Auf der Betriebsfeier haben wir Personenraten gespielt. *Das war zum Schießen!* Wir haben so viel gelacht.

Immer erreichbar

1 Muss man immer erreichbar sein? Hören Sie die Umfrage und notieren Sie.

Person	Ja/Nein	Gründe
Tim F., 21		
Steffi K., 36		
Leo W., 32		

2 Meldungen aus der Zeitung. Welches Verb passt? Ergänzen Sie es im Präteritum.

1. *sich äußern – behaupten*: Die Politikerin _____, nichts von der Bestechung ihres Mitarbeiters gewusst zu haben.
2. *melden – beschreiben*: In dem Interview _____ der Journalist seinen Versuch, vier Wochen ohne Internet und Handy zu leben.
3. *betonen – berichten*: Auf den Skandal angesprochen, _____ der Bürgermeister mehrmals, man bemühe sich um eine lückenlose Aufklärung.
4. *erläutern – bestätigen*: Der Wissenschaftler _____ genau, wie er bei der Studie vorgegangen ist.
5. *melden – erzählen*: Bei ihrer Dankesrede _____ die Schauspielerin, wie sie vor Jahren an der Aufnahmeprüfung der Schauspielschule gescheitert sei.
6. *unterstreichen – melden*: Die Presseagentur _____ vor zwei Stunden, dass der Präsident des Fußballclubs verstorben sei.
7. *hervorheben – bezweifeln*: Der Stadtrat _____, dass er alles in seiner Macht Stehende versucht habe.
8. *kommentieren – versichern*: Auf der Pressekonferenz _____ der Ministerpräsident, dass man alles tun wolle, um weitere Steuererhöhungen zu vermeiden.
9. *entgegnen – sprechen*: Als eine Journalistin nach den Ursachen der schlechten Wahlergebnisse fragte, _____ der Abgeordnete, er wolle jetzt nichts zu diesem Thema sagen.
10. *widersprechen – mitteilen*: Das zuständige Amt _____, dass es die aktuellen Zahlen noch in dieser Woche veröffentlichen wolle.

Modul 1 — 2

3 Formen Sie die Sätze um und verwenden Sie präpositionale Ausdrücke zur Redewiedergabe.

1. Miriam Meckel meint, Kommunikationspausen sind notwendig. (laut)
2. Kerstin Cuhls sagt, dass es ein Vorteil ist, jederzeit auf alle Daten Zugriff zu haben. (nach)
3. Wie eine Tageszeitung berichtet, besitzt in Deutschland fast jeder ein Handy. (laut)
4. Eine Umfrage hat gezeigt, dass immer mehr Menschen auf einen Festnetzanschluss verzichten. (zufolge)
5. Die Geschäftsleitung meint, dass Handys zukünftig während der Besprechungen ausgeschaltet werden sollen. (nach)

1. Laut Miriam Meckel sind Kommunikationspausen notwendig.

4 Bilden Sie Nebensätze mit *wie*.

1. Laut einer Mitteilung der Bundesregierung soll im kommenden Jahr mehr Geld in Bildung investiert werden.
2. Nach einer Meldung der Nachrichtenagentur hat die Bundesregierung eine erneute Steuererhöhung beschlossen.
3. Dem Bericht der Zeitschrift „Wirtschaften" zufolge entlässt das Unternehmen die Hälfte der Belegschaft.
4. Nach einer Vereinbarung zwischen Arbeitnehmern und Arbeitgebern wird im nächsten Quartal ein neuer Betriebsrat gewählt.
5. Laut der Darstellung eines erfahrenen Experten wird die momentane Krise noch länger andauern.

1. Wie die Bundesregierung mitteilt, soll im kommenden Jahr mehr Geld in Bildung investiert werden.

5a Ergänzen Sie die Verben im Konjunktiv I oder, wenn nötig, im Konjunktiv II.

1. Ärzte sagen, ständige Erreichbarkeit __bedeute__ für viele Menschen Stress. (bedeuten)
2. Experten sind der Meinung, Stress _____ der Auslöser für viele Krankheiten. (sein)
3. Doch nur wenige Menschen _____ es _____, ihr Handy am Abend oder am Wochenende auszuschalten. (schaffen)
4. Durch die heutigen technischen Möglichkeiten _____ ein Teil der beruflichen Aufgaben auch außerhalb des Büros erledigt werden. (können)
5. Oft _____ das Arbeitspensum einfach nicht mehr in der regulären Arbeitszeit bewältigt. (werden)
6. Viele Berufstätige _____ sich deshalb nach der Arbeit nicht mehr richtig entspannen. (können)
7. Experten meinen, die Entwicklung _____ dazu, die Grenzen zwischen Arbeit und Privatleben immer mehr aufzulösen. (führen)
8. Eigentlich _____ zwischen den Arbeitsphasen eine Ruhezeit von mindestens elf Stunden gewährleistet werden. (müssen)

Immer erreichbar

Modul 1

b Geben Sie die Aussagen im Konjunktiv wieder. Verwenden Sie verschiedene einleitende Verben.

1. Immer erreichbar zu sein, ist in vielen Berufen sehr wichtig.
2. Manchmal finde ich es stressig, dass man mich immer anrufen kann.
3. Für Notfälle hat meine Tochter ihr Handy immer dabei.
4. Wer heutzutage Karriere machen will, muss immer erreichbar sein.
5. Früher ging es doch auch ohne Handy.
6. Nicht mal im Urlaub schalten die Leute ihre Handys aus.
7. Manche Leute geraten in Panik, wenn sie mal ihre Mails nicht abrufen können.
8. Ich will mich auch mal in Ruhe unterhalten, ohne dass ständig das Handy klingelt.

1. Sie sagt, immer erreichbar zu sein, sei in vielen Berufen sehr wichtig.

6a Lesen Sie den Text aus der Zeitung „Frankfurter Allgemeine" und notieren Sie drei wichtige Aussagen. Verwenden Sie dabei alle Möglichkeiten der Redewiedergabe.

Recht auf Unerreichbarkeit

BMW-Mitarbeiter erhalten Ausgleich für Smartphonearbeit

VW hat sie schon und auch die Telekom: Regeln gegen ständige Erreichbarkeit von Mitarbeitern per Smartphone in der Freizeit. Jetzt gibt sich auch BMW einen solchen Kodex. Und führt „Mobilarbeitszeit" ein, die man später ausgleichen kann.

Der Automobilhersteller BMW fügt sich in die Reihe der deutschen Unternehmen ein, die sich selbst Regeln auferlegen, um Arbeit vom Smartphone oder Tablet aus in der Freizeit zu begrenzen. Dafür können Mitarbeiter an den deutschen Standorten künftig sogenannte „Mobilarbeit" in ihre Arbeitszeitkonten eintragen. Diese Zeiten können sie sammeln und dafür an anderen Tagen weniger arbeiten oder ganze freie Tage nehmen.

BMW will auf diese Weise die Gefahr verringern, dass Mitarbeiter aufgrund ständiger Erreichbarkeit in der Freizeit gar nicht mehr abschalten können und frühzeitig einen Burnout erleiden. Um dem vorzubeugen, soll es nicht nur den Freizeitausgleich über die Arbeitszeitkonten geben, sondern auch feste, mit den Vorgesetzten vereinbarte Zeiten, in denen Mitarbeiter nicht erreichbar sind.

IG-Metall hätte am liebsten ein Gesetz

Der Vorstoß des Automobilherstellers ist dabei nicht neu. Schon seit langer Zeit existieren etwa Regelungen gegen eine ständige Erreichbarkeit von Mitarbeitern im VW-Konzern und bei der Telekom. Auch schon vor mehreren Monaten hatte die IG-Metall gar eine gesetzliche Regelung gegen Handy-Stress von Arbeitnehmern in der Freizeit gefordert. Die Koalition soll unterbinden, dass Mitarbeiter überhaupt noch nach Feierabend E-Mails von ihren Chefs auf ihre Smartphones bekommen.

Wie die „Frankfurter Allgemeine" berichtet, …

b Vergleichen Sie Ihre Sätze zu zweit. Haben Sie unterschiedliche Aussagen notiert?

Gib contra!

Modul 2

2

1 Sehen Sie sich die Zeichnungen an. Welche Ausdrücke passen zu den Bildern? Ordnen Sie zu.

A   B   C

1. jmd. die Stirn bieten ___ – 2. jmd. ausgrenzen ___ – 3. jmd. erniedrigen ___

2a Lesen Sie den Ratgebertext. Welche Überschriften passen zu den Abschnitten 1–4? Ordnen Sie zu.

A Kontern Sie humorvoll
B Schweigen ist Gold
C Kommen Sie zurück zur Sache
D Bremsen Sie den anderen aus

Sie sind kein Typ für schnelle Konter? Dann helfen Ihnen vielleicht diese Alternativen:

Fehlen Ihnen manchmal die Worte? Beruflich oder auch privat? Besonders, wenn Ihr Gesprächspartner Sie gerade provozieren möchte oder einfach nur unverschämt ist?

Nicht jeder von uns ist schlagfertig und hat gleich eine passende Antwort parat. Es gibt auch Alternativen:

1 _____

Ihre Gegner im verbalen Kampf warten bereits auf Ihre schnelle Reaktion und bereiten im Geist schon den nächsten Angriff vor. Bleiben Sie cool und nehmen Sie sich Zeit. Bloß keine Hektik! Reagieren Sie ruhig, z. B. mit einer interessierten Frage an Ihr Gegenüber. Zeigen Sie deutlich, dass es Ihnen gefällt, wie sehr sich die andere Person für das Thema einsetzt. So bleiben Sie im Gespräch und behalten die Kontrolle. Mit Ihren Fragen und Äußerungen bestimmen Sie jetzt das Tempo.

2 _____

Charmante und nicht ganz ernste Antworten sorgen dafür, dass die Situation wieder lockerer wird und Sie Pluspunkte sammeln. Fiese und gemeine Äußerungen verlieren damit schnell ihre Macht. Wenn jemand bei Ihrem Vortrag immer wieder stört und dumme Bemerkungen macht wie „Das ist doch nichts Neues, das sage ich schon seit Jahren!", reagieren Sie mit „Ich freue mich über den Experten im Plenum, der Ihre Fragen im Anschluss sicher gerne beantworten wird."

3 _____

Gehen Sie auf das Gesagte ein, bleiben Sie aber bei Ihrer Ansicht. Vielleicht nicht sehr kreativ sind Reaktionen wie: „Sie vertreten diese Sichtweise. Wenn wir aber bei den Fakten bleiben, dann wird schnell klar, dass … ". Trotzdem sind sie sehr nützlich, denn damit kommen Sie schnell wieder zu dem Thema zurück, um das es eigentlich geht.

4 _____

Manche Aussagen sind einfach nur eine Frechheit. Wenn Sie in einem Meeting Ihre Meinung äußern und Antworten hören wie „Aus dieser Aussage spricht Ihre Ahnungslosigkeit." oder „Sie sollten ihren hübschen Kopf nicht mit diesen Themen belasten.", dann könnte man vor Wut platzen. Viel besser ist aber genau das Gegenteil: Schweigen Sie. Sagen Sie eine Minute einfach nichts und schauen Sie den Angreifer an. Schnell wird es still im Raum und die Frechheit der Aussage wirkt unangenehm für den anderen nach. Sie aber zeigen Stärke und setzen Ihr Thema fort.

b Welche Alternative gefällt Ihnen am besten? Warum? Sprechen Sie in Gruppen.

Sprachen lernen

1a Formen Sie die Verben in Nomen und die Nomen in Verben um.

1. erwerben _____
2. kennen _____
3. vermitteln _____
4. sprechen _____
5. teilnehmen _____

6. die Kommunikation _____
7. die Auseinandersetzung _____
8. die Motivation _____
9. der Zweifel _____
10. die Darstellung _____

b Suchen Sie die Adjektive und bilden Sie die passenden Nomen.

ashovollständigvsfklarakbdintelligentajbstarkajdajdmutigiheschnellbfxaltkwselten

2 Vom Nominalstil zum Verbalstil. Formen Sie in Sätze mit Präpositionalergänzung um.

1. Es gibt eine <u>Unterscheidung zwischen</u> dem Lernen und dem Erwerb einer Sprache.
   Die Wissenschaft _unterscheidet_ _zwischen_ dem Lernen und dem Erwerb einer Sprache.

2. Die <u>Antworten auf</u> die Frage nach dem Zusammenhang zwischen Alter und Spracherwerb stehen teilweise noch aus.
   Die Forscher können _____ die Frage nach dem Zusammenhang zwischen Alter und Spracherwerb noch nicht _____.

3. Die <u>Diskussion über</u> das optimale Lernen einer Sprache wird weiter fortgesetzt.
   Auch in Zukunft wird weiter _____ das optimale Lernen einer Sprache _____.

4. Die Fachdisziplinen treiben ihre <u>Forschungen zu</u> diesem Thema weiter voran.
   Die Fachdisziplinen _____ weiterhin _____ diesem Thema.

5. Unser <u>Wissen über</u> die Funktionen der Sprache ist immer noch gering.
   Wir _____ immer noch wenig _____ die Funktionen der Sprache.

3a Verbalisieren Sie die folgenden Ausdrücke.

1. das schnelle Erlernen einer Sprache
   eine Sprache schnell erlernen
2. die guten Kenntnisse der Grammatik
   _____
3. die Aufrechterhaltung sozialer Kontakte
   _____

4. die Korrektur der ersten Fehler
   _____
5. der klare Aufbau der Sätze
   _____
6. das Führen einer erfolgreichen Kommunikation
   _____

b Vom Nomen zum Adjektiv. Formen Sie wie im Beispiel um.

1. die Leichtigkeit des Lernens – _Das Lernen ist leicht._
2. die Aktualität der Forschung – _____
3. die Korrektheit der Aussprache – _____
4. die Schwierigkeit der Grammatik – _____
5. die Unterschiede des Spracherwerbs – _____

Modul 3

4a Ergänzen Sie die fehlenden Nomen, Verben oder Präpositionen.

Nomen	Verben	Präpositionen
	sprechen	*über, mit*
	sich beschäftigen	
der Bericht		
	reagieren	
die Beschwerde		
	hinweisen	

b Wählen Sie zwei Verben und zwei Nomen aus 4a. Schreiben Sie dazu Sätze wie im Beispiel.

sprechen über: Wir haben lange über den Vortrag gesprochen.
das Gespräch über: Wir hatten ein langes Gespräch über den Vortrag.

5 Personalpronomen im Verbalstil werden im Nominalstil zu Possessivartikeln. Formen Sie um.

1. Wir kommunizieren gut miteinander.   *unsere (gute) Kommunikation*
2. Er unterrichtet an einer Hochschule. _____
3. Ihr präsentiert interessant. _____
4. Wir sprachen über die Ausstellung. _____
5. Sie lernen schnell. _____
6. Danke, Sie haben uns gut beraten, Herr Bach. _____

6 Bilden Sie die Nominalform wie im Beispiel.

1. Kinder eignen sich eine andere Sprache schnell an.
2. In der Schule werden Fremdsprachen vermittelt.
3. Die Muttersprache wird mühelos erworben.
4. Im Kindesalter lernt man Sprachen leicht.
5. Durch viel Übung reduzieren sich die Fehler.
6. Die Sprachkenntnisse von Schülern werden durch mehr Sprachkontakte verbessert.
7. Die Forscher beobachten den Spracherwerb genau.
8. Es wurden Unterschiede beim frühen und späten Lernen entdeckt.

1. die schnelle Aneignung einer anderen Sprache durch Kinder

Sag mal was!

1 Welche Ausdrücke aus dem Text im Lehrbuch haben eine ähnliche Bedeutung? Notieren Sie.

1. Angst haben (Z. 10): _____
2. unterlassen (Z. 15): _____
3. lehren (Z. 17/18): _____
4. unterdessen (Z. 24): _____
5. nur (Z. 34): _____
6. großen Eindruck machen (Z. 39): _____
7. Möglichkeit (Z. 49/50): _____
8. aussehen (Z. 52): _____
9. bemerken (Z. 55/56): _____
10. augenscheinlich (Z. 94): _____
11. annehmen (Z. 98): _____
12. den Wunsch hegen (Z. 116): _____

2a Lesen Sie den Zeitschriftenartikel. Wo passt welches Wort? Notieren Sie die passende Zahl.

achten ____	auswärts ____	Erinnerung ____	verbunden ____	Ausnahme ____
beobachten ____	unterdrücken ____	verpönt ____	Identität ____	angesehen ____

Dialekte – beliebt wie nie

Leugnen lässt es sich nicht: Dialekte sind wieder in. Doch was verbinden die Menschen eigentlich mit ihrem Dialekt? Und kann man wirklich auch überall Dialekt sprechen? Gerade im Berufsleben ist der Dialekt vielerorts verpönt. Andererseits boomen Dialektkurse und Heimattheater. Einig sind sich die meisten Dialektsprecher, dass ein Dialekt die eigene Sprache interessanter und vielfältiger macht.

5 **Die Heimat auf der Zunge tragen**
Paul B., 29 Jahre, Redakteur aus dem Vorarlberg
Ist man mit einem Dialekt aufgewachsen, ist man an jedem Ort mit seiner Heimat (1). Schließlich trägt man sie ja auf der Zunge. Entdeckt habe ich meine Heimat aber erst so richtig,
10 als ich von daheim weggezogen bin. Jetzt verstehe ich Leute, die immer so einen großen Wert auf ihre kulturelle (2) legen, und Hochdeutsch empfinde ich irgendwie als langweilig. Man sollte aber auf die Situation (3): Im Seminar an der Uni oder in der Redaktion kommt Dialekt nicht so gut an.

15 **Öcher Platt – Dialekt ist in**
Sigrid W., 45 Jahre, Geschäftsfrau aus Aachen
Das Öcher Platt ist absolut in. So wird der Dialekt genannt, den wir bei uns in Aachen sprechen. Die Älteren sprechen den Dialekt eigentlich immer, ohne (4). Er ist auch nicht (5)
20 wie vielleicht der Dialekt in anderen Städten oder Regionen. In meinem Beruf geht es natürlich nicht, dass ich mit Kunden oder Geschäftspartnern, die von (6) kommen, Platt rede. Ich selbst spreche es auch gar nicht so gut. Es ist aber hoch (7) und wird auch sehr gefördert. Auch die Theater bringen
25 Stücke auf Öcher Platt. Die Karten sind oft so begehrt, dass manche Leute sich schon um 5 Uhr morgens beim Vorverkauf anstellen.

Modul 4

2

Ich bin oft ausgelacht worden
Maria I., 39 Jahre, Lehrerin aus Nürnberg

30 „Einerseits habe ich mich immer sehr wohlgefühlt mit meinem Dialekt. Ich bin damit aufgewachsen und habe ihn auch ziemlich gern gesprochen. Aber schon bei meinem Vater konnte ich (8): Sobald er beruflich mit Leuten sprach oder sobald wir in einer anderen Stadt waren, hat er nur noch Hoch-
35 deutsch gesprochen. Erst fand ich das komisch, aber dann habe ich begriffen: Dialekt, das war mehr für das Private zu Hause. Ich habe auch noch genau in (9), dass ich früher oft von anderen Kindern ausgelacht wurde. Deshalb habe ich immer versucht, meinen Dialekt möglichst zu (10). Umso schö-
40 ner ist es, dass Dialekte heute wieder ein so positives Image haben. In der Schule achte ich aber darauf, dass die Kinder auch richtig Hochdeutsch lernen.

b Lesen Sie den Leserbrief und ordnen Sie die Redemittel zu.

Andererseits muss ich auch zugeben   auf großes Interesse gestoßen   Abschließend möchte ich sagen
Aus meiner Erfahrung heraus kann ich nur unterstreichen   von Vorteil sein

Sehr geehrte Damen und Herren,

Ihr Artikel „Dialekte – beliebt wie nie" ist bei mir (1) _____
_____, da auch ich in einer Gegend aufgewachsen bin, in der Dialekt gesprochen wird.
Für viele Menschen aus anderen Regionen mag unser Dialekt nicht sehr schön klingen, aber für uns ist
er ein Stück Heimat. (2) _____
_____, dass ein Dialekt Menschen verbindet und Gemeinsamkeit schafft.
Gleichzeitig ist der Dialekt für die eigene Identität wichtig. Auch im Beruf sollte man seinen Dialekt
nicht unterdrücken müssen. So kann es in einem Kunden- oder Beratungsgespräch (3) _____
_____, als Verkäufer oder Berater Dialekt zu sprechen. Dies schafft einen stärkeren
Bezug zum Kunden und erweckt den Anschein einer persönlicheren Beziehung. Ich habe sicherlich
zu einem Verkäufer, der meinen Dialekt spricht, gleich ein bisschen mehr Vertrauen.
(4) _____,
dass es mich eher abschrecken würde, wenn der Verkäufer einen Dialekt spricht, den ich selbst kaum
verstehen kann.
(5) _____,
dass es mich sehr freut, dass Dialekte heute wieder insgesamt ein besseres Ansehen genießen, auch
wenn es natürlich immer darauf ankommt, wer wo welchen Dialekt spricht.
Mit freundlichen Grüßen
Florian Hubermaier

Sag mal was!

Modul 4

3 Sie sollen sich dazu äußern, welche Bedeutung Deutsch und andere Fremdsprachen heute haben.

Schreiben Sie,

- was beim Deutsch lernen helfen kann.
- welche Fremdsprachen in Ihrem Land hauptsächlich gelernt werden.
- welche Bedeutung Fremdsprachen heute haben.
- wann man beginnen sollte, eine Fremdsprache zu lernen.
- was Ihnen an der Grafik besonders auffällt.

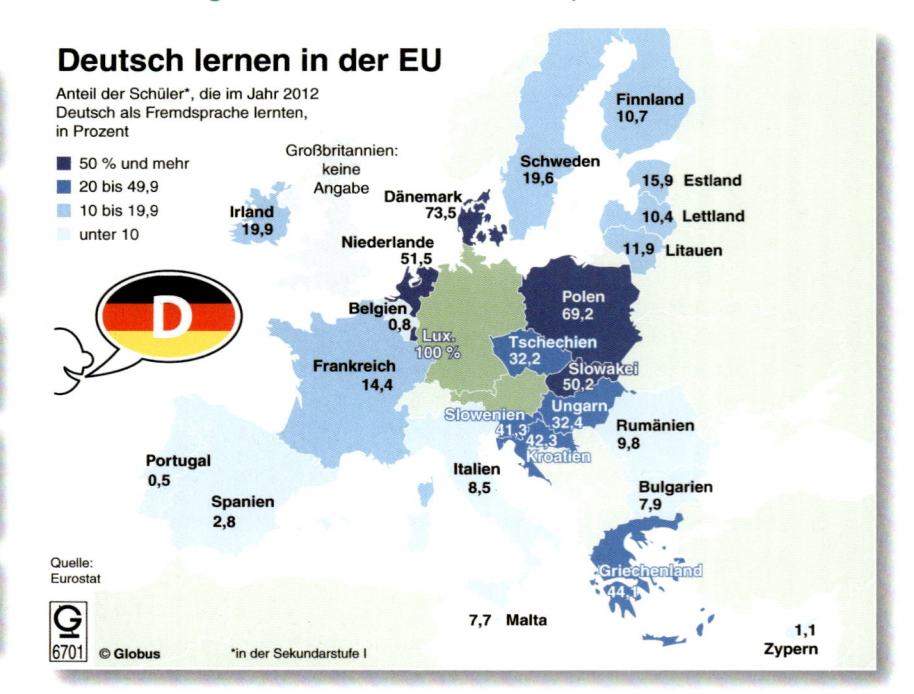

Deutsch lernen in der EU
Anteil der Schüler*, die im Jahr 2012 Deutsch als Fremdsprache lernten, in Prozent

- 50 % und mehr
- 20 bis 49,9
- 10 bis 19,9
- unter 10

Großbritannien: keine Angabe
Finnland 10,7
Schweden 19,6
Estland 15,9
Dänemark 73,5
Lettland 10,4
Irland 19,9
Niederlande 51,5
Litauen 11,9
Belgien 0,8
Polen 69,2
Lux. 100 %
Tschechien 32,2
Frankreich 14,4
Slowakei 50,2
Slowenien 41,3
Ungarn 32,4
Kroatien 42,3
Rumänien 9,8
Portugal 0,5
Italien 8,5
Bulgarien 7,9
Spanien 2,8
Griechenland 44,1
Malta 7,7
Zypern 1,1

Quelle: Eurostat
© Globus 6701 *in der Sekundarstufe I

Hinweise:
Bei der Beurteilung wird u. a. darauf geachtet,
- ob Sie alle Inhaltspunkte berücksichtigt haben,
- wie korrekt Sie schreiben,
- wie gut Sätze und Abschnitte sprachlich miteinander verknüpft sind.

Schreiben Sie mindestens 200 Wörter.

TIPP In der Prüfung haben Sie für diese Aufgabe 65 Minuten Zeit. Teilen Sie sich diese Zeit gut ein. Schreiben Sie zuerst auf ein extra Blatt die fünf Inhaltspunkte und notieren Sie sich dazu Informationen/Argumente/Beispiele und eine passende Reihenfolge.

Aussprache: komplexe Lautfolgen

1a Wie spricht man diese Wörter aus? Hören Sie und markieren Sie den Wortakzent.

1. Bevölkerungszunahme
2. Eichhörnchen
3. kulturübergreifend
4. mikrowellengeeignet
5. Elektrizitätswerk
6. funktionstüchtig
7. Meisterschaftsspiel
8. Pappschächtelchen

Ich liiiieeebe diese Pappschächtelchen!!

b Hören Sie die Wörter langsam gesprochen und markieren Sie die Silben.

c Sprechen Sie die Wörter erst langsam, dann immer schneller. Welche Wörter fallen Ihnen leichter, welche schwerer? Warum?

2a Hören Sie die Wörter in normalem und langsamem Sprechtempo. Gehen Sie vor wie in 1: Hören + Wortakzent markieren → Hören + Silben markieren.

1. erziehungsberechtigt 2. fälschlicherweise 3. Fischstäbchen 4. Gänsefüßchen 5. Justizvollzugsanstalt 6. Kirschsaftschorle 7. Kopfsteinpflaster 8. Nachttischlämpchen 9. Relativitätstheorie 10. Schönheitschirurg

b Sprechen Sie die Wörter erst langsam und dann immer schneller. Welches gelingt Ihnen am besten?

Selbsteinschätzung 2

So schätze ich mich nach Kapitel 2 ein: Ich kann …	+	○	−
… eine Umfrage zum Thema „Erreichbarkeit" verstehen. ▶AB M1, Ü1	☐	☐	☐
… ein Interview zum Thema „Schlagfertigkeitstraining" verstehen. ▶M2, A2–A3a	☐	☐	☐
… Aussagen von Personen mit dialektalen Färbungen verstehen. ▶M4, A1c, d	☐	☐	☐
… Vor- und Nachteile moderner Medien aus Stellungnahmen herausarbeiten. ▶M1, A2	☐	☐	☐
… Tipps in einem Ratgebertext zum Thema „Schlagfertigkeit" verstehen. ▶AB M2, Ü2a	☐	☐	☐
… einen Fachtext über das Thema „Sprachen lernen und erwerben" verstehen. ▶M3, A2a	☐	☐	☐
… einen Magazintext über Dialekte verstehen. ▶M4, A2a	☐	☐	☐
… über Erreichbarkeit diskutieren. ▶M1, A3	☐	☐	☐
… wichtige Informationen aus einem Artikel wiedergeben. ▶M1, A4	☐	☐	☐
… in bestimmten Situationen schlagfertig reagieren. ▶M2, A3b	☐	☐	☐
… Tipps und Hinweise zum Sprachenlernen geben und mit anderen vergleichen. ▶M3, A4	☐	☐	☐
… über Dialekte und deren Stellenwert im eigenen Land berichten. ▶M4, A2c	☐	☐	☐
… über die Erhaltung von Dialekten und deren kulturellen Stellenwert diskutieren. ▶M4, A3	☐	☐	☐
… Aussagen aus einem Text aufgrund meiner eigenen Erfahrungen kommentieren. ▶M3, A2b	☐	☐	☐
… einen Leserbrief zum Thema „Dialekt" schreiben. ▶M4, A4	☐	☐	☐
… einen Beitrag zu einer Grafik zum Thema „Deutsch und andere Fremdsprachen" schreiben. ▶AB M4, Ü3	☐	☐	☐

Das habe ich zusätzlich zum Buch auf Deutsch gemacht (Projekte, Internet, Filme, Lesetexte, …):

Datum: Aktivität:

_____ _____

_____ _____

_____ _____

_____ _____

_____ _____

Grammatik und Wortschatz weiterüben: interaktive Übungen unter www.aspekte.biz/online-uebungen3

Wortschatz

Modul 1 — Immer erreichbar

abschalten	_____	enorm	_____
anderweitig	_____	erreichbar	_____
bewusst	_____	gelegentlich	_____
die Botschaft, -en	_____	hingegen	_____
derzeit	_____	die Pflicht, -en	_____
eingehen auf (geht ein, ging ein, ist eingegangen)	_____	umfassend	_____
		die Vereinbarkeit	_____
		der Zugriff, -e	_____

Modul 2 — Gib Contra!

die Attacke, -n	_____	der Spott	_____
ausgrenzen	_____	die Überlegenheit	_____
der Ausweg, -e	_____	unterschätzen	_____
die Defensive	_____	unverschämt	_____
gemein	_____	verwirren	_____
gleichgültig	_____	sich wehren gegen	_____
kontern	_____	zustimmen	_____
die Provokation, -en	_____		

Modul 3 — Sprachen lernen

die Abweichung, -en	_____	der Forschungsgegenstand, -"e	_____
die Aneignung	_____	der Garant, -en	_____
bemerkenswert	_____	das Repertoire, -s	_____
die Didaktik, -en	_____	das Sprachvermögen	_____
die Disziplin, -en	_____	die Steuerung	_____
der Erwerb	_____		

Modul 4 — Sag mal was!

abschneiden bei (schneidet ab, schnitt ab, hat abgeschnitten)	_____	imponieren	_____
		profitieren von	_____
auflösen	_____	das Stigma, Stigmen/Stigmata	_____
ausschließlich	_____	unüberschaubar	_____

▶ Wortschatz

aufsteigen (steigt auf, stieg _____   ursprünglich _____
auf, ist aufgestiegen)   verblüffen _____
betonen _____   die Verrohung _____
fragil _____   der Wahlkreis, -e _____
das Gehör _____   sich zurechtfinden (findet _____
gleichsetzen mit _____   zurecht, fand zurecht,
herunterladen (lädt _____   hat zurechtgefunden)
    herunter, lud herunter,
    hat heruntergeladen)

Wichtige Wortverbindungen

etw. anklingen lassen (lässt, ließ, hat lassen) _____
einen Beruf ausüben _____
im Grunde genommen _____
etw. auf sich halten (hält, hielt, hat gehalten) _____
Hohn und Spott _____
jmd. Paroli bieten (bietet, bot, hat geboten) _____
in der Pflicht stehen (steht, stand, hat gestanden) _____
Platz schaffen für (schafft, schuf, hat geschaffen) _____
jmd. schlecht dastehen lassen (lässt, ließ, hat lassen) _____
den Überblick verlieren über (verliert, verlor, _____
    hat verloren)
voll und ganz _____
ein Thema aufgreifen (greift auf, griff auf, hat auf- _____
    gegriffen)

Wörter, die für mich wichtig sind:

_____   _____   _____   _____
_____   _____   _____   _____
_____   _____   _____   _____
_____   _____   _____   _____

An die Arbeit!

Diese Übungen bereiten Sie auf das Kapitel vor.

1 Welcher Begriff passt nicht? Streichen Sie ihn durch.

1. Lehrling – Geselle – Doktor – Meister
2. Entlassung – Demonstration – Streik – Arbeitsniederlegung
3. Filiale – Zweigstelle – Zentrale – Niederlassung
4. Chef – Kollege – Filialleiter – Vorgesetzter
5. Produkte – Waren – Patente – Güter
6. Überstunde – Frühschicht – Gleitzeit – Qualifikation
7. Werbung – Prospekt – Sonderaktion – Bestellung
8. Nachlass – Leasing – Preisreduzierung – Rabatt

2 Vom Stellenangebot zum Arbeitsplatz. Ergänzen Sie die Nomen und bringen Sie die Sätze dann in eine sinnvolle Reihenfolge.

| Angebot | Arbeitsverhältnis | Bescheid | Betriebsrates |
| Gehaltsvorstellungen | Karriereberaters | ~~Unternehmen~~ | Vertrag |

____ A Morgen fange ich also in einem neuen _Unternehmen_ an. Ich bin aufgeregt und glücklich, und bin gespannt auf meine neuen Kollegen.

_1_ B Ich war bei meiner alten Firma über sieben Jahre in einem festen _____. Aber dann wurde mir wegen einer Umstrukturierung aus betriebsbedingten Gründen gekündigt.

____ C Seitdem habe ich viele Stellenanzeigen gelesen und vor einigen Wochen bin ich auf ein sehr interessantes _____ gestoßen. Mir war klar, dass es viele Bewerber für diese Stelle geben wird.

____ D Prompt bekam ich eine Einladung zu einem Vorstellungsgespräch, das ich mit Vertretern der Personalabteilung, des _____ und des gehobenen Managements geführt habe.

____ E Deshalb habe ich mich mithilfe eines erfahrenen _____ um die Stelle beworben.

____ F Daraufhin habe ich meinen neuen _____ natürlich mit Vergnügen unterschrieben.

____ G Sie sind sogar auf meine _____ eingegangen und die waren nicht ohne.

____ H Dann kam das bange Warten auf eine Rückmeldung. Aber schon nach einer Woche habe ich einen positiven _____ bekommen. Sie wollten mich wirklich haben!

3 Ordnen Sie die Umschreibungen den Nomen zu.

1. ____ der Ballungsraum
2. ____ die Bürokratie
3. ____ die Nachhaltigkeit
4. ____ der Mittelstand
5. ____ der Wandel
6. ____ der/die Konsument/in
7. ____ der Wohlstand
8. ____ die Globalisierung

a der/die Verbraucher/in
b die Veränderung
c weltweite Vernetzung
d Verwaltung im öffentlichen Bereich und in Unternehmen
e eine längere Zeit anhaltende Wirkung
f hoher Lebensstandard
g kleinere und mittlere Unternehmen
h Gebiet mit nah beieinander liegenden Städten und vielen Produktions- und Dienstleistungsbetrieben

4 In der Firma. Was wird wo gemacht? Ordnen Sie die Tätigkeiten den Bereichen zu.

Stellenanzeigen formulieren   Bestellungen versenden   Rabatte gewähren
Preise aushandeln   Kaufverträge aufsetzen   das Lager verwalten
einen Liefertermin vereinbaren   Rechnungen schreiben   Waren annehmen
Weiterbildungen organisieren   Mitarbeiter abmahnen   Reklamationen bearbeiten
Bewerbungsgespräche führen   Arbeitsverträge aufsetzen   eine Bestellung ausliefern
den Warenbestand prüfen   Waren zusammenstellen
Konditionen festsetzen   Pakete frankieren   Gehaltsabrechnungen erstellen   Waren verpacken

Personalabteilung

Einkauf/Verkauf

Logistik/Lager

Ein bunter Lebenslauf

1a Hören Sie eine Radiosendung zum Thema „Erfolgreich bewerben". Über welche Teilthemen wird gesprochen? Kreuzen Sie an.

- ☐ 1. Aufbau einer Bewerbung
- ☐ 2. Nutzung von Bewerbungsratgebern
- ☐ 3. Tipps für das Anschreiben
- ☐ 4. Reaktion auf klassische Fragen
- ☐ 5. Funktion des Lebenslaufs
- ☐ 6. Tipp- und Schreibfehler
- ☐ 7. Unterschiede: heute – früher
- ☐ 8. Gesprächstraining
- ☐ 9. Motivation der Bewerber
- ☐ 10. Aufregung und Nervosität

b Hören Sie die Radiosendung noch einmal und beantworten Sie die Fragen.

1. Was ist Herr Behrens von Beruf?

2. Wie war die letzte Bewerbung von Herrn Behrens?

3. Was ist heute bei einer Bewerbung besonders wichtig?

4. Welche Ratgeber werden am meisten gekauft?

5. Wie soll man auf die Frage nach Schwächen reagieren?

2 Formen Sie die Sätze in einen dass-Satz oder Infinitivsatz um.

Personalchefs empfehlen den Bewerbern …
1. das aufmerksame Lesen der Stellenausschreibung. (dass-Satz)

   …, dass sie die Stellenausschreibung aufmerksam lesen.
2. eine sorgfältige Anfertigung ihrer Bewerbung. (Infinitivsatz)

3. Ehrlichkeit bei der Angabe ihres Werdegangs. (dass-Satz)

4. eine schlüssige Begründung von Richtungswechseln. (Infinitivsatz)

5. eine geschickte Darstellung aller Berufserfahrungen. (Infinitivsatz)

Modul 1

3

3 Formen Sie die Sätze in einen Infinitivsatz um, indem Sie den dass-Satz zuerst ins Passiv setzen.

Der Bewerber …
1. rechnet damit, dass der Personalchef ihn zu seinem beruflichen Werdegang befragt.
2. hofft, dass die Firma ihn bald einstellt.
3. verlässt sich darauf, dass der Personalchef ihn nach dem Vorstellungsgespräch informiert.
4. erwartet, dass man ihn in seine neuen Aufgaben gut einarbeitet.
5. kann davon ausgehen, dass die Firma ihn am Anfang unterstützt.

*1. Der Bewerber rechnet damit, dass er zu seinem beruflichen Werdegang befragt wird.
Der Bewerber rechnet damit, zu seinem beruflichen Werdegang befragt zu werden.*

4 Bilden Sie die Nominalform.

1. Immer weniger Firmen erwarten, dass der Bewerber eine Bewerbungsmappe per Post abgibt.
2. Dabei ist es ratsam, die Vorgaben einzuhalten.
3. Es versteht sich von selbst, dass alle Angaben in Ihrem Lebenslauf richtig sind.
4. Es ist wichtig, eine Bewerbung fehlerfrei abzugeben.
5. Viele Firmen ermöglichen es, sich per E-Mail zu bewerben.
6. Der Personalchef erwartet, dass man beim Vorstellungsgespräch pünktlich erscheint.
7. Es ist möglich, ein Bewerbungstraining zu besuchen.
8. Dass man sicher in einem Vorstellungsgespräch auftritt, ist absolut notwendig.

1. Immer weniger Firmen erwarten die Abgabe einer Bewerbungsmappe per Post.

5 Sie möchten in Deutschland als Lehrer/in für Ihre Muttersprache arbeiten. Sie haben im Internet eine Sprachschule gefunden, bei der Sie sich bewerben möchten. Verfassen Sie ein Bewerbungsschreiben (ca. 150 Wörter). Sammeln Sie zuerst für folgende Punkte Redemittel.

Einleitung	bisherige Berufserfahrungen/Erfolge	Erwartungen an die Stelle	Schlusssatz
In Ihrer Anzeige vom …	*Nach erfolgreichem Abschluss meines …*	*Mit der Aufnahme der Unterrichtstätigkeit in Ihrer Schule …*	*Ich freue mich darauf, Sie in einem persönlichen Gespräch kennenzulernen.*

Probieren geht über Studieren?

1a Frau Sokolová hat einen Praktikumsplatz bei einem Reisebüro gefunden und das Unternehmen hat ihr einen Praktikumsvertrag zugeschickt. Lesen Sie zuerst die Überschriften der Paragraphen. Leiten Sie aus fünf Überschriften Fragen ab, die der Paragraph behandeln könnte.

§1: Wie lange dauert der Vertrag? Welche Aufgaben hat sie?

b Anna Sokolová hat sich auch einige Fragen notiert. Lesen Sie den Vertrag. In welchem Paragraph stehen die Antworten? Notieren Sie.

1. Wie viele Stunden muss ich pro Tag arbeiten? _§ 1_
2. Was muss ich tun, wenn ich krank bin und nicht arbeiten kann? ____
3. Welchen Arbeitsschutz habe ich im Unternehmen? ____
4. Kann ich mir auch mal einen Tag frei nehmen? ____
5. Darf ich anderen von den Abläufen im Unternehmen erzählen? ____
6. An wen kann ich mich während des Praktikums mit Fragen wenden? ____
7. Bekomme ich das Geld gleich am Anfang des Praktikums? ____
8. Kann ich einfach aufhören, wenn mir das Praktikum nicht gefällt? ____
9. Werde ich Arbeitsaufgaben bekommen, die für mein Studium nützlich sind? ____

Praktikantenvertrag

Zwischen dem Unternehmen *Brand Reisen GmbH*, Alte Höfe 5, Regensburg (im Folgenden: das Unternehmen) und Frau *Anna Sokolová*, Fritz-Weber-Str. 18a, Regensburg (im Folgenden: die Praktikantin)

Frau Anna Sokolová ist daran interessiert, ihr Vorpraktikum in unserem Unternehmen abzuleisten. Daher schließen die Vertragsparteien den nachfolgenden Vertrag:

§ 1 Vertragsgegenstand/Vertragsdauer:
Das Unternehmen wird der Praktikantin ihr Fachgebiet betreffende praktische Kenntnisse und Erfahrungen vermitteln, soweit dies im Rahmen der betrieblichen Möglichkeiten liegt. Dazu stellt das Unternehmen ihr kostenlos die erforderlichen betrieblichen Arbeitsmittel zur Verfügung.
Die Praktikantin wird bei dem Unternehmen für die Zeit vom 01. Mai bis zum 31. Juli in der Zentrale des Unternehmens eingesetzt und, falls nicht betriebliche Gründe anderes ergeben, von Herrn Wölke betreut. Die tägliche Arbeitszeit beträgt 7,5 Std.
Die Praktikantin erhält nach erfolgreicher Beendigung des Vertrages eine Praktikumsbescheinigung, die den Vorgaben der Fachhochschule entspricht, sowie ein Zeugnis.

§ 2 Vergütung
Die Praktikantin erhält eine monatliche, nachträglich fällig werdende Vergütung von 200 € brutto. Eine Erstattung von Fahrtkosten erfolgt nicht.

§ 3 Urlaub
Die Praktikantin erwirbt monatlich einen Urlaubsanspruch von 2 Arbeitstagen. Diese können schriftlich auf Antrag während des Praktikums in Anspruch genommen werden.

§ 4 Dienstverhinderung/Arbeitsunfähigkeit
Im Falle jeder Verhinderung hat die Praktikantin das Unternehmen unverzüglich zu unterrichten. Bei krankheitsbedingter Verhinderung ist dem Unternehmen innerhalb von drei Tagen ab Beginn der Erkrankung eine ärztliche Arbeitsunfähigkeitsbescheinigung vorzulegen. In beiderseitigem Einvernehmen kann sich die Praktikumsdauer nach § 1 um die Krankheitstage verlängern.

§ 5 Geheimhaltung
Die Praktikantin ist verpflichtet, gegenüber Dritten über sämtliche betrieblichen Vorgänge, die der Geheimhaltung unterliegen, Stillschweigen zu bewahren und den Verhaltenskodex des Unternehmens (Dienstanweisung: Betriebs- und Geschäftsgeheimnisse) entsprechend einzuhalten. Die Praktikantin hat darüber hinaus Akten, Aufzeichnungen oder sonstige Dokumente des Unternehmens, die nicht öffentlich zugänglich sind, sorgsam zu verwahren und Dritten gegenüber zu schützen.

§ 6 Sonstige Bestimmungen
Ergänzend zu diesem Vertrag gelten die Arbeitsordnung des Unternehmens und die gesetzlichen Arbeitsschutzbestimmungen. Über beides wird die Praktikantin zu Beginn des Vertragsverhältnisses entsprechend informiert.

§ 7 Beendigung des Praktikumsverhältnisses
Dieser Vertrag endet nach Ablauf der in § 1 oder nach § 4 veränderten Frist. Während der ersten vier Wochen können beide Parteien ohne Angabe von Gründen den Vertrag mit sofortiger Wirkung kündigen. Ab dem Beginn der fünften Woche kann der Vertrag von beiden Parteien mit einer Frist von einem Monat beendet werden. Die Möglichkeit, den Vertrag aus einem besonderen Grund ohne Einhaltung einer Frist zu beenden, bleibt davon unberührt. Die Kündigung bedarf der Schriftform.

§ 8 Schlussvorschriften
Änderungen und Ergänzungen dieses Vertrages bedürfen grundsätzlich der Schriftform.

§ 9 Besondere Vereinbarungen
Das Zustandekommen dieses Vertrages ist abhängig von einer ärztlichen Unbedenklichkeitsbescheinigung.

c Vertragssprache. Was bedeuten die Begriffe? Kreuzen Sie an.

1. „gesetzliche Arbeitsschutzbestimmungen" (§ 6)
   - [a] Die juristischen Regelungen, die vor gesundheitlicher Gefährdung und zu starker Belastung am Arbeitsplatz schützen.
   - [b] Die Gesetze, die den Erhalt des Arbeitsplatzes sichern.

2. „im Rahmen der betrieblichen Möglichkeiten" (§ 1)
   - [a] Soweit es der Firma möglich ist.
   - [b] Der Betrieb ermöglicht viele Angebote.

3. „krankheitsbedingte Verhinderung" (§ 4)
   - [a] Wenn jemand wegen chronischen Einschränkungen nicht arbeiten kann.
   - [b] Wenn jemand bei Krankheit nicht zur Arbeit erscheint.

4. „in beiderseitigem Einvernehmen" (§ 4)
   - [a] Beide Vertragspartner sind einverstanden.
   - [b] Die Vertragspartner müssen sich erst noch einigen.

2 Fassen Sie die wesentlichen Inhalte des Vertrages mithilfe der Fragen von Frau Sokolová schriftlich zusammen und ergänzen Sie zwei weitere Informationen.

TIPP Fragengeleitetes Lesen
Sammeln Sie vor dem Lesen von komplexen Texten (Verträge, Anleitungen, Fachartikel …) zuerst Fragen, auf die Sie eine Antwort aus dem Text erhalten möchten. Lesen Sie dann den Text vor allem in Hinsicht auf Ihre Fragen und notieren Sie die Antworten.

Multitasking

1 Welche Ausdrücke haben eine ähnliche Bedeutung? Ordnen Sie zu.

1. ____ gelten als
2. ____ bestätigen
3. ____ gelingen
4. ____ verschwenden
5. ____ verursachen
6. ____ verwechseln

a auslösen
b durcheinander bringen
c angesehen werden als
d für richtig erklären
e vergeuden
f schaffen

2 Ergänzen Sie die Zusammenfassung des Artikels aus dem Lehrbuch.

Im Artikel „Schön der Reihe nach statt Multitasking" geht es darum, wie das menschliche (1) _____ mit der gleichzeitigen (2) _____ mehrerer Aufgaben klarkommt. Multitasking gilt als Rezept gegen (3) _____, bewirkt jedoch laut Fachleuten das Gegenteil. Viele Fehler, die später wieder korrigiert werden müssen, entstehen durch die (4) _____. Das Gehirn kann zwar vieles gleichzeitig wahrnehmen, ist aber mit einer sofortigen (5) _____ überfordert. Um sich für eine Handlung entscheiden zu können, benötigt das Gehirn (6) _____, sonst entsteht ein (7) _____. Dem Hirnforscher Ernst Pöppel zufolge bedeutet Multitasking vor allem die (8) _____ wertvoller Ressourcen.

3a Weiterführende Nebensätze. Was passt zusammen? Ordnen Sie zu.

1. ____ Wir haben im Büro viele neue Aufträge bekommen,
2. ____ Für mein Privatleben bleibt mir wenig Zeit,
3. ____ Gestern musste ich noch um 17 Uhr zu einer Präsentation,
4. ____ Es waren ziemlich viele Mitarbeiter gekommen,
5. ____ Im Konferenzraum war es ziemlich laut,
6. ____ Danach habe ich noch mit Kollegen über ein Projekt diskutiert,

a was ich fast vergessen hätte.
b weshalb ich keinen Platz fand und stehen musste.
c weshalb man kaum etwas von der Präsentation verstehen konnte.
d was ich auf Dauer nicht gut finde.
e was bis zum späten Abend gedauert hat.
f weshalb ich ständig Überstunden machen muss.

Modul 3

b   Weiterführende Nebensätze. Formen Sie die Sätze um.

1. Mein Kollege ist immer im Stress. Das kann ich nicht verstehen.
2. Er macht immer mehrere Dinge gleichzeitig. Deshalb arbeitet er oft ungenau.
3. In Meetings schreibt er E-Mails auf seinem Handy. Deswegen ist er oft unaufmerksam.
4. Manchmal vergisst er wichtige Termine. Darüber haben sich auch schon Kunden beschwert.
5. Jetzt will er seine Aufgaben besser organisieren. Darauf bin ich wirklich gespannt.

1. Mein Kollege ist immer im Stress, was ich nicht verstehen kann.

4   Ergänzen Sie *was, wo(r)* + Präposition oder *weshalb/weswegen*.

Meine Kollegen sind wirklich sympathisch, (1) _____ ich mich ja eigentlich freue. Allerdings ist es unmöglich, ohne Unterbrechungen zu arbeiten, (2) _____ ich oft gestresst bin. Kaum habe ich eine Aufgabe angefangen, klopft es an der Bürotür und meine Kollegin will mir etwas erzählen, (3) _____ ich natürlich gleich wieder ablenkt bin. Also fange ich wieder von vorne an. Kurz darauf will der Praktikant wissen, wo er die Lieferscheine ablegen soll, (4) _____ ich ihm auch schon mehr als einmal gesagt habe. Dann trifft sich die Abteilung zur täglichen Besprechung, (5) _____ ich ja eher überflüssig finde. Zweimal pro Woche würde meiner Ansicht nach völlig reichen. Zurück am Schreibtisch versuche ich, mich wieder in meine Arbeit zu vertiefen, (6) _____ ich aber scheitere. Denn jetzt kommt mein Kollege Klaus und will mit mir seine Urlaubspläne besprechen, (7) _____ er doch auch bis zur Mittagspause warten könnte. Am frühen Nachmittag bespreche ich alles Mögliche mit meiner Assistentin, (8) _____ mich wieder viel Zeit kostet. Sitze ich dann wieder am Schreibtisch, telefoniert mein Büronachbar meistens sehr laut, (9) _____ ich mich nicht konzentrieren kann. Wann kann ich endlich mal in Ruhe arbeiten?

5   Formulieren Sie die weiterführenden Nebensätze.

1. Gestern wurde in der Mitarbeiterversammlung über Multitasking und Stress diskutiert,
   was ich sehr interessant fand.
   (sehr interessant finden)

2. Viele Leute denken, dass man durch Multitasking Zeit spart,
   _____
   (ein Trugschluss sein)

3. Das Gehirn kann nicht gleichzeitig wahrnehmen und reagieren,
   _____
   (viele Studien informieren über)

4. Ohne Unterbrechungen könnte man viel effektiver arbeiten,
   _____
   (den meisten nicht bewusst sein)

5. Jetzt soll in der Firma einiges umstrukturiert werden,
   _____
   (sich freuen auf)

123

Soft Skills

1 Wie heißen die Begriffe?

Welche Fähigkeit/Eigenschaft besitzt ein Mensch, der …

1. fantasievoll ist und neue Ideen entwickelt? _Kreativität_
2. fähig ist, andere Personen zu leiten? _____
3. gut in einer Gruppe von Mitarbeitern arbeiten kann? _____
4. auch unter Stress noch gut und effizient arbeitet? _____
5. erreicht, dass etwas gemacht wird, obwohl andere dagegen sind? _____
6. sich schnell auf neue Situationen einstellen kann? _____
7. von sich aus aktiv wird? _____
8. nach den Interessen der Kunden handelt? _____

2a Ergänzen Sie im folgenden Text die fehlenden Informationen. Lesen Sie dazu den Artikel auf der nächsten Seite.

Nach der Uni beginnt für Studenten die Zeit der __(0)__, wozu oft die Teilnahme an Assessment Centern gehört. Der Workshop „Der Albtraum hat einen Namen: Assessment Center" trainiert Studenten unterschiedlicher Fachrichtungen, die sich auf den __(1)__ ins Berufsleben vorbereiten wollen. Die Studenten bekommen unterschiedliche Aufgaben gestellt: So müssen sie beispielsweise in der Gruppe ein Problem diskutieren und eine __(2)__ finden. Leider gibt es keine eindeutige Regel, wie man sich in einem Assessment Center am besten __(3)__, denn dabei kommt es immer auf die angestrebte __(4)__ und die damit verbundenen Anforderungen an. Als nächste Aufgabe sollen die Studenten einen Kurzvortrag im Workshop halten. Zeit zur __(5)__ bleibt nicht viel, dann geht es auch schon an die Präsentation. Doch kurz vorher wird plötzlich das Thema __(6)__ und die Teilnehmer müssen über etwas völlig anderes referieren. Durch den bei den Aufgaben erzeugten Stress wollen die Firmen erfahren, welche __(7)__ die Bewerber besitzen. Unternehmen veranstalten Assessment Center, weil sie am reinen Notendurchschnitt kein __(8)__ mehr haben, sondern mehr über den zukünftigen Mitarbeiter erfahren wollen. Und auch die __(9)__ sollten das Assessment Center eher positiv sehen, bietet es doch den __(10)__, das Unternehmen und seine Erwartungen besser kennenzulernen.

0 _Bewerbungen_
1 _____
2 _____
3 _____
4 _____
5 _____
6 _____
7 _____
8 _____
9 _____
10 _____

124

Der Albtraum hat einen Namen

Raus aus der Uni, rein in die Bewerbungsmühle: Unternehmen rösten interessante Kandidaten gern im Assessment Center. Wer nervenstark und erfahren genug ist, umkurvt auch Stolpersteine.

5 Darum absolvierten Freiburger Studenten ein Training für den Ernstfall Berufsstart.

Jan Berner bietet an diesem Abend mit seinem Kollegen Thomas Woskowiak den Workshop „Der Albtraum hat einen Namen: Assessment Center" an. Es ist
10 eine Art Coaching für den Ernstfall – für den Berufseinstieg.

Im Seminarraum sitzen angehende Biologen, Psychologen, Volkswirte – und ein Physikstudent. Er heißt Tycho Stange. Im Nebenfach studiert er BWL und
15 steht bald vor der Entscheidung: „Arbeite ich in der Wirtschaft oder bleibe ich in der Wissenschaft?"

Im Seminar wird die Wirtschaft erst mal von der Wissenschaft überrumpelt: Berner kündigt den „Brain Teaser" an, ein beliebtes Mittel im Assessment Center.
20 Die Teilnehmer bekommen ein Problem und sollen es vor den Augen der Chefs in fünf Minuten gemeinsam lösen. Die Aufgabe: Wie viel Zeit hat der Weihnachtsmann an Heiligabend pro Kind?

Das Team rauft sich schnell zusammen und schleu-
25 dert Fragen in die Runde: Kommt der Weihnachtsmann nur zu den Kindern, die an ihn glauben? Gehen wir überhaupt vom echten Weihnachtsmann aus? Was ist mit Kindern anderer Ethnien? „Ich glaube", flüstert einer in die Runde, „wir verzetteln uns gerade."

30 „Die Tücken bei einem Assessment Center sind breit gestreut", erklärt Berner. Es gebe keinen einfachen Weg, kein richtiges Verhalten – „wie man sich präsentiert, hängt stark von der Stelle ab, auf die man sich bewirbt". So solle man zum Beispiel bei Gruppenar-
35 beiten zwischen dem Moderator, dem Ideengeber oder dem Koordinator wechseln können. Oder anders: „Sich mal ins Spiel bringen und auch mal zurücknehmen."

Zeit zum Durchatmen bleibt nicht. Physikstudent
40 Stange wird von den Trainern gleich nach der Gruppenarbeit erneut ins kalte Wasser geschubst. Er soll einen Kurzvortrag halten. Zehn Minuten hatte jeder Teilnehmer, um sich auf sein Thema vorzubereiten. Stange schrieb ein Konzept zu „Globalisierung – Segen
45 oder Fluch?"

Als der Vortrag losgeht, tauscht Dozent Berner augenblicklich das geplante Thema aus und verlangt eine Präsentation zum Thema „Sollte der Liter Benzin bald fünf Euro kosten?". Und Stange stammelt los,
50 zuerst mit gequältem Lächeln, dann schnell gefasster.

Aber der Druck hat Methode: Unternehmen überlegen sich sorgfältig, wen sie warum einstellen. Sie wollen bei jedem einzelnen Bewerber zuerst „die Soft Skills rauskitzeln", sagt Berner. Für den Einserschüler
55 interessiere sich schon lange keine Firma mehr. Spannend sei dagegen ein Bewerber, der „neben der Uni jobbt, ehrenamtlich arbeitet und über den Tellerrand schaut." Und das wollen die Personaler erleben.

Wegen solch harscher Auswahlkriterien haftet
60 dem Assessment Center ein negativer Beigeschmack an. Dabei hat diese Form der Bewerbung nach Auffassung von Berner auch für Job-Einsteiger einen entscheidenden Vorteil: Das Unternehmen definiert seine Erwartungen, und der Bewerber erfährt seine Gren-
65 zen. So können sich beide Seiten beschnuppern, bevor sie den Arbeitsvertrag unterschreiben.

b Wie heißen die entsprechenden Nomen? Notieren Sie sie mit Artikel.

1. erfahren _____
2. anbieten _____
3. lösen _____
4. sich bewerben _____
5. vorbereiten _____
6. austauschen _____
7. einstellen _____
8. erleben _____
9. definieren _____
10. unterschreiben _____

Soft Skills — Modul 4

3 Ergänzen Sie die Redemittel für einen Vortrag und ordnen Sie sie in die Tabelle ein.

> Rolle   Vorteil   Thema   Auffassung   Erfahrungen   befasse   Dagegen   wichtig   überzeugt   Beispiel

1. In meinem Land spielt dieses Thema (k)eine wichtige _____.
2. In meinem Vortrag _____ ich mich mit dem Thema …
3. Ich bin fest davon _____, dass …
4. Meine eigenen _____ haben mir gezeigt, …
5. Das _____ meines Vortrags lautet …
6. Bei uns in … ist es besonders _____, …
7. Ein treffendes _____ dafür ist …
8. _____ spricht natürlich …
9. Ich bin der _____, dass …
10. Ein wichtiger _____ dabei ist …

ein Thema einleiten	Beispiele / eigene Erfahrungen nennen	Argumente nennen
2		

Bedeutung des Themas im eigenen Land erklären	die eigene Meinung äußern

Aussprache: kleine Wörter, große Wirkung – Varianten von *ah*, *so*, *ja* und *oh*

1 Hören Sie die Minidialoge. Welche Bedeutungsunterschiede haben Sie gehört? Ordnen Sie zu: *Resignation, Freude, Verstehen, Überraschung*.

1. _____ 2. _____ 3. _____ 4. _____

- ○ Marina hat einen neuen Job.
- ● Ah! Das wurde aber auch Zeit.

- ○ Marina hat einen neuen Job.
- ● Aha! Das wurde aber auch Zeit.

- ○ Marina hat einen neuen Job.
- ● Soso. Jetzt verstehe ich, warum sie nie Zeit hat.

- ○ Marina hat einen neuen Job.
- ● Achso! Jetzt verstehe ich, warum sie nie Zeit hat.

2a Hören Sie Varianten zu *Ah, Jaja* und *Oh*. Welche Aussagen oder Gefühle verstärken sie? Kreuzen Sie an.

1. Ah   A ☐ Schmerz   ☐ Ärger   B ☐ Freude   ☐ Wohlbefinden
2. Jaja A ☐ Zustimmung ☐ Überraschung B ☐ Langeweile ☐ Wut
3. Oh   A ☐ Ärger   ☐ Verwirrung   B ☐ Verwirrung   ☐ Überraschung

b Hören Sie die Varianten aus 2a noch einmal und sprechen Sie sie nach.

Selbsteinschätzung 3

So schätze ich mich nach Kapitel 3 ein: Ich kann …	+	○	−
🔊 … Informationen in einem Radiointerview zum Thema „Bewerbung" verstehen und Fragen dazu beantworten. ▶AB M1, Ü1	☐	☐	☐
… Informationen, Anweisungen und Richtlinien bei einem Studienberatungsgespräch verstehen und Stichworte dazu notieren. ▶M2, A3	☐	☐	☐
… Notizen zu einem Radiointerview über „Soft Skills" machen. ▶M4, A3	☐	☐	☐
📖 … einem Text über Bewerbungen mit „buntem" Lebenslauf Ratschläge entnehmen. ▶M1, A1	☐	☐	☐
… die Hauptinformationen in einem Praktikantenvertrag verstehen. ▶AB M2, Ü1	☐	☐	☐
… einen Text zum Thema „Multitasking" verstehen und zusammenfassen. ▶M3, A2b, c	☐	☐	☐
… Fragen zu Texten über „Soft Skills bei der Bewerbung" bzw. „Assessment Center" formulieren und beantworten. ▶M4, A4	☐	☐	☐
… die wichtigen Informationen in einem Text über ein „Assessment Center" verstehen. ▶AB M4, Ü2a	☐	☐	☐
💬 … Gedanken und Meinungen zum Thema „Lebenslauf" präzise und klar ausdrücken. ▶M1, A1, A2	☐	☐	☐
… über Vor- und Nachteile von Studium und Berufsausbildung sprechen. ▶M2, A1	☐	☐	☐
… über besondere Fähigkeiten im Berufsleben sprechen. ▶M4, A2	☐	☐	☐
… einen kurzen Vortrag zum Thema „flexibler Arbeitsplatz" oder „Sabbatical" halten. ▶M4, A6	☐	☐	☐
✏️ … ein Bewerbungsschreiben als Lehrer/in an einer Sprachschule verfassen. ▶AB M1, Ü5	☐	☐	☐
… Argumente zum Thema „Berufsausbildung oder Studium" abwägen und eine Stellungnahme schreiben. ▶M2, A2c	☐	☐	☐
… die wichtigsten Fakten aus einem Vertrag zusammenfassen. ▶AB M2, Ü2	☐	☐	☐
… Argumente aus verschiedenen Quellen in einem Text aufgreifen und einen Beitrag zum Thema „Soft Skills" schreiben. ▶M4, A5	☐	☐	☐

Das habe ich zusätzlich zum Buch auf Deutsch gemacht (Projekte, Internet, Filme, Lesetexte, …):

Datum: _____

Aktivität: _____

▶ **Grammatik und Wortschatz weiterüben: interaktive Übungen unter www.aspekte.biz/online-uebungen3**

Wortschatz

Modul 1 — Ein bunter Lebenslauf

aufschlussreich	_____	schlüssig	_____
die Auszeit, -en	_____	der Studiengang, -¨e	_____
die Laufbahn, -en	_____	etw. umgehen (umgeht, umging, hat umgangen)	_____
die Mobilität	_____		
plausibel	_____		
revidieren	_____	zielstrebig	_____
der Richtungswechsel, -	_____		

Modul 2 — Probieren geht über Studieren?

der Arbeitsablauf, -¨e	_____	das Studentenleben	_____
die Aufstiegschance, -n	_____	der Titel, -	_____
berufsbegleitend	_____	voraussetzen	_____
die Doppelbelastung	_____	die Zulassungsvoraussetzung, -en	_____
die Promotion, -en	_____		
der Stellenwert	_____		

Modul 3 — Multitasking

beharren auf	_____	der Reiz, -e	_____
berühren	_____	die Ressource, -n	_____
der Beweis, -e	_____	scheitern an	_____
darbieten (bietet dar, bot dar, hat dargeboten)	_____	vermeiden (vermeidet, vermied, hat vermieden)	_____
gelangen zu	_____	verschwenden	_____
haufenweise	_____	versetzt	_____
die Kapazität, -en	_____	verwechseln	_____
klarkommen mit (kommt klar, kam klar, ist klargekommen)	_____	sich verzögern	_____
		zuständig sein für	_____

128

▶ **Wortschatz** 3

Modul 4 **Soft Skills**

auflisten	_____	herausfiltern	_____
beinhalten	_____	lehrreich	_____
das Durchsetzungs-vermögen	_____	die Priorität, -en	_____
das Einfühlungsvermögen	_____	die Schlüsselqualifi-kation, -en	_____
erstellen	_____	umgehen mit (geht um, ging um, ist umgegangen)	_____
floskelhaft	_____		
fortan	_____		
die Führungskompetenz	_____	die Zielstrebigkeit	_____

Wichtige Wortverbindungen

vieles auf einmal tun (tut, tat, hat getan) _____

einen Fehler ausbügeln _____

bei etw. ist Vorsicht geboten _____

einer Illusion erliegen (erliegt, erlag, ist erlegen) _____

etw. nicht gewachsen sein _____

sich auf dem Laufenden halten (hält, hielt, hat gehalten) _____

der Reihe nach _____

Verhandlungen führen mit _____

neuen Wind in etw. bringen (bringt, brachte, hat gebracht) _____

sich einen Überblick verschaffen über _____

Zeit verplempern _____

Wörter, die für mich wichtig sind:

_____ _____ _____ _____
_____ _____ _____ _____
_____ _____ _____ _____

129

Wirtschaftsgipfel

Diese Übungen bereiten Sie auf das Kapitel vor.

1 Welche Wörter fallen Ihnen zum Thema „Wirtschaft" ein? Welche möchten Sie wissen? Benutzen Sie ein Wörterbuch und notieren Sie möglichst viele Wörter.

Banken

2 Wie heißen die Wörter?

1. Das **aailtpK** ist Geld und andere Werte, die z. B. eine Firma besitzt. _____
2. Die **öserB** ist der Ort, an dem Aktien gehandelt werden. _____
3. Ein **inkroätA** ist jemand, der Wertpapiere eines Unternehmens besitzt, das an _____
   der Börse geführt wird.
4. Der **nikusArtke** zeigt die steigenden und fallenden Werte von Aktien an. _____
5. Unter **ianznneF** versteht man das Geld einer Firma, v. a. die Einnahmen _____
   und Ausgaben.

3 Ergänzen Sie die beiden Dialoge.

| Geschäftsmodell | Wechselkurs | Kredit | Umsatz | Währung |

○ Hab' ich dir schon erzählt, dass ich beruflich nach Brasilien fliege? Du warst doch letztes Jahr schon mal da. Was haben die eigentlich für eine (1) _____?

● Reais.

○ Wie viel Reais bekommt man ungefähr für einen Euro?

● Keine Ahnung, sowas ändert sich doch täglich. Sieh doch einfach den
   (2) _____ im Internet nach.

○ Weißt du's schon? Andrea will sich selbstständig machen! Sie möchte ein kleines Café eröffnen.

● Ehrlich? Ihre Kuchen sind ja wirklich sehr lecker, aber meinst du, dass sie damit genug
   (3) _____ machen kann?

○ Na, sie ist jedenfalls ganz überzeugt von ihrem (4) _____ und hat mir alles
   sehr ausführlich erklärt. Jetzt muss sie nur noch einen guten (5) _____ von
   der Bank bekommen, dann will sie loslegen.

4 Ordnen Sie die Synonyme zu.

1. ____ die Ökonomie
2. ____ die Inflation
3. ____ die Stagnation
4. ____ die Aktie
5. ____ die Kapazität
6. ____ die Bonität
7. ____ die Devisen (Pl.)
8. ____ die Lizenz

a das Wertpapier
b die Kreditwürdigkeit
c Zahlungsmittel in ausländischer Währung
d der Wertverlust
e die Leistungsfähigkeit
f die Erlaubnis
g die Wirtschaft
h der Stillstand

Vom Kohlenpott ...

1 Kombinieren Sie und notieren Sie die Nomen mit Artikel. Kontrollieren Sie mit dem Wörterbuch.

Kaufmann	Auto	Führung	Anlage	Konsumgüter	Beratung
Abgase	-UNTERNEHMEN(S)-	Zweig	-INDUSTRIE-	Stahl	Stadt
Wirtschaft(s)	Leitung	Spielwaren	Gründung	Metall	Ziele
	Arbeiter	Handel(s)	Kauffrau		

der Industriekaufmann, ...

2 Vergangenheit. Ergänzen Sie die Verben in der angegebenen Zeitform.

Die Entdeckung der Kohle

Zu einer Zeit, als die Menschen nur (1) _____, dass man mit Holz — wissen (Prät.)
Feuer und Wärme erzeugen kann, (2) _____ ein Hirtenjunge an — hüten (Prät.)
einem kühlen Herbsttag seine Schafe dort, wo die Berge an die Ufer der Ruhr
stoßen. Als er hungrig (3) _____, (4) _____ er — werden (Prät.)
ein paar Fische und entzündete ein kleines Holzfeuerchen, um sie zu braten und — fangen (Prät.)
um ein wenig Wärme für die Nacht zu haben. Am nächsten Morgen
(5) _____ das Feuer nicht mehr. Als der Hirtenjunge in — brennen (Prät.)
die Asche greifen wollte, (6) _____ er, denn er — erschrecken (Prät.)
(7) _____ sofort _____, dass die Steine, — bemerken (Plusq.)
auf denen er am vergangenen Abend das Feuer entzündet hatte, heiß und
rotglühend (8) _____ _____. Der Junge — werden (Plusq.)
(9) _____ so etwas niemals zuvor _____ und — sehen (Plusq.)
(10) _____ verstört nach Hause zu seinen Eltern, denen er sein — laufen (Prät.)
Abenteuer (11) _____. Auch Vater und Mutter konnten sich den — erzählen (Prät.)
Spuk nicht erklären und (12) _____, dass es sich um ein Werk — glauben (Prät.)
des Teufels handeln müsse. Sie (13) _____ ihrem Sohn, jemals — verbieten (Prät.)
von seinem Erlebnis zu sprechen. Fortan weidete dieser seine Schafe woanders,
doch diese unheimliche Begebenheit (14) _____ er niemals — vergessen können
_____. — (Prät.)

3 Bilden Sie Nomen und Verben. Schreiben Sie die Nomen mit Artikel.

1. sich entwickeln _____ 6. der Wiederaufbau _____
2. entstehen _____ 7. der Beginn _____
3. aufbauen _____ 8. das Ende _____
4. errichten _____ 9. die Bildung _____
5. sich entfalten _____ 10. die Fortsetzung _____

4 Ergänzen Sie einen passenden Konnektor. Manchmal gibt es mehrere Möglichkeiten.

| als | bevor | bis | nachdem | seitdem | während |

Das Rhein-Main-Gebiet – Strukturwandel einer Wirtschaftsregion

Das Rhein-Main-Gebiet gehört heute zu den wichtigsten Wirtschaftsgebieten in Deutschland. Die Entwicklung als Industriegebiet begann im 19. Jahrhundert zu einer Zeit, (1) _____ viele technische
5 Erfindungen entwickelt wurden, z. B. der Benzinmotor. (2) _____ dann die ersten Werkzeugmaschinen in die Werkhallen einzogen, vergingen nur wenige Jahre. (3) _____ man die ersten Maschinen aufgebaut hatte, stieg die Produktion rasch
10 an. Dabei spielte bereits damals die zentrale und verkehrsgünstige Lage des Rhein-Main-Gebietes innerhalb von Deutschland und Europa eine entscheidende Rolle. (4) _____ sich der Maschinenbau sehr schnell entwickelte, erlebte auch der Kraftfahrzeugbau
15 (z. B. bei der Adam Opel AG in Rüsselsheim) einen enormen Aufschwung. (5) _____ diese Branchen den wirtschaftlichen Aufschwung förderten, floss gleichzeitig immer mehr Kapital in die Entwicklung neuer Branchen: in die Elektrotechnik, in das Baugewerbe und in die chemische Industrie (z. B. in die Hoechst AG in Frankfurt am Main). (6) _____ die industrielle Produktion in den 80er-Jahren des 20. Jahrhunderts aufgrund des Überangebotes und der starken internationalen Konkurrenz einen Einbruch er-
20 litt, führte das zu einer Wirtschaftskrise in vielen Branchen. (7) _____ einige große Firmen ihre Hauptsitze vom Rhein-Main-Gebiet wegverlegt hatten, stieg die Zahl der Arbeitslosen auf dem Arbeitsmarkt rasch an. Das zwang die Menschen zum Umdenken. Ein tiefer Strukturwandel ergriff das Rhein-Main-Gebiet, der sich vor allem in der zunehmenden Bedeutung des Dienstleistungssektors zeigte. Mit der Globalisierung entwickelte sich das Rhein-Main-Gebiet zu einem wichtigen Zentrum des internationalen Handels- und Banken-
25 sektors mit Frankfurt am Main als Hauptsitz. (8) _____ sich die Wirtschaft im Rhein-Main-Gebiet wieder erholen konnte, dauerte es eine Weile. Heute bieten Firmen im Transport-, Banken- und Versicherungswesen, aber auch in der Chemie- und Pharmaindustrie sowie im Maschinenbau viele Arbeitsplätze.

Vom Kohlenpott ...

Modul 1

5 Verbinden Sie die Sätze, indem Sie sie verbalisieren oder nominalisieren.

1. Der technische Fortschritt entwickelte sich im 19. Jahrhundert rasant. <u>Danach</u> konnten die Betriebe ihre Produktion steigern.
2. Neue Maschinen erleichterten die Arbeit. <u>Vorher</u> mussten die Arbeiter vieles mühevoll mit der Hand machen.
3. Immer neuere Maschinen wurden in der Produktion eingesetzt. <u>Dabei</u> entwickelten sich auch neue Wirtschaftszweige.
4. Die Produktion stieg immer stärker an und die Konkurrenz wurde größer. <u>Danach</u> wurden die Produkte immer billiger.
5. Große Firmen wanderten ab. <u>Danach</u> stiegen die Arbeitslosenzahlen schnell.
6. Der Dienstleistungssektor nahm zu. <u>Seitdem</u> nahmen die Arbeitslosenzahlen wieder ab.

1. <u>Nachdem</u> der Fortschritt sich im 19. Jahrhundert rasant entwickelt hatte, konnten die Betriebe ihre Produktion steigern. / <u>Nach</u> der rasanten Entwicklung des technischen Fortschritts im 19. Jahrhundert konnten die Betriebe ihre Produktion steigern.

6a Ergänzen Sie die Tabelle.

Nominalform	Verbalform
1.	Nachdem er die Ausbildung beendet hatte, ...
2. Vor dem Essen ...	
3.	Als er versuchte, ...
4. Bis zur Ankunft des Zuges ...	
5.	Bevor es regnete, ...
6. Während ihrer Arbeit ...	
7.	Bevor er das Praktikum begann, ...
8. Beim Eintritt in die Firma ...	
9.	Nachdem sie das Studium abgeschlossen hatte, ...
10. Bis zum Erreichen des Rentenalters ...	
11.	Seitdem er aus dem Krankenhaus entlassen ist, ...

b Wählen Sie je drei Satzanfänge aus 6a und schreiben Sie Sätze.

Mit gutem Gewissen?

Modul 2 — **4**

1a Lesen Sie die Fragen und notieren Sie die Antworten aus dem Text.

1. Wodurch wird unser Handeln gesteuert?
2. Welche Faktoren beeinflussen die Entwicklung des Gewissens?
3. Was sind und wie entstehen „Gewissensbisse"?
4. Wann spielt die Hemmschwelle eine Rolle?

Das Gewissen (lateinisch *conscientia*, wörtlich „Mit-Wissen") wird im Allgemeinen als eine spezielle Instanz im menschlichen Bewusstsein beschrieben, die einem Menschen sagt, wie er sein eigenes Handeln beurteilen soll. Es drängt den Menschen, aus ethischen bzw. moralischen Gründen etwas zu tun oder es eben nicht zu tun. Es ist ein Phänomen, das von Gefühlen, Willen und Vernunft gesteuert wird und darüber entscheidet, was wir als Gut und Böse, Recht und Unrecht empfinden. Das Gewissen – oder die innere Stimme – bestimmt also unser Handeln und beeinflusst Entscheidungen. Diese Entscheidungen können als unausweichlich empfunden werden oder mehr oder weniger bewusst, also im Wissen um ihre Voraussetzungen und denkbaren Folgen, getroffen werden. Dies ist die Grundlage für verantwortungsbewusstes Handeln, das ohne Gewissen nicht möglich wäre.

Das Gewissen als solches ist den Menschen angeboren, aber seine genaue Ausprägung und die Interpretation von „Gut" und „Böse", „Recht" und „Unrecht" steht nicht von Geburt an fest, sondern entwickelt sich individuell. Diese Entwicklung ist von vielen Faktoren abhängig: Erziehung, Erfahrung, gesellschaftlichen Konventionen oder Normen, Glauben und Erkenntnis.

Das einzelne Gewissen äußert sich als gutes oder schlechtes Gefühl, das durch die Einschätzung, Beurteilung oder Bewertung eigenen Tuns nach dem Maßstab einer Moral hervorgerufen wird. So fühlt man sich meistens gut und hat ein „reines Gewissen", wenn man nach seinem Gewissen handelt. Hingegen hat man „Gewissensbisse" und fühlt sich schlecht, wenn man gegen sein Gewissen handelt.

Gewissensnot entsteht, wenn eine Entscheidung zwischen zwei sich widersprechenden Handlungen getroffen werden muss, wobei gleichzeitig beide Handlungen vom Gewissen gefordert werden. Oft bestimmt in so einem Fall die „Hemmschwelle", welche Handlung ausgeführt wird. Die Hemmschwelle bremst den schwächeren Handlungsimpuls, sodass der stärkere umgesetzt werden kann. In existentiellen Situationen sind angeborene Impulse meist handlungsentscheidend. So ist z. B. in einer Notsituation panische Angst oft verantwortlich für eine Fluchtreaktion, die der gewissensgesteuerten Überzeugung, z. B. anderen zu helfen, widerspricht.

b Welche Wörter aus dem Text stimmen mit den folgenden Wörtern und Umschreibungen überein? Schreiben Sie die passenden Wörter aus dem Text daneben.

1. Motiv _____
2. nicht zu verhindern _____
3. ausbilden _____
4. sich zeigen _____
5. lebenswichtig _____

2a Sehen Sie sich die Bilder an. Arbeiten Sie zu zweit. Jede/r wählt eine Situation und scheibt eine E-Mail an den Experten.

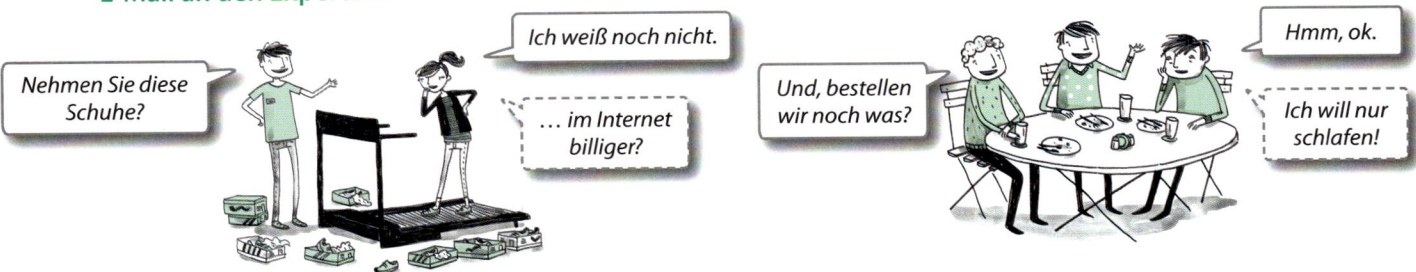

Nehmen Sie diese Schuhe?

Ich weiß noch nicht.

… im Internet billiger?

Und, bestellen wir noch was?

Hmm, ok.

Ich will nur schlafen!

b Antworten Sie auf die Gewissenfrage Ihres Partners / Ihrer Partnerin.

Die Welt ist ein Dorf

1 Auswirkungen der Globalisierung. Ergänzen Sie jeweils das passende Verb.

| durchsetzen | ~~erbringen~~ | verlagern | steigern | beziehen | bestehen | aussuchen | profitieren |

1. eine Dienstleistung _erbringen_
2. Produkte günstig aus dem Ausland _____
3. den Umsatz _____
4. sich gegen die Konkurrenz _____
5. seine Produktion ins Ausland _____
6. von Steuervorteilen _____
7. sich die beste Qualität _____
8. im weltweiten Wettbewerb _____

2 Pro oder contra Globalisierung? Welche Aussagen befürworten Globalisierung, welche lehnen sie ab?

pro / contra

1. Die Firmen kommen in den Ländern, in denen sie produzieren, schon aus eigenem Interesse ihrer sozialen Verantwortung nach. ☐ ☐
2. Weil Unternehmen Profit machen müssen, beuten sie die Menschen aus und verstoßen gegen Menschenrechte. ☐ ☐
3. Auf Kosten des Umweltschutzes versuchen Konzerne, in manchen Ländern ein Vermögen zu machen. ☐ ☐
4. Wenn große Unternehmen in den billigeren Ländern produzieren, geben sie der Wirtschaft vor Ort wichtige Impulse. ☐ ☐
5. Durch den Import neuer Technologien, die für die Produktion benötigt werden, steigt die Wettbewerbsfähigkeit der produzierenden Länder. ☐ ☐
6. Dank der Globalisierung können Firmen Verträge viel schneller abschließen. ☐ ☐

3 Ergänzen Sie die Sätze in der Verbalform.

| ~~durch den weltweiten Nachrichtenaustausch~~   durch das Sinken der Transportkosten
durch die Nutzung von Skype, E-Mails und Videokonferenzen   durch die Präsenz vieler Firmen im Internet
durch die Verlagerung der Produktion großer Firmen ins Ausland |

1. Globalisierung wird _dadurch_ ermöglicht, _dass Nachrichten weltweit ausgetauscht werden._
2. Die weltweite Kommunikation verbessert sich enorm, _____
   _____ (indem).
3. Die Zahl der Arbeitslosen im Inland kann steigen, _____
   _____ (indem).
4. Heute kann man Produkte bei Firmen in anderen Ländern _____ bestellen, _____
   _____. (dadurch, dass)
5. Viele Produkte werden _____ billiger, _____
   _____. (dadurch, dass)

136

Modul 3 **4**

4 Welche Gefahren sehen Globalisierungsgegner? Bilden Sie die Nominalform mit der Präposition *durch*.

1. Firmen wandern in andere Länder ab. → Arbeitsplätze fallen weg.
2. Investoren aus dem Ausland kaufen Firmen. → Arbeitsplätze werden häufig abgebaut.
3. Firmen im Inland schließen. → Die Arbeitslosigkeit nimmt in den nächsten Jahren zu.
4. Die Arbeitslosigkeit nimmt in den nächsten Jahren zu. → Die Sozialausgaben des Staates erhöhen sich enorm.
5. Die Sozialausgaben des Staates erhöhen sich enorm. → Die Steuern steigen.
6. Die Steuern steigen. → Die Leute werden unzufriedener.

1. Durch die Abwanderung der Firmen in andere Länder fallen Arbeitsplätze weg.

5 Vorteile und Nachteile der Globalisierung. Bilden Sie die Nominal- oder Verbalform.

Für mich ist Globalisierung ein Vorteil …

1. … wegen der unbegrenzten Reisemöglichkeiten.
   …, weil man unbegrenzt reisen kann.

2. …, weil sich die eigenen Berufsmöglichkeiten verbessern.

3. … wegen der weltweiten Kontaktaufnahme mit anderen Firmen.

Für mich ist Globalisierung ein Nachteil …

4. …, weil die Umwelt verschmutzt wird.

5. … wegen der Abwanderung vieler Firmen in Billiglohnländer.

6. …, weil grundlegende Arbeitsrechte missachtet werden.

6 Bilden Sie Kausalsätze. Unterstreichen Sie zuerst das Partizip.

1. Viele Firmen werden wegen der ihnen <u>fehlenden</u> sozialen Verantwortung kritisiert.
2. Kleinere Firmen gehen oft wegen ständig fallender Preise pleite.
3. Wegen steigender Produktionskosten geraten manche Firmen in Schwierigkeiten.
4. Wegen der immer größer werdenden Konkurrenz versuchen die Firmen immer billiger zu produzieren.
5. Wegen der schnell alternden Gesellschaft fehlen Arbeitskräfte.

TIPP Tritt in der Nominalform ein Partizip auf, bildet man vom Partizip das Verb für die Verbalform (Nebensatz).

1. Viele Firmen werden kritisiert, weil ihnen die soziale Verantwortung <u>fehlt</u>.

Wer soll das bezahlen?

1 Rund ums Geld. Ordnen Sie die passenden Antworten zu.

> A Das habt ihr aber viel zu günstig verscherbelt.
> B Sie nimmt immer alles für bare Münze.
> C Der steht bei mir noch mit 150,- Euro in der Kreide.
> D Die haben das ganze Geld auf den Kopf gehauen?
> E Wir haben ihn auf Pump gekauft.

1. ○ Toni tut mir echt leid. Er hat wirklich nicht viel Geld. Er wollte sich von mir sogar 50,- Euro leihen.
   ● Ach ja? Überleg dir das gut. ____
2. ○ Wow, so ein toller Fernseher! Na, ihr müsst ja Kohle haben!
   ● Na ja, das war ein super Finanzierungsangebot … ____
3. ○ Was? Sie hat dir die Geschichte mit dem Unfall wirklich geglaubt?
   ● Ja, sie ist so gutgläubig. ____
4. ○ Ach, ihr habt euren schönen alten BMW verkauft? Wie viel habt ihr denn dafür bekommen?
   ● 3000,- Euro.
   ○ Was? Nur 3000,- Euro für das schöne Auto? ____
5. ○ Sag mal, was haben die Hubers eigentlich mit dem Geld gemacht, das sie im Lotto gewonnen haben?
   ● Ich weiß es nicht so genau, aber ich glaube, es ist alles weg.
   ○ Ehrlich? ____

2 Ergänzen Sie das passende Verb.

| erhalten | ausgeben | angegeben | gestartet | umsetzen | begrenzen | erreiche |

1. Ich habe vor einer Woche eine Crowdfunding-Aktion _____
2. Wer das Projekt finanziert, wird Sachleistungen _____
3. Ich habe natürlich eine Mindestkapitalmenge _____
4. Und ich musste die Aktion zeitlich _____
5. Ich bin optimistisch, dass ich die Mindestsumme _____
6. Natürlich werde ich die Gelder nur zweckgebunden _____
7. Hoffentlich kann ich meine Geschäftsidee bald _____

3a Hören Sie das Gespräch und notieren Sie Antworten zu den Fragen.

1. Was haben die beiden Personen gemeinsam?
   _____
2. Welche Geschäftsidee hat Aylin?
   _____
3. Welche Idee von Sebastian konnte vorerst nicht realisiert werden?
   _____

Modul 4

b Hören Sie noch einmal und ergänzen Sie die Aussagen.

1. Am Tag zuvor hat die Crowdfunding-Aktion von Aylin _____
   _____

2. Die Aktion von Aylin läuft zum Zeitpunkt des Gesprächs noch _____

3. Aylin will sehr bald Folgendes erledigen: _____
   _____
   _____

4. Sebastians Crowdfunding-Aktion ist gescheitert, weil _____
   _____

5. Inzwischen hat Sebastian _____
   _____

6. Aylin macht Sebastian einen Vorschlag: _____
   _____

4 Ergänzen Sie die Tipps zum Verhalten bei einem Bankgespräch.

| aufmerksam   Bedenken   Begeisterung   beschäftigen   gelassen   Besondere |
| Informationen   Not   präziser   Risiko   Sprüche   unangenehme |

Zeigen Sie (1) _____ **für Ihre Geschäftsidee.**

Kreditberater wissen: Nur, wer sich selbstständig machen will und nicht aus der (2) _____ heraus eine Firma gründet, hält die oft harte Anfangsphase durch.

Hören Sie „aktiv" zu.

Zeigen Sie Ihrem Gegenüber, dass Sie (3) _____ zuhören. Suchen Sie Blickkontakt und (4) _____ Sie sich nicht mit anderen Dingen, während er oder sie spricht.

Beschreiben Sie die Alleinstellungsmerkmale Ihrer Geschäftsidee.

Sagen Sie so genau wie möglich, was das (5) _____ an Ihrer Geschäftsidee ist.

Je (6) _____ Sie Ihr Produkt beschreiben, desto besser kann es sich Ihr Gegenüber vorstellen.

Gehen Sie auf die (7) _____ **des Kreditgebers ein.**

Zeigen Sie in der Beratung, dass Sie alle Fragen ernst nehmen. Klopfen Sie keine (8) _____ wie „Ach, das kriege ich schon hin." oder „Das (9) _____ wird doch eh meist überschätzt."

Bleiben Sie (10) _____ .

Auch wenn man Ihnen (11) _____ Fragen stellt: Ihr Gegenüber will Sie nicht beleidigen, sondern (12) _____ bei Ihnen einholen.

139

Wer soll das bezahlen?

Modul 4

5 Unterstreichen Sie das passende Wort.

Ich möchte schon seit einiger Zeit (1) *eine Geschäftsidee / meine Selbstständigkeit / ein Lokal* eröffnen, aber das ist nicht so einfach. Letzte Woche war ich bei einem (2) *Kapitalberater/Auftraggeber/Firmengründer* und habe ihm meine (3) *Berufserfahrung/Geschäftsidee/Finanzsituation* vorgestellt. Ich habe ihm die (4) *Wirkung/Kriterien/Alleinstellungsmerkmale* meiner Idee genau beschrieben, um ihm zu zeigen, wie ich mich von der (5) *Konkurrenz/Analyse/Nachfrage* abgrenzen will. Er fand sehr gut, dass ich die (6) *Geschäfte/Arbeit/Marktsituation* genau untersucht hatte, und er sagte auch, meine (7) *Meinung/Restaurantidee/Kreditvorstellung* sei recht Erfolg versprechend. Er wollte dann noch wissen, welche Gedanken ich mir zur (8) *Vermietung/Vermarktung/Verwertung* meiner Idee gemacht habe. Zum Schluss erklärte er mir noch verschiedene (9) *Kreditbedingungen/Kaufangebote/Geschäftsideen* wie z. B. (10) *Laufzeit/Arbeitszeit/Auszeit*, Zinssatz und Tilgungsmöglichkeiten. Nun ja, mal sehen! Ich weiß jetzt mehr, aber ob ich es wirklich wagen soll, weiß ich noch nicht …

Aussprache: Links- und Rechtsherausstellung

1a Beim Sprechen können manche Informationen eine besondere Position im Satz bekommen. Hören Sie die Beispiele A–C. Sprechen Sie zu zweit: Wozu werden die Informationen ganz nach links oder rechts gestellt?

	normale Position	links	rechts
A	Ich verhandle nur mit Herrn Schmidt.	<u>Herr Schmidt</u>, ich verhandle nur mit *ihm*.	Ich verhandle nur mit *ihm*, dem <u>Herrn Schmidt</u>.
B	Das Betriebsfest hat uns gut gefallen.	<u>Das Betriebsfest</u>, *das* hat uns gut gefallen.	*Das* hat uns gut gefallen, <u>das Betriebsfest</u>.
C	Der Chef könnte um 11 Uhr da sein.	<u>Um 11 Uhr</u>, *dann* könnte der Chef da sein.	Der Chef könnte *dann* da sein, <u>um 11 Uhr</u>.

b Links oder rechts? Ordnen Sie die Funktionen zu.

1. Etwas wird noch einmal präzise genannt. _____
2. Etwas soll besonders betont werden. _____
3. Missverständnisse sollen vermieden werden. _____
4. Der Hörer soll gleich wissen, was das Thema ist. _____

c Hören Sie noch einmal und sprechen Sie mit.

2a Wählen Sie zwei Sätze aus und stellen Sie eine Information nach links und nach rechts. Sprechen Sie die Aussagen dann laut.

1. Mir gefällt Ihre Geschäftsidee sehr gut.
2. Ich möchte um 16 Uhr Feierabend machen.
3. Jede Firma muss ein Risiko tragen.
4. Die Finanzierung ist seit gestern gesichert.

Ihre Geschäftsidee, die gefällt …

b Arbeiten Sie zu zweit und schreiben Sie Mini-Dialoge zu Ihren Sätzen aus 2a. Spielen Sie die Dialoge in Gruppen vor.

Selbsteinschätzung — 4

So schätze ich mich nach Kapitel 4 ein: Ich kann …	+	O	−
… einen Vortrag über die Entwicklung des Ruhrgebiets verstehen, in dem Zusammenhänge erläutert werden. ▶M1, A2	☐	☐	☐
… einen Vortrag über das Verhalten bei Bankgesprächen ohne größere Mühe verstehen. ▶M4, A4	☐	☐	☐
… ein Gespräch über eine gelungene Crowdfunding-Aktion und über Gründe für das Scheitern einer anderen Aktion verstehen. ▶AB M4, Ü3	☐	☐	☐
… Antworten auf Gewissensfragen verstehen, in denen Zusammenhänge, Meinungen und Standpunkte erörtert werden. ▶M2, A2	☐	☐	☐
… Argumente in Blogeinträgen zum Thema „Globalisierung" verstehen. ▶M3, A2	☐	☐	☐
… einen Text über Crowdfunding zusammenfassen. ▶M4, A2b	☐	☐	☐
… eine Projektbeschreibung auf einer Crowdfunding-Plattform verstehen und Fragen dazu beantworten. ▶M4, A3a, b	☐	☐	☐
… eine Präsentation über eine Region, die sich stark verändert hat, halten. ▶M1, A4	☐	☐	☐
… Argumente für/gegen Globalisierung vergleichen und bewerten sowie Beispiele nennen. ▶M3, A2b, A4	☐	☐	☐
… das Prinzip von Crowdfunding detailliert erklären. ▶M4, A2c	☐	☐	☐
… komplexe Informationen bezüglich einer Geschäftsidee verstehen und kommentieren. ▶M4, A3c	☐	☐	☐
… eine Geschäftsidee z. B. in einem Bankgespräch gut strukturiert und klar vortragen. ▶M4, A5b	☐	☐	☐
… während eines Vortrags über den Strukturwandel einer Region so detaillierte Notizen machen, dass diese auch für andere nützlich sind. ▶M1, A2c–e	☐	☐	☐
… meine Meinung zu einer Gewissensfrage darstellen, dabei die Hauptgedanken hervorheben und meine Argumentation durch Beispiele verdeutlichen. ▶M2, A3	☐	☐	☐
… eine E-Mail zu einer Gewissensfrage an einen Experten formulieren und auf eine Gewissensfrage antworten. ▶AB M2, Ü2	☐	☐	☐
… eine Projektbeschreibung für eine Crowdfunding-Aktion erstellen. ▶M4, A3c	☐	☐	☐

Das habe ich zusätzlich zum Buch auf Deutsch gemacht (Projekte, Internet, Filme, Lesetexte, …):

Datum: _____

Aktivität: _____

Grammatik und Wortschatz weiterüben: interaktive Übungen unter www.aspekte.biz/online-uebungen3

Wortschatz

Modul 1 — Vom Kohlenpott …

der Abschwung	_____	die Quelle, -n _____
der Aufschwung	_____	der Standort, -e _____
die Ausdehnung, -en	_____	die Verkehrsanbindung, -en _____
das Ballungsgebiet, -e	_____	
der Dienstleistungssektor, -en	_____	das Wirtschaftswunder, - _____
		der Wirtschaftszweig, -e _____
die Einwohnerzahl, -en	_____	der Umschwung, -¨e _____
die Legende, -n	_____	der Wandel, - _____

Modul 2 — Mit gutem Gewissen?

der Ballast	_____	moralisch _____
bedenklich	_____	der Sachverhalt, -e _____
sich entpuppen als	_____	überführen _____
die Fälligkeit, -en	_____	die Verjährung _____
die Fehlkalkulation, -en	_____	die Verpflichtung, -en _____
insgeheim	_____	die Zahlungsunfähigkeit _____
die Insolvenz, -en	_____	

Modul 3 — Die Welt ist ein Dorf

angewiesen sein auf	_____	der Rohstoff, -e _____
sich ansiedeln	_____	die Schattenseite, -n _____
die Globalisierung	_____	der Steuervorteil, -e _____
die Güter (Pl.)	_____	der Strukturwandel, - _____
die Liberalisierung	_____	die Transparenz _____
die Lohnkosten (Pl.)	_____	die Verlegung, -en _____
der Preisdruck	_____	der Welthandel _____
die Produktionsstätte, -n	_____	der Wettbewerbsdruck _____
die Rationalisierungsmaßnahme, -n	_____	

▶ Wortschatz 4

Modul 4 — Wer soll das bezahlen?

das Alleinstellungsmerkmal, -e	_____	die Gewinnbeteiligung, -en	_____
das Finanzierungsinstitut, -e	_____	der Kapitalgeber, -	_____
die Firmengründung, -en	_____	die Marktsituation, -en	_____
die Fremdfinanzierung, -en	_____	die Mindestkapitalmenge, -n	_____
das Fremdkapital	_____	vorfinanzieren	_____
die Geschäftsidee, -n	_____	zweckgebunden	_____

Wichtige Wortverbindungen

seine Ansprüche durchsetzen _____

die Ballung von Zufällen _____

den Blick verstellen _____

Fristen setzen _____

Gewinn erwirtschaften _____

etw. juristisch regeln _____

den Kern treffen (trifft, traf, hat getroffen) _____

etw. loswerden wollen _____

sich selbstständig machen _____

eine Traube von Menschen _____

ein lang gehegter Traum _____

etw. unerwähnt lassen (lässt, ließ, hat gelassen) _____

seiner Verantwortung nachkommen (kommt nach, kam nach, ist nachgekommen) _____

in ein Vorhaben investieren _____

Wörter, die für mich wichtig sind:

_____ _____ _____ _____

_____ _____ _____ _____

_____ _____ _____ _____

_____ _____ _____ _____

Ziele

Diese Übungen bereiten Sie auf das Kapitel vor.

1a Ordnen Sie die Wörter und Ausdrücke den drei Gruppen zu.

sich etw. vornehmen	büffeln	etw. verwirklichen	sich einen Wunsch erfüllen

sich etw. einprägen   die Weichen stellen für
pauken   einen Vorsatz fassen   etw. in die Tat umsetzen   etw. im Voraus festlegen
sich entschließen zu   etw. zustande bringen   etw. wahr machen   Kenntnisse erwerben in
Ernst machen mit   etw. durchziehen   einen Entschluss fassen   sich etw. aneignen

Wissen erweitern	etwas planen	etwas realisieren

b Ergänzen Sie die Ausdrücke aus 1a in der richtigen Form. Es gibt mehrere Möglichkeiten.

1. Ich will meinen Plan, einen neuen Job zu suchen, jetzt endlich _____.
2. Mit dieser Entscheidung hat er _____ für sein späteres Leben _____.
3. In diesem Kurs _____ Sie _____ in HTML.
4. Für das neue Lebensjahr habe ich mir _____, mehr Sport zu machen.
5. Ich schreibe morgen eine Klausur. Ich kann nicht mit ins Kino kommen, ich muss _____.
6. Mit dieser Reise _____ ich mir einen lang ersehnten _____.
7. Wenn man sich neue Wörter _____ möchte, sollte man sie regelmäßig wiederholen.
8. Sie hat sich dazu _____, nach Hamburg zu ziehen.

c Wählen Sie zwei Ausdrücke, die neu für Sie waren. Schreiben Sie dazu je einen Satz.

Ich nehme mir vor, eine berufliche Weiterbildung zu machen.

5

2 Wie heißen die Nomen? Schreiben Sie sie mit bestimmtem Artikel. Der erste und letzte Buchstabe ist korrekt.

1. Ashibct — *die Absicht*
2. Vostraz — _____
3. Eigherz — _____
4. Paln — _____
5. Ehnusstlcs — _____
6. Mitviaootn — _____
7. Zinzleuestg — _____
8. Itenitnon — _____
9. Vbhorean — _____
10. Wlile — _____

3 Lesen Sie drei Blogeinträge zum Thema „Was sind eure Ziele im Leben?" und ergänzen Sie die fehlenden Buchstaben.

Yaliya93 — 6.10. / 13:24 Uhr

Ich bin jetzt 22 und will näch____ ____ ____ ____ Jahr im Juni mein Stu____ ____ ____ ____ beenden. Da____ ____ ____ ____ werde ich einen J____ ____ suchen. Wo, das weiß ich noch nicht. Ich bin da eher fle____ ____ ____ ____. Ich glaube, das muss man auch sein. Mit den Spr____ ____ ____ ____ ____, die ich gelernt habe (Eng____ ____ ____ ____, Spanisch und ein wenig Portugiesisch) könnte ich auch im Aus____ ____ ____ ____ arbeiten. Aber was ich sicher weiß, ist, dass ich gern Erf____ ____ ____ ____ ____ in meinem Be____ ____ ____ sammeln und mir ein wenig Luxus lei____ ____ ____ ____ können möchte.

WellingHH — 6.10. / 12:35 Uhr

Zu meinen Zi____ ____ ____ ____ gehört definitiv, ein Haus zu ba____ ____ ____ und Kinder zu bek____ ____ ____ ____ ____. Das war es aber eige____ ____ ____ ____ ____ auch schon alles an Le____ ____ ____zielen. Die Ziele, die ich zuerst verwir____ ____ ____ ____ ____ möchte, sind rein beru____ ____ ____ ____ ____ ____ Natur: Ich möchte meine Arbeits____ ____ ____ ____ von 40 auf 30 Stunden reduzieren. In der verbleib____ ____ ____ ____ ____ Zeit will ich ein Fernstudium abs____ ____ ____ ____ ____ ____. Ich würde mich danach gern selbst____ ____ ____ ____ ____ ____ machen.

TomyNeu — 6.10. / 12:17 Uhr

Mein Ziel, an d____ ____ ich gerade ganz nah dran bin, kl____ ____ ____ ____ ein bisschen verr____ ____ ____ ____, ist aber ein lang erse____ ____ ____ ____ ____ Traum: Ich mö____ ____ ____ ____ einmal um die Welt seg____ ____ ____. Dazu bes____ ____ ____ ____ ich seit vier Ja____ ____ ____ ____ eine Segelschule. Ich selbst habe ein Segelschiff, eine Jolle. Segeln macht unh____ ____ ____ ____ ____ ____ Spaß. Es gibt nichts Schön____ ____ ____ ____, als auf d____ ____ M____ ____ ____ zu sein und Seeluft zu schnuppern.

145

Vernetzt

1 Lösen Sie das Kreuzworträtsel. Der Text im Lehrbuch hilft.

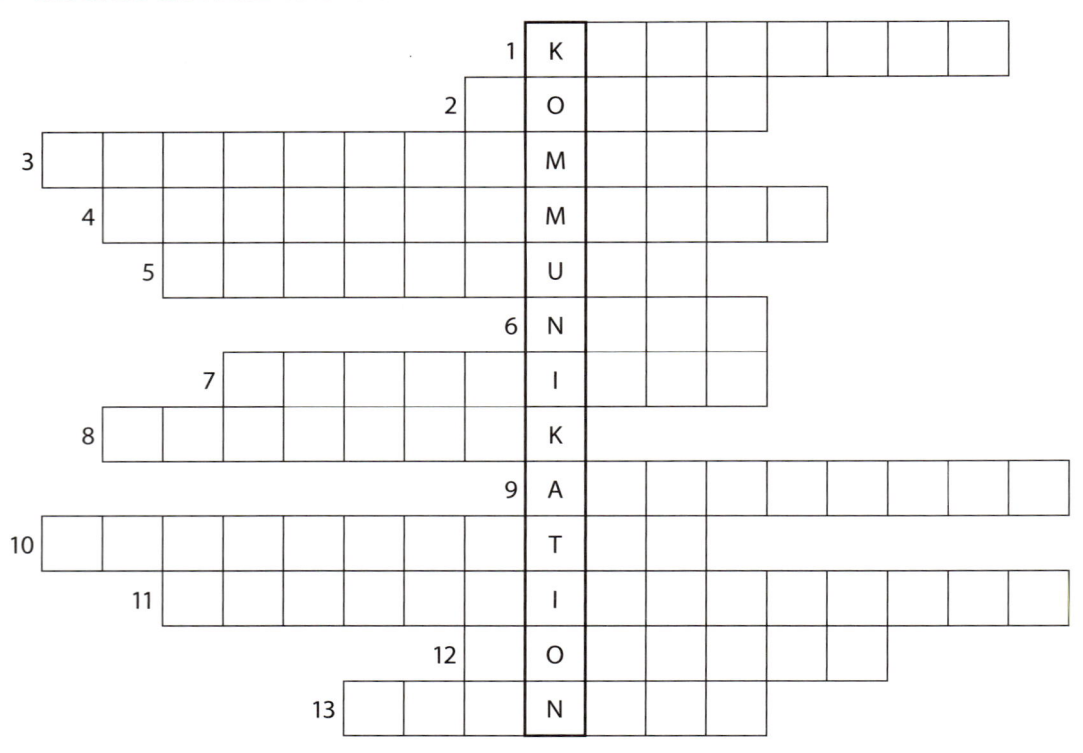

Kreuzworträtsel mit Lösungswort in Spalte: **KOMMUNIKATION**

1. Verbindungen, die man zu Freunden oder Geschäftspartnern hat
2. ein Ort im Netz, wo man Themen diskutieren kann
3. eine Firma oder ein Betrieb in der Industrie oder im Handel
4. die Bezeichnung für einen Ort, auf dem Arbeitsangebot und Arbeitsnachfrage zusammentreffen
5. eine berufliche oder private Verbindung zwischen zwei oder mehreren Personen
6. das Internet
7. Inhaber einer Plattform
8. Plattform, auf der man berufliche oder private Kontakte knüpfen kann
9. Gegenseitiges Geben und Nehmen von Informationen
10. Mitteilungen zu einem wichtigen Thema
11. Maßnahmen zum Schutz von persönlichen Angaben vor dem Zugriff von nicht berechtigten Personen
12. Person, die mit einem zusammenarbeitet
13. alle Betriebe oder Geschäfte, die mit der Herstellung und dem Vertrieb von gleichen Produkten oder Dienstleistungen beschäftigt sind

2 In diesem Leserkommentar haben sich 15 grammatikalische und orthografische Fehler eingeschlichen. Finden Sie die Fehler und korrigieren Sie sie.

(1) Soziale Netzwerke gehören mittlerweile zu dem beliebtesten Internetseiten. (2) Für manchen Mensch sind sie zum Hauptbestandteil seines Lebens geworden. (3) Hier wird sehr persönliche Dinge ausgetauscht. (4) Daran sehe ich eine große Gefar, denn User sich oft nicht bewusst sind, wie viele Menschen ihre Profile tatsächlich lesen. (5) Es ist sehr einfach, Informationen über Profilbesitzer zu sameln und diese zu verkaufen, z. B. zu künftige Arbeitgeber. (6) Ich möchte deshalb allen Menschen raten, sensibler mit ihren persönlichen Daten zu umgehen. (7) Ein weiteres Problem besteht für mich darauf, dass bei der Registrirung nicht unbedingt der ware Name angegeben werden muss. (8) So es ist möglich, auch unter einem fremden Namen ein Profil anzulegen. (9) Dadurch konnte mit negativen Äußerungen unschuldigen Menschen geschadet wurden.

Modul 1

3 Sagen Sie, was ohne soziale Netzwerke nicht möglich wäre. Benutzen Sie den Konjunktiv II der Gegenwart.

| kommunizieren können | zur Folge haben | abhängen | sein |
| warten müssen | geben | bestehen | dauern |

1. Ohne Internet _____ es keine sozialen Netzwerke _____. 2. Man _____ nicht sofort und direkt miteinander _____. 3. Man _____ sehr lange auf eine Antwort _____ und es _____ länger _____, bestimmte Entscheidungen zu treffen. 4. Große Entfernungen zwischen den Kommunikationspartnern _____, dass die Kommunikation viel teurer _____. 5. Ohne soziale Netzwerke _____ auch nicht die Möglichkeit _____, so leicht andere Leute mit gleichen Interessen kennenzulernen. 6. Ohne Netzwerke _____ wir viel mehr von den lokalen Gegebenheiten oder von unserem direkten Umfeld _____.

4 Ergänzen Sie *so …, dass …* oder *zu …, als dass …*

1. Ich habe nicht _____ viel Zeit, _____ ich täglich zwei Stunden im Netz surfen kann.
2. Man erhält oft _____ viele E-Mails, _____ man alle lesen könnte.
3. Viren können _____ großen Schaden verursachen, _____ der Rechner unbrauchbar wird.
4. Meine Rechnerkapazität ist _____ klein, _____ ich alle benötigten Programme installieren könnte.
5. Heute gibt es _____ viele Internetanbieter, _____ man sich den billigsten aussuchen kann.

5 Bilden Sie Konsekutivsätze mit *so …, dass …* und *zu …, als dass …*

1. a Der Computer ist sehr preiswert. Am liebsten würde ich ihn kaufen.
   b Der Computer ist sehr teuer. Ich kann ihn nicht kaufen.
2. a Programmieren ist sehr interessant. Ich möchte es auch gern beruflich machen.
   b Programmieren ist sehr anstrengend. Ich möchte es nicht beruflich machen.
3. a Soziale Netzwerke sind sehr beliebt. Immer mehr Menschen werden Mitglied.
   b Soziale Netzwerke kosten viel Zeit. Ich melde mich nicht an.
4. a Viele User haben wenig Bedenken wegen der Datensicherheit. Sie geben alle persönlichen Daten preis.
   b Es gibt große Sicherheitslücken. Ich gebe keine persönlichen Daten von mir an.

1. a *Der Computer ist so preiswert, dass ich ihn am liebsten kaufen würde.*
   b *Der Computer ist zu teuer, als dass ich ihn kaufen könnte.*

Vernetzt

Modul 1

6 Ordnen Sie die Sätze zu und bilden Sie negative Konsekutivsätze mit *zu …, um … zu …*

1. _d_ Er hat geringe Computerkenntnisse.
2. ____ Die Schule hat wenige Lehrer.
3. ____ Die Mitarbeiter haben viel zu tun.
4. ____ Der Betrieb hat nur geringe Mittel.
5. ____ Die Datensicherheit ist sehr wichtig.
6. ____ Computerviren sind sehr gefährlich.

a Sie kann keine Informatikkurse anbieten.
b Man geht nicht leichtfertig mit ihr um.
c Man kann nicht auf ausreichenden Schutz verzichten.
d Er kann seinen Computer nicht allein einrichten.
e Sie können sich nicht um alle Kunden kümmern.
f Er kann keine kostenlose Weiterbildung anbieten.

1. Er hat zu geringe Computerkenntnisse, um seinen Computer allein einrichten zu können.

7 Schreiben Sie zu jedem Bild einen negativen Konsekutivsatz.

1. _Die Klausuraufgaben sind viel zu schwierig, als dass der Student sie lösen könnte._
2. _____ 
3. _____ 
4. _____ 
5. _____ 
6. _____ 

8 Schreiben Sie die Sätze zu Ende.

1. Ich habe so viel zu tun, …
2. Bis nach Hamburg ist es zu weit, …
3. Mein Chef gibt mir zu viele Aufgaben, …
4. Auf der Firmenfeier waren so viele Gäste, …
5. Der Urlaub war viel zu kurz, …
6. Die Prüfung war so schwer, …
7. Das Flugticket war zu teuer, …
8. Der Text hatte so viele Fehler, …

Der Weg ist das Ziel

Modul 2 — **5**

1a Welches Wort passt? Markieren Sie.

1. sein Ziel — verirren – verfehlen – verrechnen – verlaufen
2. sich ein Ziel — sitzen – legen – stecken – stehen
3. ein Ziel ins Auge — nehmen – greifen – bekommen – fassen
4. ein Ziel vor Augen — bringen – einplanen – haben – vorhaben
5. nicht von seinem Ziel — weggehen – ablassen – abhalten – fernbleiben
6. das gleiche Ziel — erfüllen – erhalten – veranlassen – verfolgen
7. über das Ziel — hinausschießen – hinauslaufen – hinausrennen – hinausfahren
8. sich etw. zum Ziel — stellen – notieren – merken – setzen

b Wählen Sie vier Wendungen und schreiben Sie einen Satz.

2 Bilden Sie zusammengesetzte Nomen mit *Ziel*. Das Wörterbuch hilft. Schreiben Sie die Nomen mit Artikel.

Ziel-	-ziel
die Ziellinie, …	das Berufsziel, …

3 Lesen Sie den Ratgebertext zum Thema „Warum komme ich nicht ans Ziel?" und bringen Sie ihn in die richtige Reihenfolge.

____ **A** Eine Möglichkeit ist, dass Sie sich beim Erstellen des Ziels nicht darüber klar waren, was Sie wirklich wollen – die eigene Motivation und die eigenen Intentionen nicht hinterfragt haben. Sie haben erst auf dem Weg bemerkt, dass Ihnen an dem Ziel gar nicht so viel liegt, dass Sie nicht bereit sind, die dafür nötigen Konsequenzen in Kauf zu nehmen.

____ **B** Hinter einem Ziel kann man aber nur dann stehen, wenn einem der Nutzen oder Gewinn so einer Aktion klar vor Augen steht – denn irgendeine Durststrecke kommt bestimmt.

____ **C** Oftmals sucht man sich einige Zeit später das nächste Ziel und das Spiel beginnt von vorne. Das Problem dabei ist schlicht, dass man überhaupt kein Ziel erreichen kann, wenn man nicht voll und ganz dahintersteht.

_1_ **D** Viele Menschen versuchen zielorientiert zu handeln – doch aus irgendwelchen Gründen brechen Sie mitten auf dem Weg ihre Anstrengungen ab. Was ist passiert?

____ **E** Deshalb mein Rat, wenn Sie ein Ziel nicht wirklich wollen und nicht bereit sind, alle Konsequenzen in Kauf zu nehmen, die zu dessen Realisierung gehören, lassen Sie es bleiben. Es wäre reine Zeitverschwendung!

4 Ordnen Sie die Redemittel in eine Tabelle und ergänzen Sie weitere.

Ich habe Folgendes vor: … Dazu wüsste ich noch gerne, … An deiner Stelle würde ich …
Du solltest auf alle Fälle … Bis … möchte ich … Mir ist da noch etwas unklar: …
Was machst du, wenn …? Ich denke mir das so: … Wenn ich du wäre, …

etwas planen	Tipps geben	sich rückversichern

Ab morgen!

1 Schreiben Sie eine Antwort auf die folgende E-Mail. Nutzen Sie dabei die Informationen aus dem Text im Lehrbuch und beschreiben Sie eigene Erfahrungen.

> Liebe/r ...
> wie geht's dir denn? Was gibt's Neues? Bei mir ist eigentlich alles soweit gut. Allerdings habe ich immer Probleme mit meinem Rücken, wie du ja weißt. Jetzt hat mir mein Arzt geraten, doch endlich mehr Sport zu treiben. Ich weiß ja, dass das wichtig ist. Also habe ich mir nun vorgenommen, jeden Tag nach der Arbeit zum Laufen oder zum Schwimmen zu gehen und am Wochenende morgens ins Fitnessstudio. Na ja, das habe ich dann ein paar Tage und zwei Wochenenden durchgehalten und dann habe ich es nicht mehr geschafft, mich aufzuraffen. Irgendwie hat mein Sofa eine starke Anziehungskraft! 😛 Aber ich muss das unbedingt ändern. Hast du nicht vielleicht ein paar Tipps für mich?
> Melde dich bald!
> Viele Grüße
> Benjamin

2 *obwohl – trotzdem – zwar ..., aber – trotz*. Ergänzen Sie.

Gesunde Ernährung ist so wichtig und ich will mich schon seit Jahren gesünder ernähren. (1) _____ aller guten Vorsätze habe ich es nie besonders lange durchgehalten, viel Obst und Gemüse zu essen. (2) _____ es so ungesund ist, esse ich immer wieder Fertiggerichte, weil ich oft keine Zeit zum Kochen habe. Auch das schnelle Fastfood in der Mittagspause enthält nicht besonders viele Vitamine. (3) _____ habe ich einfach manchmal so großen Appetit darauf und kaufe mir einen Burger. Das bereue ich (4) _____ danach immer, _____ ein Burger schmeckt mir einfach besser als so ein grüner Salat. (5) _____ versuche ich jetzt wieder, mich endlich besser zu ernähren. Ich hoffe, ich schaffe es diesmal.

(6) _____ ich mir immer vornehme, rechtzeitig mit dem Lernen anzufangen, ist es am Ende immer das Gleiche. Kurz vor dem Prüfungstermin sitze ich schwitzend am Schreibtisch und bin gestresst, weil ich wieder alles auf den letzten Drücker mache. (7) _____ der riesigen Stoffmenge gelingt es mir nicht, rechtzeitig zu beginnen. Ich mache mir (8) _____ einen Zeitplan, _____ den halte ich nie ein. Eigentlich lerne ich lieber allein, (9) _____ möchte ich jetzt eine Lerngruppe gründen. Da muss ich mich ja dann auf die Treffen vorbereiten.

3 Formen Sie die Sätze mit den Wörtern in Klammern um.

1. Trotz hoher Motivation halten viele Menschen ihre guten Vorsätze nicht durch. (obwohl)
2. Obwohl Benjamin Rückenprobleme hat, macht er keinen Sport. (dennoch)
3. Manche Leute sind nicht zufrieden, obwohl sie ihre Vorsätze realisiert haben. (trotz)
4. Viele Leute möchten gesund leben. Trotzdem essen sie Fastfood und bewegen sich kaum. (zwar ..., aber)
5. Lena bemüht sich. Trotzdem kann sie ihre Vorsätze nicht immer umsetzen. (trotz)

Modul 3 — **5**

4 Bilden Sie die Nominal- oder Verbalform.

1. Um ihre Kondition zu verbessern, fährt Gesa jetzt viel Fahrrad.
2. Zur Vermeidung von Frustgefühlen sollte man sich kleinere Ziele stecken.
3. Um sich gründlich auf eine Prüfung vorzubereiten, sollte man rechtzeitig beginnen.
4. Damit er sich die Zeit besser einteilen kann, hat Martin einen Lernplan geschrieben.
5. Für die Vorbereitung auf eine Prüfung will Martin eine Lerngruppe gründen.

1. Zur Verbesserung ihrer Kondition fährt Gesa jetzt viel Fahrrad.

5 Wählen Sie jeweils eine Möglichkeit der Satzverbindung und formulieren Sie um.

1. obwohl / trotz: Lena hat Gesundheitsprobleme. Sie will nicht zum Arzt gehen.
2. um … zu / zu: Viele Leute verändern ihre Gewohnheiten. Sie wollen ihre Lebensqualität verbessern.
3. obwohl / trotz: Ben ist häufig erkältet. Er tut nichts für sein Immunsystem.
4. damit / zu: Die Motivation steigt. Man sollte sich ab und zu belohnen.
5. zwar …, aber / trotz: Der Abteilungsleiter hatte einen leichten Herzinfarkt. Er arbeitet weiterhin rund um die Uhr.
6. obwohl / trotz: Max plant gut. Er schafft sein Lernpensum meistens nicht.

1. Obwohl Lena Gesundheitsprobleme hat, will sie nicht zum Arzt gehen.
Trotz ihrer Gesundheitsprobleme will Lena nicht zum Arzt gehen.

6 Ergänzen Sie die Sätze.

1. Er geht nie zum Arzt, obwohl …
2. Im Büro steht sie ständig unter Stress, trotzdem …
3. Man sollte sich öfter entspannen, um …
4. Damit …, sollte man sich regelmäßig bewegen.
5. Trotz … gibt sie zu viel Geld aus.
6. Er hat zwar nicht viel Zeit, aber …

7 Hören Sie die Umfrage zum Thema „Gute Vorsätze". Zu wem passt welche Aussage? Kreuzen Sie an.

	Person 1	Person 2	Person 3	Person 4
1. Viele meiner Vorsätze habe ich bereits umgesetzt.	☐	☐	☐	☐
2. Man sollte auch mal mit sich selbst zufrieden sein.	☐	☐	☐	☐
3. Ich habe es aufgegeben, gute Vorsätze zu fassen.	☐	☐	☐	☐
4. Gute Vorsätze müssen realistisch sein.	☐	☐	☐	☐
5. Manche Pläne sind typisch für bestimmte Zeitpunkte.	☐	☐	☐	☐
6. Manchmal muss man Geduld haben, bis sich die Dinge ändern.	☐	☐	☐	☐
7. Jeder kann seine guten Vorsätze umsetzen, wenn er wirklich will.	☐	☐	☐	☐
8. Gute Vorsätze frustrieren nur, weil man sie nicht durchhalten kann.	☐	☐	☐	☐

Ehrenamtlich

1 Lesen Sie bitte die vier Texte. In welchen Texten (A–D) gibt es Aussagen zu den Themenschwerpunkten 1–5?

Thema 1: Grund für Engagement
Thema 2: Einstellung gegenüber Engagement vorher
Thema 3: übernommene Arbeiten
Thema 4: gemachte Erfahrungen
Thema 5: Reaktion des Umfelds

> **TIPP – In der Prüfung**
> Legen Sie sich die Inhaltspunkte, nach denen Sie suchen müssen, neben den Text und unterstreichen Sie in den Texten die Stichworte, die Sie zu dem jeweiligen Inhaltspunkt finden. Übertragen Sie dann die Stichworte in die Tabelle. Am Ende dürfen nur zehn Zeilen ausgefüllt sein. Kontrollieren Sie noch einmal, ob alle Stichworte auch wirklich in der richtigen Zeile stehen.

Bei jedem Themenschwerpunkt sind ein, zwei oder drei Stichpunkte möglich, insgesamt aber nicht mehr als zehn. Sollten mehr als zehn Antworten eingetragen sein, werden nur die ersten zehn Antworten bewertet, alle anderen werden gestrichen, auch wenn es sich um richtige Lösungen handeln sollte. Schreiben Sie die Antworten in die Übersicht. Schreiben Sie nur Stichworte oder eine sinnvolle Verkürzung der Textpassage. Bitte beachten Sie auch die Beispiele.

0 Beispiel: Finden der Stelle

Text [X] *Anzeige des Vereins Unizeitung gelesen*
Text [B]
Text [X] *Cousine arbeitet dort / Gefallen für Cousine*
Text [D]

Text A: Helena
Ich wohne in einem Viertel in der Innenstadt, das die meisten Menschen wahrscheinlich als sozialen Brennpunkt bezeichnen würden. Die Mieten dort sind recht günstig, weshalb auch viele Studenten wie ich dort hinziehen. Irgendwann habe ich dann mal **eine Anzeige von dem Verein „Großer Bruder – große Schwester" in der Unizeitung gelesen**, in der Freiwillige für ein Patenschaftsprojekt gesucht wurden. Mit diesem Projekt soll erreicht werden, dass Kinder oder Jugendliche eine verlässliche Stütze in ihrem Alltag haben; also jemanden an ihrer Seite, der da ist, wenn sie einen Rat brauchen oder über ein Problem sprechen möchten. Ich habe mich gleich beworben und eine Patenschaft für einen zehnjährigen Jungen übernommen. Wir treffen uns im Durchschnitt einmal pro Woche. Dann machen wir eigentlich ganz normale Dinge. Wir gehen zum Beispiel Eis essen, in den Zoo oder in die Bücherei. Wir verbringen viel Zeit zusammen, unternehmen Dinge, die seine Familie nicht mit ihm machen kann. Ich versuche auch, ihm bei seinen Schulproblemen zu helfen. Für Jonas sind unsere Treffen wichtig geworden, denn er weiß, dass er sich immer auf mich verlassen kann.

Text B: Lukas
Regelmäßig kann ich mich nicht engagieren, dazu fehlt mir schlichtweg die Zeit, weil ich in meinem Studium sehr eingespannt bin und ständig auf irgendwelche Prüfungen lernen muss. Aber ich helfe ein paar Mal im Jahr unentgeltlich im Bürgerzentrum bei mir in der Nachbarschaft aus, wenn Veranstaltungen wie Stadtteilfeste, Konzerte oder Vorträge anstehen. Da mache ich dann alles Mögliche von der Organisation über den Aufbau der Bühne bis hin zum Getränkeausschank oder Aufräumen. Ich schreibe und drucke auch Werbeflyer, damit möglichst viele Leute zu den Veranstaltungen kommen. Auf jeden Fall möchte ich mich auch noch mehr dort einbringen, wenn ich irgendwann mal mehr Zeit habe. Von meinen Freunden bin ich eigentlich der Einzige, der ab und zu ehrenamtlich arbeitet. Sonst kenne ich niemanden, außer natürlich die anderen Helfer im Bürgerzentrum. Alle bei mir an der Uni und im Freundeskreis finden das immer ganz interessant, dass ich so etwas mache, und der eine oder andere plant auch immer wieder, sich irgendwo einzubringen, aber bei den guten Vorsätzen bleibt es dann auch meistens. Das finde ich schade, denn mein Engagement macht mir wirklich Spaß und ich habe dabei auch einen Haufen netter Leute kennengelernt. Ich habe mir vorgenommen, dass ich vor meinem nächsten Einsatz im Bürgerzentrum einfach mal ein paar Leute direkt anspreche und frage, ob sie mitkommen. Ich hoffe, dass sich dann niemand drückt.

Text C: Mert
Ich arbeite ehrenamtlich für das Interkulturelle Begegnungszentrum in Braunschweig. Meine Aufgabe besteht darin, türkische Mitbürger, die nicht gut Deutsch sprechen, in bestimmten Bereichen zu unterstützen. Das heißt, ich begleite sie zum Beispiel bei Arztbesuchen oder Behördengängen und dolmetsche da für sie. Manchmal führe ich auch wichtige Telefongespräche in ihrem Auftrag. **Meine Cousine arbeitet in diesem Zentrum** und als mal Not am Mann war, hat sie mich

gefragt, ob ich einspringen könnte. Viel Lust hatte ich eigentlich nicht und habe das zunächst eigentlich nur gemacht, um **ihr einen Gefallen zu tun.** Ich wollte da so schnell wie möglich wieder aussteigen, weil ich der Meinung war, das kostet mich nur Zeit und bringt mir persönlich rein gar nichts. Jetzt bin ich allerdings bereits seit vier Jahren dabei und werde das auch weitermachen, solange mein Job es zeitlich zulässt. Wenn meine Eltern damals, als sie nach Deutschland kamen, jemanden gehabt hätten, der ihnen ein bisschen zur Seite gestanden hätte, dann wäre für sie vielleicht auch alles ein bisschen einfacher gelaufen. Dieser Gedanke hilft mir, auch wenn die Termine vielleicht mal nicht so gut passen.

Beispiel

Text D: Susi
Ich fühlte mich schon als Kind sehr stark mit der Natur verbunden, weil mein Opa, der Jäger war, mich auf seine ausgedehnten Streifzüge durch die Wälder mitnahm. Er hat mir viel über die Natur beigebracht, vor allem auch Respekt. Meine Leidenschaft für die Natur habe ich später zu meinem Beruf gemacht und habe internationale Forstwirtschaft studiert, wo ich mich auch mit den schädlichen Auswirkungen des Klimawandels beschäftigt habe. Als bei mir in der Nähe die alten Bäume einer Ahornallee gefällt werden sollten, um eine Straße zu verbreitern, habe ich einfach einen Baum besetzt. Ich informierte die Presse, spannte eine Hängematte zwischen die Äste eines Baumes und blieb dort beharrlich hocken. Erst nach Androhung einer hohen Geldstrafe verließ ich mein Lager. Diese Aktion wiederholte ich zwei Wochen später mit zwei anderen Frauen. Diesmal hängten wir uns mit Kletterseilen in drei Bäume. Unsere Aktion war ein Erfolg, denn die geplante Abholzung rückte ins öffentliche Bewusstsein. Letztendlich wurde die neue Straße nicht gebaut und die Bäume stehen noch. Mir hat es gezeigt, dass man etwas erreichen kann, wenn man sich wirklich dafür einsetzt. Und ich habe auch gelernt, dass man auch andere Menschen für eine Sache motivieren kann.

1. Grund für Engagement
Text A
Text B
Text C
Text D

2. Einstellung gegenüber Engagement vorher
Text A
Text B
Text C
Text D

3. übernommene Arbeiten
Text A
Text B
Text C
Text D

4. gemachte Erfahrungen
Text A
Text B
Text C
Text D

5. Reaktion des Umfelds
Text A
Text B
Text C
Text D

Ehrenamtlich

Modul 4

2 Fragen Sie Ihren Partner / Ihre Partnerin nach seinen/ihren Vorstellungen zum Thema „Freiwilliges Engagement", zum Beispiel:

A
- Vorteile für die Gesellschaft?
- Wie/Wo helfen?
- Soziales Praktikum als Pflicht?

B
- Vorteile für die eigene Person?
- Soziale Aufgaben nur an Fachkräfte?
- Situation im eigenen Land?

Aussprache: Knacklaut vor Vokalen, Umlauten und Diphthongen

1a Lesen Sie die folgenden Wörter zuerst leise.

acht – Amt – Auto – älter – etwas – Ehre – Eis – ich – ihr – oder – offen – über – Uhr – unter

b Hören Sie die Wörter und sprechen Sie nach.

c Hören Sie die Wörter noch einmal geflüstert. Was hören Sie vor dem ersten Vokal?

d Hören Sie noch einmal und flüstern Sie nach. Sprechen Sie die Wörter dann noch einmal laut. Beachten Sie die Regel.

Vor Vokalen, Umlauten sowie *au*, *eu* und *ei*, die den Anlaut eines Wortes oder einer Silbe bilden, entsteht beim Sprechen ein Knacklaut, der stimmlos gesprochen wird. Dieser Laut wird an den Stimmbändern gebildet, die sich plötzlich öffnen.

2a Hören Sie die Wörter. Welche Variante wird richtig gesprochen? Markieren Sie.

1. bearbeiten 2. Verantwortung 3. erinnern 4. Spiegelei 5. Ehrenamt
   A B   A B   A B   A B   A B

b Hören Sie und markieren Sie den Wortakzent und die Silbengrenzen. Sprechen Sie die Wörter laut.

1. bearbeiten 2. Verantwortung 3. erinnern 4. Spiegelei 5. Ehrenamt

c Wählen Sie vier Wörter und üben Sie zu zweit.

das Bundesamt – der Abfalleimer – das Erdbeereis – die Automatikuhr – die Unterkunft – eventuell – die Öffentlichkeit – der Ausverkauf – die Übereinstimmung – elementar

Selbsteinschätzung 5

So schätze ich mich nach Kapitel 5 ein: Ich kann …	+	○	−
… ein Gespräch über berufliche Ziele verstehen und Notizen dazu machen. ▶M2, A2b–A3	☐	☐	☐
… in Aussagen über gute Vorsätze Meinungen erkennen. ▶AB M3, Ü7	☐	☐	☐
… Berichte von engagierten Menschen verstehen und die wichtigsten Informationen notieren. ▶M4, A4a	☐	☐	☐
… ein Interview über Netzwerke verstehen und die Fragen zu den Antworten rekonstruieren. ▶M1, A2a, b	☐	☐	☐
… einen Text über gute Vorsätze verstehen und Fragen dazu beantworten. ▶M3, A2a	☐	☐	☐
… einen Text über freiwilliges Engagement verstehen und Textteile richtig in den Text einordnen. ▶M4, A2	☐	☐	☐
… in Texten Meinungen und Standpunkte erkennen und in Stichpunkten notieren. ▶AB M4, Ü1	☐	☐	☐
… über soziale Netzwerke, die man selbst nutzt, sprechen. ▶M1, A1a	☐	☐	☐
… mit einem Partner / einer Partnerin über die Planung und Realisierung eines Ziels sprechen. ▶M2, A4	☐	☐	☐
… eine Karikatur beschreiben und darüber sprechen. ▶M4, A1b	☐	☐	☐
… zu einem Thema Informationen recherchieren und präsentieren. ▶M4, A2d	☐	☐	☐
… Fragen über eigene Vorstellungen zum Thema „Freiwilliges Engagement" stellen und beantworten. ▶AB M4, Ü2	☐	☐	☐
… einen Leserkommentar zu Vor- und Nachteilen sozialer Netzwerke schreiben. ▶M1, A4	☐	☐	☐
… eine E-Mail mit Tipps zum Einhalten guter Vorsätze schreiben. ▶AB M3, Ü1	☐	☐	☐
… einen Aufsatz zum Thema „Freiwilliges Engagement heute" schreiben. ▶M4, A3	☐	☐	☐

Das habe ich zusätzlich zum Buch auf Deutsch gemacht (Projekte, Internet, Filme, Lesetexte, …):

Datum: Aktivität:

_____   _____

_____   _____

_____   _____

_____   _____

_____   _____

Grammatik und Wortschatz weiterüben: interaktive Online-Übungen unter www.aspekte.biz/online-uebungen3

Wortschatz

Modul 1 — Vernetzt

die Anschaffungs-kosten (Pl.)	_____	der Multiplikator, -en	_____
bedenkenlos	_____	oberflächlich	_____
der Betreiber, -	_____	rasant	_____
beteuern	_____	verheimlichen	_____
durchsichtig	_____	sich verzweigen	_____
effizient	_____	vorantreiben (treibt voran, trieb voran, hat vorangetrieben)	_____
der Grad, -e	_____		
laufend	_____	der Vorwand, -"e	_____

Modul 2 — Der Weg ist das Ziel

die Bestandsaufnahme, -n	_____	umsetzen	_____
das Detail, -s	_____	die Veränderung, -en	_____
sich erkundigen nach	_____	vorankommen (kommt voran, kam voran, ist vorangekommen)	_____
sich spezialisieren auf	_____		
der Teilschritt, -e	_____		
sich trauen	_____		

Modul 3 — Ab morgen!

sich aufraffen zu	_____	das Selbstvertrauen	_____
aufschieben (schiebt auf, schob auf, hat aufgeschoben)	_____	straucheln	_____
		der Stubenhocker, -	_____
		das Übergewicht	_____
die Diät, -en	_____	unrealistisch	_____
der Fehlschlag, -"e	_____	die Verlockung, -en	_____
der Frust	_____	verpuffen	_____
der Genuss, -"e	_____	der Vorsatz, -"e	_____
die Gewohnheit, -en	_____	zurückführen auf	_____
der Lichtblick, -e	_____		
schwinden (schwindet, schwand, ist geschwunden)	_____		

Wortschatz 5

Modul 4 — **Ehrenamtlich**

der Anreiz, -e	_____	das Ehrenamt, -"er	_____
die Arbeitslosenquote, -n	_____	eigens	_____
die Auseinandersetzung, -en	_____	sich einbringen (bringt sich ein, brachte sich ein, hat sich eingebracht)	_____
beeindruckend	_____		
der Behördengang, -"e	_____	freiwillig	_____
bereichern	_____	größtenteils	_____
betreuen	_____	hinzufügen	_____
der Bildungsgrad, -e	_____	sich lohnen	_____
darlegen	_____	vermerken	_____

Wichtige Wortverbindungen

einen Beitrag leisten _____

an seine Grenzen stoßen (stößt, stieß, ist gestoßen) _____

in beruflicher Hinsicht _____

Kontakte knüpfen _____

in Maßen _____

etw. ins Netz stellen _____

den Unterschied ausmachen _____

Wörter, die für mich wichtig sind:

_____ _____ _____ _____
_____ _____ _____ _____
_____ _____ _____ _____
_____ _____ _____ _____

157

Redemittel

Meinungen ausdrücken   B1+K1M2/B1+K1M4/B2K1M2/B2ABK1M4/C1K2M4

Ich bin der Meinung/Ansicht/Auffassung, dass …
Meiner Meinung/Auffassung nach …
Ich stehe auf dem Standpunkt, dass …
Meines Erachtens ist das …
Ich denke/meine/glaube/finde, dass …
Ich finde erstaunlich/überraschend, dass …

Ich bin (davon) überzeugt, dass …
Ich bin da geteilter Meinung: Auf der einen Seite …, auf der anderen Seite …
Ich bin der festen Überzeugung, dass …
Ich vertrete die Ansicht, dass …
Für mich steht fest, dass …

eine Begründung ausdrücken   B1+K1M4/B1+K5M1/C1K2M4

… hat folgenden Grund / folgende Gründe: …
Dazu möchte ich folgende Gründe anführen: …
… halte ich für positiv/interessant/…, da …

Ich … nicht so gerne, weil …
Am wichtigsten ist für mich …, denn …
Man muss hierbei berücksichtigen, dass …

Zustimmung ausdrücken   B1+K1M4/B1+K3M2/B1+K5M4/B1+K8M2/B1+K9M2/B2K1M4/B2K2M2/C1K2M4

Der Meinung/Ansicht bin ich auch.
Das ist auch meine Meinung, da …
Ich bin ganz deiner/Ihrer Meinung.
Das stimmt. / Das ist richtig. / Ja, genau.
Das ist eine gute Idee.
Es ist mit Sicherheit so, dass …
Ja, das sehe ich auch so / genauso …
Ich finde, … hat damit recht, dass …
Da hast du / haben Sie völlig recht.
Da kann ich dir/Ihnen nur völlig recht geben, denn …
Da/Dem kann ich mich nur anschließen.
Ich kann die Ansicht gut verstehen, denn …

Ich vertrete auch die Position, dass …
Dem kann ich zustimmen, weil …
… stimme ich zu.
Das kann ich nur bestätigen.
Ja, das kann ich mir (gut) vorstellen.
Ich stimme dir/Ihnen/… zu, denn/da …
Ich finde es auch (nicht) richtig, dass …
Ich bin der gleichen Meinung/Ansicht wie …, da …
Für mich klingt einleuchtend/überzeugend, wie …
Das leuchtet mir ein und ich finde auch, dass …
… hat nicht ganz unrecht, wenn er/sie auf … hinweist.
Die Sichtweise würde ich unterstützen, denn …

Widerspruch/Ablehnung ausdrücken   B1+K1M4/B1+K2M4/B1+K3M2/B1+K5M4/B1+K8M2/B1+K9M2/B2K1M4/C1K2M4

Ich finde aber, dass …
… finde ich gut, aber …
Das finde ich nicht so gut.
Das ist sicher richtig, allerdings …
Der Meinung bin ich auch, aber …
Dem / Dieser Meinung kann ich nicht / nur bedingt / nur teilweise zustimmen, da …
Das stimmt meiner Meinung nach nicht.
Es ist ganz sicher nicht so, dass …
Das kann ich mir überhaupt nicht vorstellen, weil …
Dazu habe ich eine andere Meinung, und zwar …
Zu dem Thema bin ich ganz anderer Meinung, nämlich …
Dieser Aussage würde ich entgegenhalten, dass …
Es ist doch eher so, dass …
Dem könnte man entgegnen, dass …
Ich sehe das etwas anders, denn …

Das ist nicht richtig.
Es kann nicht sein, dass …
… halte ich für übertrieben/problematisch.
Ich denke, diese Einstellung ist falsch, denn …
Da / Dieser Aussage muss ich wirklich widersprechen, denn …
Dagegen kann man einwenden, dass …
Gegen diese Behauptung spricht, dass …
Ich kann nicht nachvollziehen, wie/warum …
Das überzeugt mich nicht, weil …
Ich bin mir nicht sicher, ob man wirklich sagen kann, dass …
Mir ist noch unklar, ob …
Ein Problem sehe ich in …
… halte ich für problematisch.
Ich fände es logischer, … als Konsequenz daraus zu ziehen.

Beispiele anführen   C1K2M4

Das kann man beispielsweise an … sehen.
Dazu möchte ich folgende Beispiele anführen: …
Man kann das mit den folgenden Beispielen verdeutlichen: …

Konsequenzen nennen   C1K4M3

Als Konsequenz ergibt sich daraus, dass …
… ist eine logische Folge.
Daraus lässt sich ableiten/folgern, dass …
Aus … kann man schließen, dass …
Daraus ergibt sich, dass …
… führt zu …

etwas bewerten/einschätzen   C1K3M4

Bei uns wird auf … großen/wenig Wert gelegt.
Besonders wichtig ist …
Ganz oben / An erster Stelle steht …
Primär sollte man …
Eher sekundär ist …
… ist nebensächlich.
… (nicht) von großer Bedeutung.
Das Schlusslicht bildet …

Vor- und Nachteile nennen   B2K1M2/C1K3M2

Ein großer/wichtiger/entscheidender Vorteil/Nachteil ist, dass/wenn …
Ich bin davon überzeugt, dass … gut/schlecht ist.
Ich finde es praktisch, dass …
Einerseits ist es positiv, dass …, andererseits kann es auch problematisch sein, wenn …
… wird als sehr positiv/negativ angesehen.
Aus meiner Sicht ist es sehr nützlich/hilfreich, dass …
Man darf auch nicht vergessen, dass … hilfreich/problematisch sein kann.
Die Tatsache, dass …, spricht dagegen/dafür.
Ein weiterer Aspekt, der für/gegen … spricht, ist …

Vor- und Nachteile abwägen   C1K3M2

Insgesamt wiegen die Argumente dafür/dagegen schwerer, deshalb …
… hat zu viele Nachteile, deshalb ziehe ich … vor.
In meinen Augen überwiegen die Vorteile/Nachteile von …
Betrachtet man alle Vorteile/Nachteile, fällt … am meisten ins Gewicht.

Wünsche, Ziele und Pläne ausdrücken   B1+K2M3/B1+K5M1/C1ABK5M2

Ich hätte Lust / Spaß daran, …
Ich habe vor, …
Ich würde gern …
Ich finde … super.
Wenn ich Zeit hätte, dann …
Ich wünsche mir, …
Für mich wäre es gut / ist es wichtig, …
Bis … möchte ich …
Ich denke mir das so: …
Ich habe Folgendes vor: …

Verhalten bewerten   C1K4M2

positiv
Ich finde es anständig/lobenswert/anerkennenswert, dass …
Es ist vollkommen in Ordnung, wenn …
Ich schätze es / erkenne es an, wenn …
Ich heiße ein solches Verhalten / diese Einstellung/Haltung gut, denn …
Ich finde es nicht unmoralisch, wenn …

negativ
Ich finde es falsch / nicht in Ordnung, dass …
… wäre für mich undenkbar.
Ich lehne es ab / missbillige, wenn …
Es ist für mich moralisch fragwürdig, wenn …
Ich halte nichts davon, wenn …
Ein solches Verhalten findet vielleicht bei anderen Anerkennung, aber …

Redemittel

jemanden überzeugen   C1K1M2

jemanden überreden
Ich würde vorschlagen, dass du …
Wie wäre es, wenn du mal …?
Du könntest doch einfach mal zu … mitkommen?
Spring doch einfach über deinen Schatten und komm mit zu …!
Hättest du nicht mal Lust, …?

Argumente anführen
Das Besondere daran ist, dass man …
Beim/Im … kannst du viele interessante/lustige/… Dinge lernen/machen.
Im Gegensatz zu anderen Organisationen kannst du hier …
Wichtig für uns ist, dass …
Für uns spricht …

Vorschläge machen   B1+K2M4/B1+K4M4/B1+K5M4/B1+K8M3/B2K1M4/B2K5M4/B2K6M4

Ich würde vorschlagen, dass …
Wir könnten doch … / Man könnte doch …
Dann kannst du ja jetzt …
Ich könnte …
Ich finde, man sollte … / wir sollten auch …
Könnten Sie sich vorstellen, dass …? / Ich könnte mir vorstellen, dass …
Ich würde … gut finden, weil …
Hast/Hättest du (nicht) mal Lust …?
Was hältst du / halten Sie von … / von folgendem Vorschlag: … / davon, wenn …?

Wenn du möchtest, kann ich …
Wie wäre es, wenn wir …?
Ich hätte da eine Idee: …
Aus diesem Grund würde ich vorschlagen, dass …
Wie finden Sie folgende Idee: …?
Wären Sie einverstanden, wenn wir …?
Ich fände es gut, wenn …
Ich hatte den Gedanken, dass …
Mir scheint in diesem Fall … am geeignetsten.

Vorschläge annehmen   B2K1M4/B2K5M4

Warum eigentlich nicht?
Das klingt gut / hört sich gut an.
Gut, dann sind wir uns ja einig.
Ich kann diesem Vorschlag nur zustimmen.
Ich denke, das könnte man umsetzen.
Meinetwegen können wir das so machen.

Ja, das könnte man so machen.
Das ist eine hervorragende Idee.
Das halte ich für eine gute Idee, weil …
Das kann ich gut nachvollziehen, denn …
Ja, dafür spricht …

Vorschläge ablehnen   B2K5M4

Das halte ich für keine gute Idee, weil …
Wie soll das funktionieren?
Das lässt sich nicht realisieren.
Dieser Vorschlag ist nicht durchführbar.
Das kann man so nicht machen.

Das klingt gut, aber …
Ich verstehe Ihren/deinen Standpunkt, aber sollten wir nicht lieber …
Nein, dagegen spricht …
Das kann ich nicht so richtig nachvollziehen, denn …

sich einigen   B2K5M4/B2K6M4

Wir könnten uns vielleicht auf Folgendes einigen: …
Dann können wir also festhalten, dass …
Schön, dann einigen wir uns also auf …
Wie wäre es mit einem Kompromiss: …?
Wären Sie / Wärst du damit einverstanden, wenn …?

Gut, dann machen wir es so.
Dann sind wir uns einig und machen …, oder?
Dann machen wir also Folgendes: …
Schön, dann können wir festhalten, dass …
Dann können wir uns also auf … einigen, richtig?

sich rückversichern   C1ABK5M2

Dazu wüsste ich noch gerne, …
Was machst du, wenn …?

Mir ist da noch etwas unklar: …

einen Begriff definieren/erklären C1K4M3

„…" ist …
„…" wird definiert als …
Unter „…" versteht man …
Ich möchte erklären, was es bedeutet, wenn man „…" sagt: …

Mit dem Begriff „…" bezeichnet man …
Von „…" spricht man, wenn …
„…" bedeutet/heißt, dass …
„…" verwendet/sagt man, wenn man ausdrücken möchte, dass …
Mit „…" meint man, dass jemand/etwas …

Beschwerden ausdrücken und darauf reagieren B1+K8M3/B1+K9M3/C1ABK1M4

sich beschweren
Könnte ich bitte Ihren Chef sprechen?
Darauf hätten Sie hinweisen müssen.
Wenn Sie … hätten, hätte ich jetzt kein Problem.
Es kann doch nicht sein, dass …
Ich finde es nicht in Ordnung, dass …
Ich habe da ein Problem: …
Es kann doch nicht in Ihrem Sinn sein, dass …
Ich muss Ihnen leider sagen, dass …
… lässt zu wünschen übrig.
Es stört mich sehr, dass …
Ich möchte mich darüber beschweren, dass …
Wir finden / haben gemerkt, dass …
Keiner hat etwas getan, aber …
Einige Dinge in/an … sind kaputt.
… geht nicht / funktioniert nicht gut.
Tun Sie schnell etwas.
Es ist ganz wichtig, dass …
Könnten Sie … bitte in Ordnung bringen?
Wir haben schon gesagt, dass …

auf Beschwerden reagieren
Ich würde Sie bitten, sich an … zu wenden.
Wir könnten Ihnen … geben.
Könnten Sie bitte zu uns kommen?
Wir würden Ihnen eine Gutschrift geben.
Würden Sie mir das bitte alles schriftlich geben?
Entschuldigung, wir überprüfen das.
Ich kann Ihnen … anbieten.
Einen Moment bitte, ich regele das.
Oh, das tut mir sehr leid.
Wir kümmern uns sofort darum.

einen Beschwerdebrief schreiben B2K10M4/C1K1M4

Erwartungen beschreiben
In Ihrer Anzeige schreiben Sie …
Die Erwartungen, die Sie durch die Anzeige wecken, sind …
Durch Ihre Anzeige wird der Eindruck geweckt, dass …
Unseres Erachtens …

Forderungen stellen
Ich muss Sie daher bitten, …
Ich erwarte, dass …
Deshalb möchte ich Sie auffordern, …
Bitte …, andernfalls/sonst werde ich …
Bitte kümmern Sie sich darum, dass …
Eine Behebung der Mängel sollte …
Kommen Sie unserer Aufforderung umgehend / bis … nach.
… ist dringend notwendig.
Könnten Sie bitte die Mängel an … beseitigen?

Probleme schildern
Leider musste ich feststellen, dass …
Wir müssen Sie darüber informieren, dass …
Wir möchten uns darüber beschweren, dass …
Meines/Unseres Erachtens ist es nicht in Ordnung, dass …
Es sind mehrere Mängel in/an … aufgetreten.
… ist defekt / funktioniert nicht einwandfrei.
Ich finde es völlig unangebracht, dass …
Ich war sehr enttäuscht, als …
Wir haben darauf hingewiesen, dass …
Wir sind enttäuscht, dass …
Es wurde nichts / bisher leider nichts / wenig unternommen.

Redemittel

über Erfahrungen berichten   B1+K3M4/B1+K5M4/B2K2M2/B2K3M2

Ich habe ähnliche Erfahrungen gemacht, als …
Mir ging es ganz ähnlich, als …
Wir haben oft bemerkt, dass …
Wir haben gute/schlechte Erfahrungen mit … gemacht.
In meiner Kindheit habe ich … / war es so, dass …
Ich habe die Erfahrung gemacht, dass …
Es gibt viele Leute, die …
Bei mir war das damals so: …

Uns ging es mit/bei … so, dass …
Meine Erfahrungen haben mir gezeigt, dass …
Im Umgang mit … habe ich erlebt, dass …
Ich habe festgestellt, dass …
Bei meiner Familie kann ich sagen, dass …
Ich habe die Erfahrung gemacht, dass …
Ich habe noch nie / oft erlebt, dass …
Während meiner Schulzeit habe ich …
Wenn ich mein Umfeld ansehe, dann …

eine Diskussion führen   B1+K10M2/C1K1M4

ein Problem ansprechen
Ich finde es nicht gut, wenn …
Es gefällt mir nicht, dass …
Ich habe ein Problem mit …
Es ist nicht fair / in Ordnung, wenn …
Ich ärgere mich immer, wenn …
Es ist doch ungerecht, wenn …

eine Lösung vorschlagen
Vielleicht könnten wir das Problem lösen, indem …
Ich schlage vor, dass wir …
Könnten wir uns darauf einigen, dass …?
Wie wäre es, wenn …?

widersprechen
Es stimmt, dass … Trotzdem finde ich …
Aus meiner Sicht ist es aber wichtig, dass …
Ich sehe das (ganz) anders, denn …
Ich kann verstehen, dass Sie …, aber ich …
Das ist Ihre Meinung. Ich bin aber der Ansicht, dass …
Aus Ihrer Sicht ist das vielleicht richtig. Trotzdem …
Ich sehe ein, dass … Dennoch …
Ich möchte bezweifeln, dass …
Das ist eine gängige Sichtweise, aber …
Da möchte ich widersprechen, weil …
Man kann … beobachten, aber trotzdem …
So einseitig kann man das nicht sehen, denn …

einen Standpunkt vertreten/differenzieren
Ich bin der Ansicht, dass …
Für mich ist ganz klar, dass …
Einerseits kann man beobachten, dass …
Andererseits darf man nicht unterschätzen, dass …
Das Problem hat mehrere Seiten/Aspekte, z. B. …

um das Wort bitten / das Wort ergreifen
Dürfte ich dazu auch etwas sagen?
Ich möchte dazu etwas ergänzen.
Ich verstehe das schon, aber …
Glauben/Meinen Sie wirklich, dass …?
Da muss/möchte ich kurz einhaken: …
Wenn ich da kurz einhaken/unterbrechen darf, …
Entschuldigung, dass ich unterbreche, aber …
Eine kurze Bemerkung zum Stichwort …
Nur kurz zu …

sich nicht unterbrechen lassen
Lassen Sie mich bitte ausreden.
Ich möchte nur noch eines sagen: …
Einen Moment bitte, ich möchte nur noch …
Augenblick noch, ich bin gleich fertig.
Lassen Sie mich noch den Gedanken/Satz zu Ende bringen.

eine Bewerbung schreiben   B2K3M4/C1ABK3M1

Einleitung
in Ihrer oben genannten Anzeige …
da ich mich beruflich verändern möchte, …
vielen Dank für das informative und freundliche Telefonat.
in Ihrer Anzeige vom …

bisherige Berufserfahrung/Erfolge
Nach erfolgreichem Abschluss meines …
In meiner jetzigen Tätigkeit als … bin ich …
Im Praktikum bei der Firma … habe ich gelernt, wie/dass …
Durch meine Tätigkeit als … weiß ich, dass …

Erwartungen an die Stelle
Von einem beruflichen Wechsel zu Ihrer Firma erhoffe ich mir, …
Mit dem Eintritt in Ihr Unternehmen verbinde ich die Erwartung, …
Mit der Aufnahme der Tätigkeit in Ihrem Unternehmen erwarte ich …

Eintrittstermin
Mit der Tätigkeit als … kann ich zum … beginnen.

Schlusssatz
Ich freue mich darauf, Sie in einem persönlichen Gespräch kennenzulernen.

Ratschläge/Tipps geben

B1+K2M4/B1+K3M4/B1+K5M3/B1+K5M4/B2K9M4/C1ABK5M2

Am besten wäre es, …
An deiner Stelle würde ich …
Da sollte man am besten …
Ich kann euch/dir nur raten, …
Mir hat … sehr geholfen.
Versuch doch mal, …
… ist wirklich empfehlenswert.
Dabei sollte man beachten, dass …
Es ist besser, wenn …
Es ist höchste Zeit, dass …
Es ist einen Versuch wert, …
Um das zu erreichen, solltest du …
Probier doch mal …
Wie wäre es, wenn du …?

Wenn ich du wäre, …
Auf keinen Fall solltest du …
Ich rate dir, … / Ich würde dir raten, …
Meiner Meinung nach solltest/könntest du …
Oft hilft …
Wenn du mich fragst, dann …
Wir schlagen vor, …
Wir haben den folgenden Rat für euch: …
Sinnvoll/Hilfreich/Nützlich wäre, wenn …
Ich würde dir empfehlen, dass du …
Hast du schon mal über … nachgedacht?
Du solltest auf alle Fälle …
Es hat sich bewährt, …
Was hältst du davon, wenn …?

eine Grafik beschreiben

B1+K2M1/B2ABK7M3

Einleitung
Die Grafik zeigt, …
Die Grafik informiert über … / stellt … dar.
Thema der Grafik ist …
Die Grafik stammt von … / aus dem Jahr …
In der Grafik wird/werden … verglichen/ unterschieden.
Die Angaben erfolgen in … / werden in Prozent gemacht.
Es wird über die Jahre … berichtet.

auf Ähnlichkeiten verweisen
Vergleicht man … und … erkennt man große Übereinstimmungen.
Genauso verhält es sich auch bei …
… ist vergleichbar mit …
Ähnlich/Genauso ist es bei …

Überraschendes nennen
Auffällig/Interessant/Bemerkenswert/… ist, dass …
Überraschend ist die Tatsache, dass …
Völlig neu war/ist für mich, dass …
Die Ergebnisse von/aus … sind für mich sehr überraschend.
Ich hätte nicht erwartet, dass …
Erstaunlich finde ich, dass …

Hauptpunkte beschreiben
Es ist festzustellen, dass …
An erster/letzter Stelle steht/stehen …
Die meisten/wenigsten … / Am meisten/wenigsten …
Über die Hälfte der …
… Prozent finden/sagen/meinen …
Am wichtigsten/unwichtigsten …
Im Vergleich zu … / Verglichen mit …
Die Zahl der … ist wesentlich/erheblich höher/niedriger als die Zahl der …
Man kann deutlich sehen, …
Besonders hohe/niedrige … gibt es bei …
Die Kurve zeigt … in Zahlen/Prozent/…
Seit … ist … nur schwach gesunken/gestiegen.
In der Gruppe der … gehört … zu …

Unterschiede hervorheben
Ganz anders stellt sich … dar.
… und … unterscheiden sich klar/deutlich voneinander.
Im Gegensatz/Unterschied zu …
Die größten/geringsten Unterschiede …
Anders als bei/in … kann man bei … feststellen, dass …
Im Unterschied zu …
Die Werte von … unterscheiden sich deutlich von …

163

Redemittel

einen Leserbrief schreiben   B2K5M4/C1ABK2M4

eine Reaktion einleiten
Mit großem Interesse habe ich Ihren Artikel „…" gelesen.
Ihr Artikel „…" spricht ein interessantes/wichtiges Thema an.
Ihr Artikel „…" ist bei mir auf großes Interesse gestoßen.

Meinung äußern und Argumente abwägen
Ich vertrete die Meinung / die Ansicht / den Standpunkt, dass …
Meiner Meinung nach …
Man sollte bedenken, dass …
Ein wichtiges Argument für/gegen … ist die Tatsache, dass …
Zwar …, aber …
Einerseits …, andererseits …
Dafür/Dagegen spricht …
Andererseits muss ich auch zugeben, dass …

Beispiele und eigene Erfahrungen anführen
Ich kann dazu folgendes Beispiel nennen: …
Man sieht das deutlich an folgendem Beispiel: …
An folgendem Beispiel kann man besonders gut sehen, dass/wie …
Meine eigenen Erfahrungen haben mir gezeigt, dass …
Aus meiner Erfahrung kann ich nur bestätigen, …
So kann es beispielsweise bei/in … von Vorteil sein, wenn …
Aus meiner Erfahrung heraus kann ich nur unterstreichen, dass …

zusammenfassen
Insgesamt kann man feststellen, …
Zusammenfassend lässt sich sagen, …
Abschließend möchte ich sagen / nochmals betonen, …

einen Aufsatz schreiben   C1K5M4

Einleitung
Dieses Thema ist von besonderer Aktualität, weil …
Eine heute viel diskutierte Frage ist …
Die Auseinandersetzung mit diesem Thema ist wichtig, da …
Mit diesem Thema muss man sich befassen, denn …

mit Beispielen verdeutlichen
… ist dafür beispielhaft.
Das lässt sich mit folgendem Beispiel verdeutlichen: …
Als Beispiel kann … dienen.
Ein treffendes Beispiel dafür ist die Tatsache, dass …
Ein Beispiel, das man hier unbedingt anführen sollte, ist …

etwas wiederholen
Wie bereits erwähnt, …
Wie schon beschrieben, …
Wie bereits dargelegt/dargestellt, …

Argumente/Gedanken hervorheben
Hierbei muss man besonders betonen/hervorheben, dass …
Besonders wichtig aber erscheint …
Ausschlaggebend ist …
Man darf auch nicht übersehen, dass …
Außerdem spielt noch … eine wichtige Rolle.
Weitaus wichtiger / Von besonderer Bedeutung jedoch ist …

etwas ergänzen
Darüber hinaus ist zu erwähnen, …
… sollte auch gesagt werden.
Hinzuzufügen wäre noch …
Nicht zu vergessen ist die Tatsache, dass …

Schluss
Zusammenfassend/Abschließend lässt sich sagen, …
Mich überzeugen am stärksten diese Gründe: …
Meiner Einschätzung nach …
In Anbetracht der aktuellen Situation …

ein Referat / einen Vortrag halten B1+K10M4/B2ABK10M2/C1K3M4

ein Referat / einen Vortrag einleiten
Das Thema meines Referats/Vortrags lautet/ist …
Ich spreche heute über das Thema …
Ich möchte euch/Ihnen heute folgendes Thema präsentieren: …
In meinem Vortrag/Referat geht es um …
Heute möchte ich mich der Frage / dem Thema … widmen.
In meinem Vortrag/Referat befasse ich mich mit dem Thema …

zum nächsten Punkt überleiten
Nun spreche ich über …
Ich komme jetzt zum zweiten/nächsten Teil/Beispiel.
Soweit der erste Teil. Nun möchte ich mich dem zweiten Teil zuwenden.
Viele sind des Weiteren davon überzeugt, dass …
Ein weiterer Punkt ist auch die Frage, ob …
Als Nächstes möchte ich auf … eingehen.
Häufig hört man auch, dass …

Argumente nennen / eigene Meinung äußern
Ich bin fest davon überzeugt, dass …
Ich bin der Auffassung, …
Dagegen spricht natürlich …
Ein wichtiger Vorteil dabei ist …

Bedeutung des Themas im eigenen Land erklären
In meinem Land spielt dieses Thema (k)eine wichtige Rolle.
Bei uns in … ist es besonders wichtig, …

auf Folien/Abbildungen verweisen
Ich habe einige Folien zum Thema vorbereitet.
Auf dieser / der nächsten Folie sehen Sie …
Wie Sie auf der Folie sehr gut erkennen können, ist/sind …

auf Fragen antworten
Das ist eine gute Frage, die ich mir bei der Recherche auch schon gestellt habe. Es ist so: …
Danke für diese Frage, auf die ich gerne eingehe: …
Das will ich gerne erklären: …
Tut mir leid, leider weiß ich nicht, …

ein Referat / einen Vortrag strukturieren
Mein Referat/Vortrag besteht aus drei/vier/… Teilen: …
Ich möchte einen kurzen Überblick über … geben.
Zuerst spreche ich über …, dann komme ich im zweiten Teil zu … und zuletzt befasse ich mich mit …
Zuerst möchte ich über … sprechen und dann etwas zum Thema … sagen. Im dritten Teil geht es dann um … und zum Schluss möchte ich noch auf … eingehen.

Interesse wecken
Wussten Sie eigentlich, dass …?
Ist Ihnen schon mal aufgefallen, dass …?
Finden Sie nicht auch, dass …?

wichtige Punkte hervorheben
Das ist besonders wichtig/interessant, weil …
Ich möchte betonen, dass …
Man darf nicht vergessen, dass …

Beispiele / eigene Erfahrungen nennen
Meine eigenen Erfahrungen haben mir gezeigt, …
Ein treffendes Beispiel dafür ist …

ein Referat / einen Vortrag abschließen
Ich komme jetzt zum Schluss.
Zusammenfassend möchte ich sagen, …
Zusammenfassend ist festzuhalten, dass …
Abschließend möchte ich noch einmal erwähnen/ hervorheben, dass …
Schließlich kann man zu dem Ergebnis kommen, dass …
Fazit des gerade Gesagten ist …
Lassen Sie mich zum Schluss noch sagen, dass …
Zum Abschluss möchte ich also die Frage stellen, ob …
Gibt es noch Fragen?
Vielen Dank für Ihre Aufmerksamkeit.

auf Einwände reagieren / Zeit (zum Nachdenken) gewinnen
Mit diesen kritischen Überlegungen haben Sie bestimmt recht, dennoch möchte ich noch mal darauf zurückkommen, dass …
Ich verstehe Ihren Einwand, möchte aber darauf hinweisen, dass …
Vielen Dank für diesen Hinweis! Das ist ein weiterer interessanter Punkt.
Darf ich später auf Ihre Frage zurückkommen und zunächst …?

Grammatik

Verb

Verb

Konjunktiv II B1+K8M3/B2K6M3

Funktionen

Wünsche ausdrücken	Ich würde gern einen neuen Laptop kaufen.
Bitten höflich ausdrücken	Könnten Sie mir das Problem bitte genau beschreiben?
Irreales ausdrücken	Hätten Sie die Ware doch früher abgeschickt.
Vermutungen ausdrücken	Es könnte sein, dass der Laptop einen Defekt hat.
Vorschläge machen	Ich könnte Ihnen ein Leihgerät anbieten.

Viele unregelmäßige Verben können den Konjunktiv II wie die Modalverben bilden, meistens verwendet man jedoch die Umschreibung mit *würde* + Infinitiv: *Ich **käme** gern zu euch.* → *Ich **würde** gern zu euch **kommen**.*

Konjunktiv I – Redewiedergabe B2K8M3/C1K2M1

In der indirekten Rede verwendet man den Konjunktiv I, um deutlich zu machen, dass man die Worte eines anderen wiedergibt und nicht seine eigene Meinung ausdrückt. Sie wird vor allem in der Wissenschaftssprache, in Zeitungsartikeln und in Nachrichtensendungen verwendet.
In der gesprochenen Sprache benutzt man in der indirekten Rede häufig den Indikativ.

	sein	*haben*	**Modalverben**	**andere Verben**
ich	sei	habe → hätte	könne	sehe → würde sehen
er/es/sie	sei	habe	könne	sehe
wir	seien	haben → hätten	können → könnten	sehen → würden sehen
sie/Sie	seien	haben → hätten	können → könnten	sehen → würden sehen

Der Konjunktiv I wird meist in der 3. Person verwendet. Sind die Formen von Konjunktiv I und Indikativ identisch, verwendet man den Konjunktiv II oder *würde* + Infinitiv: *Er sagt, sie **haben** keine Zeit.* → *Er sagt, sie **hätten** keine Zeit.*
Die Formen in der 2. Person *(du habest, ihr könnet)* sind sehr ungebräuchlich. Hier wird meist der Konjunktiv II verwendet.

Bildung des Konjunktiv I der Vergangenheit
Im Konjunktiv I gibt es nur eine Vergangenheitsform: Konjunktiv I von *haben/sein* + Partizip II:
*Man sagt, Gutenberg **habe** den Buchdruck **erfunden** und mit 40 Jahren **sei** man im Mittelalter sehr alt **gewesen**.*

Weitere Möglichkeiten der Redewiedergabe C1K2M1

Präpositionen mit Dativ

vorangestellt	nachgestellt	
laut		*Laut der Autorin des linken Textes …*
nach	nach	*Nach Angabe von …* *Ihrer Meinung nach …*
	zufolge	*Dem zweiten Text zufolge …*

Nebensätze mit *wie*
***Wie** Kerstin Cuhls berichtet, wird durch moderne Kommunikationsmittel vieles möglich.*
***Wie** im rechten Text beschrieben wird, braucht der Mensch auch Auszeiten.*
***Wie** es im ersten Text heißt, ist der ständige Zugriff auf Daten ein großer Vorteil.*

Verb

Passiv mit *werden* – Vorgangspassiv B1+K10M1/B2K5M1

Man verwendet das Passiv mit *werden*, wenn ein Vorgang oder eine Aktion im Vordergrund stehen (und nicht eine handelnde Person).

Aktiv-Satz	Passiv-Satz
Der Architekt *plant* das Öko-Haus. Nominativ Akkusativ	Das Öko-Haus *wird* (vom Architekten) *geplant*. Nominativ (von + Dativ)

Die meisten Verben mit Akkusativ können das Passiv bilden. Der Akkusativ im Aktivsatz wird im Passivsatz zum Nominativ. Andere Ergänzungen bleiben im Aktiv und im Passiv im gleichen Kasus.

Zu viel Müll schadet der Umwelt. Nominativ Dativ	*Der Umwelt wird geschadet.* Dativ

Tempusformen

Präsens	werde/wirst/wird/… + Partizip II	*Die Begeisterung wird geweckt.*
Präteritum	wurde/wurdest/wurde/… + Partizip II	*Die Begeisterung wurde geweckt.*
Perfekt	bin/bist/ist/… + Partizip II + *worden*	*Die Begeisterung ist geweckt worden.*
Plusquamperfekt	war/warst/war/… + Partizip II + *worden*	*Die Begeisterung war geweckt worden.*

trennbare und untrennbare Verben C1K1M3

Die Vorsilben *durch-, über-, um-, unter-, wider-* und *wieder-* können trennbar oder untrennbar sein.
Die Betonung der Vorsilbe kann eine Verstehenshilfe sein:
- Vorsilbe betont → Verb trennbar
- Vorsilbe nicht betont → Verb untrennbar

	trennbar	untrennbar	trennbar und untrennbar
durch-	durchfallen, durchführen, durchhalten, durchkommen, durchmachen, durchsehen	durchleben, durchqueren	durchbrechen, durchdenken, durchdringen, durchfahren, durchlaufen, durchschauen, durchsetzen
über-	überlaufen, übersiedeln, überkochen	(sich) überarbeiten, überblicken, überdenken, überfordern, übergeben, überraschen, überreden, überrennen, übertreiben	übergehen, übersetzen, überstehen, übertreten, überziehen
um-	umbauen, umdenken, umfallen, umkehren, umladen, umsteigen, umstoßen, umtauschen, umziehen	umarmen, umgeben, umkreisen, umzäunen	umfahren, umfliegen, umgehen, umschreiben, umstellen
unter-	unterbringen, untergehen, unterordnen	unterbrechen, unterdrücken, unterschätzen, unterscheiden, unterschreiben	unterhalten, unterstellen, unterziehen
wider-	widerhallen, widerspiegeln	widerfahren, widerlegen, sich widersetzen, widersprechen, widerstehen	
wieder-	wiederfinden, wiederkommen, wiedersehen		wiederholen

Grammatik

Adjektiv

Adjektiv

Deklination der Adjektive B1+K3M3

Typ I: bestimmter Artikel + Adjektiv + Nomen

	der Körper	das Fachgebiet	die Wirkung	Körper (Pl.)
N	der menschlich**e**	das neu**e**	die therapeutisch**e**	die menschlich**en**
A	den menschlich**en**	das neu**e**	die therapeutisch**e**	die menschlich**en**
D	dem menschlich**en**	dem neu**en**	der therapeutisch**en**	den menschlich**en**
G	des menschlich**en**	des neu**en**	der therapeutisch**en**	der menschlich**en**

auch nach: Fragewörtern *(welcher, welches, welche)*; Demonstrativartikeln *(dieser, dieses, diese; jener, jenes, jene)*; Indefinitartikeln *(jeder, jedes, jede; alle (Pl.))*; Negationsartikeln und Possessivartikeln im Plural *(keine, meine)*

Typ II: unbestimmter Artikel + Adjektiv + Nomen

	der Körper	das Fachgebiet	die Wirkung	Körper (Pl.)
N	ein menschlich**er**	ein neu**es**	eine therapeutisch**e**	menschlich**e**
A	einen menschlich**en**	ein neu**es**	eine therapeutisch**e**	menschlich**e**
D	einem menschlich**en**	einem neu**en**	einer therapeutisch**en**	menschlich**en**
G	eines menschlich**en**	eines neu**en**	einer therapeutisch**en**	menschlich**er**

auch nach: Negationsartikeln *(kein, kein, keine (Sg.))*; Possessivartikeln *(mein, mein, meine … (Sg.))*

Typ III: ohne Artikel + Adjektiv + Nomen

	der Körper	das Fachgebiet	die Wirkung	Körper (Pl.)
N	menschlich**er**	neu**es**	therapeutisch**e**	menschlich**e**
A	menschlich**en**	neu**es**	therapeutisch**e**	menschlich**e**
D	menschlich**em**	neu**em**	therapeutisch**er**	menschlich**en**
G	menschlich**en**	neu**en**	therapeutisch**er**	menschlich**er**

auch nach: Zahlen *(zwei, drei, vier …)*; Indefinitartikeln im Plural *(viele, einige, wenige, andere)*

Adjektive und Partizipien können zu Nomen werden. Sie werden aber wie Adjektive dekliniert:
Der Arzt hilft k<u>ranken</u> Menschen. → Der Arzt hilft K<u>ranken</u>.

Partizipien als Adjektive B2K10M1

Partizipien können als Adjektive gebraucht werden und geben dann nähere Informationen zu Nomen. Wenn sie vor Nomen stehen, brauchen sie eine Adjektivendung. Man kann sie durch Relativsätze wiedergeben:

Bildung	Bedeutung	Beispiel	Umformung Relativsatz
Partizip I Infinitiv + d + Adjektivendung	aktive Handlungen oder Vorgänge, die gleichzeitig mit der Haupthandlung des Satzes passieren	*Bald sind auf unseren Straßen **selbstfahrende** Autos unterwegs.*	*Bald sind auf unseren Straßen Autos, **die selbst fahren**, unterwegs.*
Partizip II Partizip II + Adjektivendung	meist passive Handlungen oder Vorgänge, die gleichzeitig mit oder vor der Haupthandlung des Satzes passieren	*Ein schnell **ausgelöster** Notruf kann Leben retten.* *Der auf der Messe **vorgestellte** Roboter wird nun ausprobiert.*	*Ein Notruf, **der** schnell **ausgelöst wird**, kann Leben retten.* *Der Roboter, **der** auf der Messe **vorgestellt worden ist**, wird nun ausprobiert.*

Vor Partizipien können Erweiterungen stehen: *der <u>schnell von Robotern</u> ausgelöste Notruf*

Präposition

Präposition

Präpositionen (Zusammenfassung) B1+K9M3/B1+K10M3/B2K10M3

		Ort Wohin?	Ort Wo?	Zeit	Grund/Folge	Gegengrund	Art und Weise
mit Akkusativ		bis zur Brücke durch den Bahnhof gegen die Mauer um die Ecke	den Bach **entlang*** um den Baum **herum**	bis nächstes Jahr für drei Tage gegen fünf Uhr um Viertel nach sieben um Ostern **herum** über eine Woche	durch die Krankheit		ohne Nachdenken
mit Dativ	zur Straße		ab der Ampel an der Straße **entlang** bei der Kreuzung **entlang*** dem Bach gegenüber der Schule nach der Brücke vom Flughafen **aus**	ab vier Wochen an den schönsten Tagen beim Packen der Koffer in der Nacht nach der Reise seit einem Monat von jetzt **an** von morgens **bis** abends vor der Buchung zu Weihnachten zwischen Montag und Mittwoch	aus Verlegenheit vor Furcht bei Gefahr		mit Eleganz aus Erfahrung nach Gefühl
Wechselpräpositionen mit Akkusativ (Wohin?) oder Dativ (Wo?)	an die Wand auf den Tisch hinter das Regal in den Abfalleimer neben die Bücher über die Uhr unter das Bett vor den Teppich zwischen die Stühle	an der Wand auf dem Tisch hinter dem Regal im Abfalleimer neben den Büchern über der Uhr unter dem Bett vor dem Teppich zwischen den Stühlen					
mit Genitiv			außerhalb des Geländes entlang* des Bachs innerhalb der Gebäude jenseits der Mauer inmitten des Zimmers unweit der Uni	außerhalb der Saison innerhalb eines Monats während des Urlaubs inmitten der Ferien	wegen ihres Studiums dank einer Ausbildung infolge ihrer Recherchen aufgrund des Interesses anlässlich des Jubiläums angesichts der Nachfrage	trotz fehlender Ausbildungsmöglichkeiten	

* *Wir gehen den Bach entlang.* nachgestellt mit Akkusativ
Wir gehen entlang dem Bach / des Bachs. vorangestellt mit Dativ oder Genitiv

Die Präpositionen *dank, trotz, während* und *wegen* werden in der gesprochenen Sprache auch mit Dativ verwendet: *wegen dem schlechten Wetter*

169

Grammatik

Nomen / Satz

Nomen

Nominalisierung von Verben B2K9M1

Es gibt viele Möglichkeiten, ein Verb zu nominalisieren. Häufige Endungen und Veränderungen sind:

Endung/Veränderung	Verb	Nomen
Verb ohne Endung (mit/ohne Vokaländerung)	abbauen wählen	der Abbau die Wahl
***das* + Infinitiv**	erkennen	das Erkennen
***die* + -ung**	entstehen wahrnehmen	die Entstehung die Wahrnehmung
***der* + -er**	lernen	der Lerner
***die/der* + -e** (mit/ohne Vokaländerung)	folgen helfen glauben	die Folge die Hilfe der Glaube
***die/das* + -(t)nis**	erkennen erleben	die Erkenntnis das Erlebnis
***die* + -(t)ion**	reagieren	die Reaktion

Der Körper **reagiert** auf Musik. → die **Reaktion** des Körpers auf Musik
Nominativ Genitiv

Bei Verben mit Akkusativ wird die Akkusativergänzung auf zwei Arten umgeformt:
mit Artikelwort: Musik **verändert** den Blutdruck. → die **Veränderung** des Blutdrucks durch Musik
 Nominativ Akkusativ Genitiv durch + Akkusativ
ohne Artikelwort: Musik **baut** Stress **ab**. → der **Abbau** von Stress durch Musik
 Nominativ Akkusativ von + Dativ durch + Akkusativ

Satz

Weiterführende Nebensätze C1K3M3

Weiterführende Nebensätze beziehen sich auf die Gesamtaussage des Hauptsatzes, die so kommentiert oder weitergeführt wird.
Die Nebensätze werden mit *was, wo(r)* + Präposition oder *weshalb/weswegen* eingeleitet und stehen immer nach dem Hauptsatz.

Der Mensch kann nicht erfolgreich mehrere Dinge auf einmal tun, **was** Wissenschaftler in neuen Untersuchungen bestätigen.

Beim Arbeiten werde ich ständig unterbrochen, **worüber** ich mich oft ärgere.

Durch Multitasking wird viel Zeit verschwendet, **weswegen** man es vermeiden sollte.

Satz

Nominal- und Verbalstil C1K2M3

Der Verbalstil wird vor allem in erzählenden Texten und in der mündlichen Sprache verwendet. Verben und Nomen werden ungefähr gleich oft benutzt. Die Verben haben eine starke eigene Bedeutung. Texte im Verbalstil klingen lebendiger.

Der Nominalstil wird vor allem in Fachtexten und in wissenschaftlichen Texten verwendet. Es werden besonders viele Nomen benutzt. Die Nomen tragen die Hauptbedeutung. Texte in Nominalstil sind eher abstrakt.

Verbalform		Nominalform
Akkusativ-/Dativergänzung	→	**Präpositionalattribut**
Die Forschung beobachtet dabei den Spracherwerb und das Sprachenlernen.		In der Forschung gibt es Beobachtungen zum Spracherwerb und zum Sprachenlernen.
Personalpronomen	→	**Possessivartikel**
Sie erwerben auch Sprachregeln, die nur selten vorkommen.		Ihr Erwerb umfasst auch Sprachregeln, deren Vorkommen selten ist.
Präpositionalergänzung	→	**Präpositionalattribut**
…, dass sie dabei von den Normen der Muttersprache abweichen.		Abweichungen von den Normen der Muttersprache sind …
transitive Verben: → Akkusativergänzung im Aktivsatz → Subjekt im Passivsatz → handelnde „Person"		→ **Genitiv** → oft *durch* + „Person"
Selbst wenn Eltern Fehler nicht korrigieren, erwerben Kinder …		Selbst ohne Korrektur der Fehler durch die Eltern ist der Erwerb …
intransitive/reflexive Verben: **Subjekt im Aktivsatz**	→	**Genitiv**
Daher nimmt man an, dass sich das Sprachvermögen verbessert, wenn …		Es besteht daher die Annahme, dass eine Verbesserung des Sprachvermögens eintritt, wenn …
Adverb	→	**Adjektiv vor der Nominalisierung**
Bei Erwachsenen kann man jedoch allgemein feststellen, dass …		Bei Erwachsenen gibt es jedoch die allgemeine Feststellung, dass …

Subjekt- und Objektsätze C1K3M1

Subjekte und Akkusativobjekte können zu dass-Sätzen erweitert werden, indem das Nomen verbalisiert wird. Dann entstehen Subjekt- bzw. Objektsätze.

Anstelle eines dass-Satzes kann auch ein Infinitivsatz benutzt werden, wenn das Subjekt des Nebensatzes mit einer Ergänzung im Hauptsatz identisch ist oder das Subjekt des Nebensatzes das Indefinitpronomen *man* ist. Manchmal muss man den dass-Satz ins Passiv setzen, um einen Infinitivsatz zu bilden.

Subjektsatz		
Im Gespräch ist	***die Angabe*** erfundener Erklärungen	nicht ratsam.
Im Gespräch ist es nicht ratsam,	dass *man* erfundene Erklärungen **angibt**.	
Im Gespräch ist es nicht ratsam,	erfundene Erklärungen **anzugeben**.	

Objektsatz	
Viele Bewerber fürchten	***die Kritik*** des Personalchefs an ihrem bunten Lebenslauf.
Viele Bewerber fürchten,	dass *der Personalchef* ihren bunten Lebenslauf **kritisiert**. (Aktiv)
	dass *sie* vom Personalchef für ihren bunten Lebenslauf **kritisiert werden**. (Passiv)
Viele Bewerber fürchten,	vom Personalchef für ihren bunten Lebenslauf **kritisiert zu werden**.

Grammatik

Satz

Nominalisierung und Verbalisierung (Zusammenfassung)   C1K4M1/C1K4M3/C1K5M3

	Verbalform: Konnektor	**Nominalform: Präposition**
final (Absicht, Zweck oder Ziel)	**um … zu, damit** **Um** das Vorhaben besser bewältigen **zu** können, … **Damit** man das Vorhaben besser bewältigen kann, …	**zu** + Dat. / **für** + Akk. **Zur** besseren Bewältigung des Vorhabens … **Für** die bessere Bewältigung des Vorhabens …
temporal (Zeit)	**seitdem** **Seitdem** die Steinkohle entdeckt wurde, …	**seit** + Dat. **Seit** der Entdeckung der Steinkohle …
	nachdem **Nachdem** der Krieg beendet worden war, …	**nach** + Dat. **Nach** dem Ende des Krieges …
	als …, **als** die Wirtschaft der Bundesrepublik wieder aufgebaut wurde.	**bei** + Dat. … **beim** wirtschaftlichen Wiederaufbau der Bundesrepublik.
	bis **Bis** der wirtschaftliche Abschwung begann, …	**bis zu** + Dat. **Bis zum** Beginn des wirtschaftlichen Abschwungs …
	bevor **Bevor** die Kohlekrise begann, …	**vor** + Dat. **Vor** dem Beginn der Kohlekrise …
	während **Während** man Kohle förderte, …	**während** + Gen. **Während** der Kohleförderung …
kausal (Grund)	**weil, da** **Weil/Da** die Konkurrenz stark ist, …	**wegen** + Gen. / **aufgrund** + Gen. **Wegen** der starken Konkurrenz … **Aufgrund** der starken Konkurrenz …
	deshalb, deswegen, darum Die Konkurrenz ist stark, **deshalb** …	
modal (Art und Weise)	**indem** …, **indem** sie Produktionsstätten ins Ausland verlegen.	**durch** + Akk. **Durch** die Verlegung von Produktionsstätten ins Ausland …
	dadurch, dass **Dadurch, dass** sie Produktionsstätten ins Ausland verlegen, …	
konzessiv (Gegengrund oder Einschränkung)	**obwohl** **Obwohl** sie sehr motiviert sind, …	**trotz** + Gen. **Trotz** großer Motivation …
	trotzdem/dennoch Viele sind sehr motiviert, **trotzdem/dennoch** …	
	zwar …, aber Sie sind **zwar** sehr motiviert, **aber** …	

Satz

Konnektoren   C1K1M1

Konnektoren machen Texte flüssiger und abwechslungsreicher.

Konditionale Konnektoren

Konnektor	leitet ein	Bedeutung	Beispiel
wenn	Nebensatz	Bedingung	Ich achte nicht auf die Zeit, **wenn** ich einen spannenden Krimi lese.
falls			Ändere deine Routinen, **falls** die Zeit zu schnell vergeht.
außer wenn	Nebensatz	Bedingung, die die vorangehende Aussage einschränkt (= wenn … nicht)	Die Zeit vergeht schnell, **außer wenn** man jung ist.
es sei denn	Hauptsatz		Die Zeit vergeht schnell, **es sei denn**, man ist jung.

Konsekutive, adversative und temporale Konnektoren
Diese Konnektoren leiten immer einen Hauptsatz ein.

Konnektor	Bedeutung	Beispiel
dann	meist positive Folge	Man muss auch mal nichts tun, **dann** kommen viele neue Gedanken.
demnach	Folge	Routinen lassen die Zeit schnell vergehen, **demnach** sollten wir sie vermeiden.
folglich		Viele denken heute schon an morgen, **folglich** spüren sie die Gegenwart kaum.
infolgedessen		Viele denken heute schon an morgen, **infolgedessen** spüren sie die Gegenwart kaum.
somit		Ein Kind erlebt täglich Neues, **somit** empfindet es die Zeit sehr intensiv.
andernfalls	negative Folge	Auch mal nichts zu tun ist wichtig, **andernfalls** kommt man seltener auf neue Ideen.
sonst		Der Mensch braucht Abwechslung im Leben, **sonst** wird ihm langweilig.

Negative Konsekutivsätze   C1K5M1

Konsekutivsätze mit *zu …, um zu* und *zu …, als dass* drücken eine negative Folge aus. Sie bestehen aus zwei Teilen: *zu* steht im Hauptsatz vor einem Adjektiv oder Partizip, *um zu* und *als dass* leiten den Nebensatz ein. Nach *um zu* steht der Infinitiv, nach *als dass* steht das Verb im Konjunktiv II.

Konsekutivsatz mit *zu …, als dass* + Konjunktiv II	Konsekutivsatz mit *so …, dass* + Negation
Hinsichtlich der Datensicherheit wurde schon **zu** oft gelogen, **als dass** man den Betreibern von Netzwerken glauben könnte.	Hinsichtlich der Datensicherheit wurde schon **so** oft gelogen, **dass** man den Betreibern von Netzwerken **nicht** glauben kann.
Konsekutivsatz mit *zu …, um zu* + Infinitiv	**Konsekutivsatz mit *so …, dass …* + Negation**
Persönliche Daten sind **zu** wichtig, **um** sie bedenkenlos ins Netz **zu** stellen.	Persönliche Daten sind **so** wichtig, **dass** man sie **nicht** bedenkenlos ins Netz stellt.

Prüfungsvorbereitung / Auswertung

Im Lehrbuch sowie im Arbeitsbuch finden Sie Aufgaben, die auf die Prüfungen zum C1-Niveau des Goethe-Instituts und von TELC vorbereiten.
Eine passende Modellprüfung zum Titel finden Sie hier: www.klett-sprachen.de
Bitte geben Sie in das Suchfeld auf der Webseite den folgenden Online-Zugangscode ein: uxfe8de

Fertigkeit	Goethe-Zertifikat C1	telc Deutsch C1
Leseverstehen		
Aufgabe/Teil 1	**AB** K3, M4, Ü2a	**LB** K5, M4, A2a
Aufgabe/Teil 2	**AB** K5, M4, Ü1	
Aufgabe/Teil 3	**AB** K1, M2, Ü1	
Sprachbausteine		
		AB K1, M4, Ü4 Arbeitsblatt unter www.aspekte.biz
Hörverstehen		
Aufgabe/Teil 1	**LB** K3, M2, A3a	**LB** K1, M2, A2b
Aufgabe/Teil 2	**LB** K2, M2, A2	**LB** K2, M2, A2 Arbeitsblatt unter www.aspekte.biz
Aufgabe/Teil 3		**LB** K4, M1, A2a Arbeitsblatt unter www.aspekte.biz
Schriftlicher Ausdruck		
Aufgabe 1	**AB** K2, M4, Ü3	**LB** K4, M3, A4 Arbeitsblatt unter www.aspekte.biz
Aufgabe 2	**LB** K4, M4, A6	
Mündlicher Ausdruck		
Aufgabe/Teil 1 A und B	**LB** K3, M4, A6	
Aufgabe/Teil 2		**LB** K2, M4, A3

Lösungen zu Kapitel 5, Filmseiten, Aufgabe 1

A 22, 37; B 1,3; C 10; D 11, 40; E 270

Vorlagen

Vorlage für eigene Porträts einer Person

Name, Vorname(n)	
Nationalität	
geboren/gestorben am	
Beruf(e)	
bekannt für	
wichtige Lebensstationen	
Was sonst noch interessant ist (Filme, Engagement, Hobbies…)	

Vorlage für eigene Porträts eines Unternehmens / einer Organisation

Name	
Hauptsitz	
gegründet am/in/von	
Tätigkeitsfeld(er)	
bekannt für	
wichtige Daten/Entwicklungen	
Was sonst noch interessant ist (Engagement, Sponsoren …)	

Lösungen zum Arbeitsbuch

Kapitel 1   Alltägliches

Wortschatz

Ü1 (1) den Wecker … stellen, (2) Behördengang erledigen, (3) verschüttet, (4) stand … im Stau, (5) Portemonnaie vergessen hatte, (6) erfasst … Arbeitszeiten, (7) mich in eine … Telefonkonferenz einzuwählen, (8) die Leitung zusammengebrochen, (9) abgestürzt, (10) beigetreten, (11) drei Zehen gebrochen, (12) kündigen

Ü2a 1. die/routiniert, 2. die/verantwortlich, 3. der/rhythmisch, 4. die/monoton, 5. der/stressig, 6. die/eintönig, 7. die/langweilig, 8. die/sicher, 9. die/sorglos, 10. der/spaßig, 11. die/gewöhnlich/gewohnheitsmäßig, 12. die/abwechslungsreich

Ü3 1. meistern; 2. entfliehen, abschalten; 3. abgewinnen

Modul 1   Zeitgefühl

Ü1 1. stehen … unter Zeitdruck, 2. sich Zeit nimmt, 3. die Zeit totzuschlagen, 4. mit der Zeit gehen, 5. ist … eine Frage der Zeit, 6. … haben nicht endlos Zeit, 7. Zeit verbringe …

Ü2a 1. +, 2. +, 3. -, 4. -, 5. +, 6. +, 7. 0, 8. 0, 9. -, 10. -

Ü2b Musterlösung:
3. Im Urlaub hat man oft das Gefühl, dass die Zeit am Anfang langsamer und am Ende schneller vergeht. 4. Wer sehr geplant lebt, denkt immer an die Zukunft und erlebt die Gegenwart nicht intensiv. 9. Wenn man sich mit etwas Spannendem beschäftigt, bemerkt man die Zeit nicht. Wenn etwas unangenehm ist, achte ich auf die Zeit und sie vergeht langsamer. 10. Man sollte auch einmal nichts tun. Dabei kann man neue Ideen entwickeln.

Ü3 1. … folglich hat er kaum Zeit für ein Hobby. 2. … folglich kann sie viele gemeinsame Erinnerungen teilen. / … folglich wird sie viele gemeinsame Erinnerungen teilen können. 3. … somit hat er gute Chancen zu bestehen. 4. … demnach kann er zwei Wochen nicht arbeiten / … demnach wird er zwei Wochen nicht arbeiten können. 5. … folglich fehlen ihm wichtige Informationen. 6. … somit steht die Produktion still.

Ü4 1. b, a; 2. d; 3. e, d; 4. a, d; 5. c

Ü5 1. außer wenn 2. es sei denn, 3. außer wenn 4. es sei denn, 5. außer wenn

Ü6 Musterlösung:
A Morgens muss er früher aufstehen, sonst/andernfalls verpasst er den Bus. B Ich schaffe meine Arbeit nicht, es sei denn, ein Kollege hilft mir. C Du musst mal wieder zum Friseur, sonst siehst du bald schrecklich aus. D Wir können uns heute Nachmittag nicht treffen, außer wenn ich frei bekomme.

Modul 2   Vereine heute

Ü1 1. d, 2. a, 3. c, 4. c, 5. b, 6. c, 7. a, 8. d, 9. c, 10. b

Modul 3   Zuletzt online …

Ü1a 1. f, 2. r, 3. f, 4. f, 5. f, 6. r, 7. f

Ü1b (1) Verbraucherschutz, (2) Zeit ersparen (oder Zeit stehlen/kosten), (3) schneller/leistungsstärker, (4) zum (schnelleren) Kauf eines neuen Rechners, (5) Inkompatibilität, (6) zu lösen / zu beheben, (7) Hardware/Geräte, (8) Sicherheit, (9) der Mensch, (10) für sinnlos/schlecht/unnütz/gefährlich

Ü2 (1) hat … angefangen, (2) habe … besucht, (3) hat … aufgezeigt, (4) hat … gegenübergestellt, (5) hat … überrascht, (6) hat … gefallen, (7) hat … überzeugt, (8) hat … beantwortet

Ü3 1. Du schaffst es immer wieder, mich von den Vorteilen eines neuen Smartphones zu überzeugen. 2. Du hast mich überzeugt: Es ist wichtig, die Kosten genau durchzurechnen. 3. Hast du vergessen, die Handyrechnung zu überweisen? 4. Der Telefonanbieter hat vor, das gesamte Netz umzubauen. 5. Ich hatte keine Zeit, deine Nachricht gründlich durchzulesen. 6. Es ist übertrieben, vielen Smartphonenutzern gleich Spielsucht zu unterstellen. 7. Es ist ihr gelungen, seine sehr kritische Meinung zu widerlegen.

Ü4 1. Der Kollege übersetzte die Spielanleitung in seine Muttersprache. 2. Wegen einer Baustelle umfuhr ich die Kreuzung. 3. Ein Auto fuhr mich fast um. 4. Wegen eines Gewitters stellte ich mich in einer Scheune unter. 5. Mit dieser Taktik umging ich das Problem. 6. Im zweiten Spiel fuhr ich die Strecke vom Hafen bis zur Insel mit dem Schiff ohne Probleme durch. 7. Das Schiff setzte vom Festland auf die Insel über. 8. Ein Schreck durchfuhr mich beim Blick auf die Uhr. 9. Meine Freundin unterstellte mir Spielsucht. 10. Mit ihrer Kritik ging ich locker um.

Modul 4   Unser Zuhause

Ü1 1. f, 2. b, 3. e, 4. a, 5. d, 6. c

Ü2a Themen: zu laut Musik hören, nicht einkaufen

Ü2b Musterlösung:
(1) … du andauernd so laut Musik hörst.
(2) … muss die Musik dafür immer so laut sein?
(3) … du die Musik leiser machst, wenn ich da bin oder mit Kopfhörern hörst, und wir

versuchen, auch etwas leiser zu sein? (4) … in letzter Zeit nur ich eingekauft habe. (5) … einen Plan machen, wer wann einkaufen geht.

Ü4 1 allem, 2 einer, 3 Miete, 4 ✓, 5 finden, 6 Kontakt, 7 Deswegen, 8 sich, 9 könnten, 10 es, 11 Senioren:, 12 ✓, 13 auf, 14 alle, 15 geeignet, 16 ✓, 17 wohlzufühlen, 18 klappt/funktioniert, 19 überlegen, 20 Freunden, 21 vom, 22 sie

Ü5a 1. kaputte Fliesen, 2. Schimmel an der Wand, 3. Steckdosen kaputt, 4. Wasserschaden an der Decke, 5. Kratzer auf dem Parkett, 6. Risse in der Wand

Ü5b 1. beschreiben, 2. gestalten, 3. aufbauen, 4. besprechen, 5. nachholen, 6. beseitigen

Ü6 2. d, 3. g, 4. h, 5. j, 6. i, 7. c, 8. a, 9. f, 10. b

Aussprache   schnelles Sprechen – Verschmelzungen und Verschleifungen

Ü1 A 2–1, B 1–2, C 2–1, D 2–1
Ü2a 1. a, 2. a, 3. b, 4. b, 5. b, 6. b
Ü3 (1) Umgangssprache, (2) am Ende, (3) gesprochen, (4) Vokalen, (5) gebildet

Kapitel 2   Hast du Worte?

Wortschatz

Ü1 2. Worte, 3. komme … zu Wort, 4. zu Wort gemeldet, 5. beim Wort nehmen, 6. kein Wort … verloren, 7. wortgewandt, 8. wortkarg, 9. wortlos, 10. wortwörtlich

Ü2 1. sich vertragen, 2. kooperieren, 3. beweisen, 4. erfahren

Ü3 1 Diskussion, 2 Vortrag, 3 Erklärung, 4 Verhandlung, 5 Dialog, 6 Unterhaltung, Lösungswort: Streit

Ü4a formell: ausführen, beraten, definieren, erläutern, erörtern, begründen, einwerfen, wiedergeben
informell: plaudern, spotten, tratschen, labern, lästern

Ü4b 1. geplaudert/gequatscht/getratscht, 2. ausführen/erläutern/begründen/erörtern, 3. erläutern/erörtern/besprechen, 4. getratscht/gequatscht/gelästert/gespottet

Ü5 1. +, 2. -, 3. +, 4. -, 5. +

Modul 1   Immer erreichbar

Ü1 Tim F.: Ja – Angst, etwas zu verpassen oder jemand muss ihn dringend erreichen / normal heutzutage
Steffi K.: Ja – Geschäftsführerin Werbebranche → muss auch am Wochenende arbeiten, muss für Kollegen erreichbar sein / normal in vielen Jobs
Leo W.: Nein – Hat kein Handy, will wirklich Feierabend haben / Leute halten sich an Verabredungen, da man ihn nicht kurz vorher anrufen kann, mehr Verbindlichkeit

Ü2 1. behauptete, 2. beschrieb, 3. betonte, 4. erläuterte, 5. erzählte, 6. meldete, 7. hob hervor, 8. versicherte, 9. entgegnete, 10. teilte mit

Ü3 2. Nach Kerstin Cuhls ist es ein Vorteil, jederzeit auf alle Daten Zugriff zu haben. 3. Laut einer Tageszeitung besitzt in Deutschland fast jeder ein Handy. 4. Einer Umfrage zufolge verzichten immer mehr Menschen auf einen Festnetzanschluss. 5. Nach der Geschäftsleitung sollen Handys zukünftig während der Besprechungen ausgeschaltet werden.

Ü4 2. Wie die Nachrichtenagentur meldet, hat die Bundesregierung eine erneute Steuererhöhung beschlossen. 3. Wie die Zeitschrift „Wirtschaften" berichtet, entlässt das Unternehmen die Hälfte der Belegschaft. 4. Wie zwischen Arbeitnehmern und Arbeitgebern vereinbart, wird im nächsten Quartal ein neuer Betriebsrat gewählt. 5. Wie ein erfahrener Experte darstellt, wird die momentane Krise noch länger andauern.

Ü5a 2. sei, 3. würden … schaffen, 4. könne, 5. werde, 6. könnten, 7. führe, 8. müsse

Ü5b Musterlösung:
2. Sie erzählt, dass sie es manchmal stressig finde, dass man sie immer anrufen könne. 3. Sie berichtet, für Notfälle habe ihre Tochter ihr Handy immer dabei. 4. Sie ist der Meinung, wer heutzutage Karriere machen wolle, müsse immer erreichbar sein. 5. Er weist darauf hin, früher sei es auch ohne Handy gegangen. 6. Er sagt, dass manche Leute nicht mal im Urlaub ihre Handys ausschalten würden. 7. Er behauptet, manche Leute würden in Panik geraten, wenn sie mal ihre E-Mails nicht abrufen könnten. 8. Er betont, er wolle sich auch mal in Ruhe unterhalten, ohne dass ständig das Handy klingle.

Modul 2   Gib contra!

Ü1 1. B, 2. A, 3. C
Ü2a 1 D, 2 A, 3 C, 4 B

Modul 3   Sprachen lernen

Ü1a 1. der Erwerb, 2. die Kenntnis, 3. die Vermittlung, 4. das Gespräch / das Sprechen, 5. die Teilnahme, 6. kommunizieren, 7. sich auseinandersetzen, 8. motivieren, 9. zweifeln, 10. darstellen

Ü1b vollständig – die Vollständigkeit, klar – die Klarheit, intelligent – die Intelligenz, stark – die Stärke, mutig – der Mut, schnell – die Schnelligkeit, alt – das Alter, selten – die Seltenheit

Lösungen zum Arbeitsbuch

Ü2 2. auf … antworten, 3. über … diskutiert, 4. forschen … zu, 5. wissen … über

Ü3a 2. die Grammatik gut kennen, 3. die sozialen Kontakte aufrechterhalten, 4. die ersten Fehler korrigieren, 5. die Sätze klar aufbauen, 6. eine erfolgreiche Kommunikation führen

Ü3b 2. Die Forschung ist aktuell. 3. Die Aussprache ist korrekt. 4. Die Grammatik ist schwierig. 5. Der Spracherwerb ist unterschiedlich.

Ü4a das Gespräch – die Beschäftigung mit – berichten über, von – die Reaktion auf – sich beschweren über – der Hinweis auf

Ü5 2. sein Unterricht (an einer Hochschule), 3. eure (interessante) Präsentation, 4. unser Gespräch (über die Ausstellung), 5. Ihr/ihr (schnelles) Lernen, 6. Ihre (gute) Beratung

Ü6 2. die Vermittlung der Fremdsprachen in der Schule, 3. der mühelose Erwerb der Muttersprache, 4. das leichte Erlernen von Sprachen im Kindesalter / das leichte Erlernen der Sprachen im Kindesalter, 5. Die Reduktion / das Reduzieren der Fehler durch viel Übung, 6. Die Verbesserung der Sprachkenntnisse von Schülern durch mehr Sprachkontakte, 7. Die genaue Beobachtung des Spracherwerbs / beim Spracherwerb durch die Forscher, 8. Die Entdeckung der Unterschiede beim frühen und späten Lernen

Modul 4 Sag mal was!

Ü1 1. fürchten, 2. vermeiden, 3. beibringen, 4. mittlerweile, 5. ausschließlich, 6. imponieren, 7. Gelegenheit, 8. scheinen, 9. auffallen, 10. offenbar, 11. vermuten, 12. sich sehnen

Ü2a 1. verbunden, 2. Identität, 3. achten, 4. Ausnahme, 5. verpönt, 6. auswärts, 7. angesehen, 8. beobachten, 9. Erinnerung, 10. unterdrücken

Ü2b (1) auf großes Interesse gestoßen, (2) Aus meiner Erfahrung heraus kann ich nur unterstreichen, (3) von Vorteil sein, (4) Andererseits muss ich auch zugeben, (5) Abschließend möchte ich sagen

Aussprache komplexe Lautfolgen

Ü1a 1. Be<u>völ</u>kerungszunahme, 2. <u>Eich</u>hörnchen, 3. kult<u>ur</u>übergreifend, 4. <u>mi</u>krowellengeeignet, 5. Elektriz<u>itäts</u>werk, 6. funk<u>tions</u>tüchtig, 7. <u>Mei</u>sterschaftsspiel, 8. <u>Papp</u>schächtelchen

Ü1b 1. Be|<u>völ</u>|ke|rungs|zu|nah|me, 2. <u>Eich</u>|hörn|chen, 3. kul|tur|<u>ü</u>|ber|grei|fend, 4. <u>mi</u>|kro|wel|len|-ge|eig|net, 5. E|lek|tri|zi|<u>täts</u>|werk, 6. funk|<u>tions</u>|-tüch|tig, 7. <u>Mei</u>|ster|schafts|spiel, 8. <u>Papp</u>|schäch|tel|chen

Ü2a 1. er|<u>zieh</u>|ungs|be|<u>rech</u>|tigt, 2.fälsch|li|cher|<u>wei</u>|se, 3. <u>Fisch</u>|stäb|chen, 4. <u>Gän</u>|se|füß|chen, 5. Jus|tiz|voll|<u>zugs</u>|an|stalt, 6. <u>Kirsch</u>|saft|schor|le, 7. <u>Kopf</u>|stein|pflas|ter, 8. <u>Nacht</u>|tisch|läm|pchen, 9. Re|la|ti|vi|<u>täts</u>|theo|rie, 10. <u>Schön</u>|heits|chi|rurg

Kapitel 3 An die Arbeit!

Wortschatz

Ü1 1. Doktor, 2. Demonstration, 3. Zentrale, 4. Kollege, 5. Patente, 6. Qualifikation, 7. Bestellung, 8. Leasing

Ü2 B Arbeitsverhältnis, C Angebot, D Betriebsrates, E Karriereberaters, F Vertrag, G Gehaltsvorstellungen, H Bescheid
Reihenfolge: B, C, E, D, H, G, F, A

Ü3 1. h, 2. d, 3. e, 4. g, 5. b, 6. a, 7. f, 8. c

Ü4 <u>Personalabteilung</u>: Stellenanzeigen formulieren, Weiterbildungen organisieren, Bewerbungsgespräche führen, Mitarbeiter abmahnen, Arbeitsverträge aufsetzen, Gehaltsabrechnungen erstellen
<u>Einkauf/Verkauf</u>: Rabatte gewähren, Preise aushandeln, Kaufverträge aufsetzen, Rechnungen schreiben, Reklamationen bearbeiten, Konditionen festsetzen
<u>Logistik/Lager</u>: einen Liefertermin vereinbaren, Bestellungen versenden, das Lager verwalten, Waren annehmen, den Warenbestand prüfen, Waren zusammenstellen, eine Bestellung ausliefern, Pakete frankieren, Waren verpacken

Modul 1 Ein bunter Lebenslauf

Ü1a 2., 4., 5., 7.

Ü1b 1. Personalchef einer großen Firma, 2. traditionell: Anschreiben, Lebenslauf mit Foto und Aufzählung der Tätigkeiten, 3. Der Bewerber muss sich gut inszenieren können. 4. Ratgeber zur schriftlichen Bewerbung, 5. etwas Witziges antworten, aber nur, wenn es der Situation (Branche, Gesprächspartner) angemessen ist; keine gravierenden/schlimmen Schwächen nennen

Ü2 2. ihre Bewerbung sorgfältig anzufertigen, 3. dass sie bei der Angabe ihres Werdegangs ehrlich sind, 4. Richtungswechsel schlüssig zu begründen, 5. alle Berufserfahrungen geschickt darzustellen

Ü3 2. Der Bewerber hofft, dass er von der Firma bald eingestellt wird. / … von der Firma bald eingestellt zu werden. 3. Der Bewerber verlässt sich darauf, dass er vom Personalchef nach dem

Vorstellungsgespräch informiert wird / … vom Personalchef nach dem Vorstellungsgespräch informiert zu werden. 4. Der Bewerber erwartet, dass er in seine neuen Aufgaben gut eingearbeitet wird. / in seine neuen Aufgaben gut eingearbeitet zu werden. 5. Der Bewerber kann davon ausgehen, dass er von der Firma am Anfang unterstützt wird. / … von der Firma am Anfang unterstützt zu werden.

Ü4 2. Dabei ist die Einhaltung der Vorgaben ratsam. 3. Die Richtigkeit aller Angaben in Ihrem Lebenslauf versteht sich von selbst. 4. Die Abgabe einer fehlerfreien Bewerbung ist wichtig. 5. Viele Firmen ermöglichen eine Bewerbung per E-Mail. 6. Der Personalchef erwartet pünktliches Erscheinen beim Vorstellungsgespräch. 7. Der Besuch eines Bewerbungstrainings ist möglich. 8. Sicheres Auftreten in einem Vorstellungsgespräch ist absolut notwendig.

Modul 2 Probieren geht über Studieren?

Ü1a Musterlösung:
§ 2 Wie viel verdient sie? § 3 Wie viele Tage Urlaub hat sie? § 4 Was muss sie tun, wenn sie krank ist? § 7 Wie ist die Kündigungsfrist?

Ü1b 2. § 4, 3. § 6, 4. § 3, 5. § 5, 6. § 1, 7. § 2, 8. § 7, 9. § 1

Ü1c 1. a, 2. a, 3. b, 4. a

Modul 3 Multitasking

Ü1 1. c, 2. d, 3. f , 4. e, 5. a, 6. b

Ü2 (1) Gehirn, (2) Bewältigung/Erledigung, (3) Dauerstress/Stress, (4) Doppelbelastung, (5) Reaktion, (6) Zeit, (7) Entscheidungsstau, (8) Verschwendung

Ü3a 1. f, 2. d, 3. a, 4. b, 5. c, 6. e

Ü3b 2. Er macht immer mehrere Dinge gleichzeitig, weshalb er oft ungenau arbeitet. 3. In Meetings schreibt er E-Mails auf seinem Handy, weswegen er oft unaufmerksam ist. 4. Manchmal vergisst er wichtige Termine, worüber sich auch schon Kunden beschwert haben. 5. Jetzt will er seine Aufgaben besser organisieren, worauf ich wirklich gespannt bin.

Ü4 (1) worüber, (2) weshalb/weswegen, (3) wodurch/weshalb/weswegen, (4) was, (5) was, (6) woran, (7) womit, (8) was, (9) weshalb/weswegen

Ü5 2. …, was ein Trugschluss ist. 3. …, worüber viele Studien informieren. 4. …, was den meisten nicht bewusst ist. 5. …, worauf ich mich sehr freue.

Modul 4 Soft Skills

Ü1 2. Führungskompetenz, 3. Teamfähigkeit, 4. Belastbarkeit, 5. Durchsetzungsvermögen, 6. Flexibilität, 7. Eigeninitiative, 8. Kundenorientierung

Ü2a 1. Start/Einstieg, 2. Lösung, 3. verhält, 4. Stelle, 5. Vorbereitung, 6. getauscht/geändert, 7. Soft Skills, 8. Interesse, 9. Bewerber/Job-Einsteiger, 10. Vorteil

Ü2b 1. die Erfahrung, 2. das Angebot, 3. die Lösung, 4. die Bewerbung, 5. die Vorbereitung, 6. der Austausch, 7. die Einstellung, 8. das Erlebnis, 9. die Definition, 10. die Unterschrift

Ü3 1. Rolle, 2. befasse, 3. überzeugt, 4. Erfahrungen, 5. Thema, 6. wichtig, 7. Beispiel, 8. Dagegen, 9. Auffassung, 10. Vorteil
ein Thema einleiten: 5
Beispiele / eigene Erfahrungen nennen: 4, 7
Argumente nennen: 8, 10
Bedeutung des Themas im eigenen Land erklären: 1, 6
die eigene Meinung äußern: 3, 9

Aussprache kleine Wörter, große Wirkung – Varianten von *ah*, *so*, *ja* und *oh*

Ü1 1. Freude, 2. Überraschung, 3. Resignation, 4. Verstehen

Ü2a 1. A: Schmerz, B: Wohlbefinden,
2. A: Zustimmung, B: Langeweile,
3. A: Ärger, B: Überraschung

Kapitel 4   Wirtschaftsgipfel

Wortschatz

Ü2 1. Kapital, 2. Börse, 3. Aktionär, 4. Aktienkurs, 5. Finanzen

Ü3 (1) Währung, (2) Wechselkurs, (3) Umsatz, (4) Geschäftsmodell, (5) Kredit

Ü4 1. g, 2. d, 3. h, 4. a, 5. e, 6. b, 7. c, 8. f

Modul 1 Vom Kohlenpott …

Ü1 die Autoindustrie, die Unternehmensführung, die Industrieanlage, die Konsumgüterindustrie, die Unternehmensberatung, die Industrieabgase, der Industriezweig, die Stahlindustrie, die Industriestadt, die Unternehmensleitung, die Spielwarenindustrie, die Unternehmensgründung, das Wirtschaftsunternehmen, der Industriearbeiter, das Handelsunternehmen, die Industriekauffrau, die Metallindustrie, die Unternehmensziele

Lösungen zum Arbeitsbuch

Ü2 (1) wussten, (2) hütete, (3) wurde, (4) fing, (5) brannte, (6) erschrak, (7) hatte … bemerkt, (8) geworden waren, (9) hatte … gesehen, (10) lief, (11) erzählte, (12) glaubten, (13) verboten, (14) konnte … vergessen

Ü3 1. die Entwicklung, 2. die Entstehung, 3. der Aufbau, 4. die Errichtung, 5. die Entfaltung, 6. wiederaufbauen, 7. beginnen, 8. enden, 9. bilden, 10. fortsetzen

Ü4 (1) als, (2) bis, (3) nachdem, (4) seitdem, (5) während, (6) als, (7) nachdem/als, (8) bevor/bis

Ü5 2. Bevor neue Maschinen die Arbeit erleichterten, mussten die Arbeiter vieles mühevoll mit der Hand machen. / Vor der Erleichterung der Arbeit durch neue Maschinen mussten die Arbeiter vieles mühevoll mit der Hand machen. 3. Als immer neuere Maschinen in der Produktion eingesetzt wurden, entwickelten sich auch neue Wirtschaftszweige. / Beim Einsatz immer neuerer Maschinen entwickelten sich auch neue Wirtschaftszweige. 4. Nachdem die Produktion immer stärker angestiegen und die Konkurrenz größer geworden war, wurden die Produkte immer billiger. / Nach einem immer stärkeren Anstieg der Produktion und einer größeren Konkurrenz wurden die Produkte immer billiger. 5. Nachdem große Firmen abgewandert waren, stiegen die Arbeitslosenzahlen schnell. / Nach der Abwanderung großer Firmen stiegen die Arbeitslosenzahlen schnell. 6. Seitdem der Dienstleistungssektor zunahm, nahmen die Arbeitslosenzahlen wieder ab. / Seit der Zunahme des Dienstleistungssektors nahmen die Arbeitslosenzahlen wieder ab.

Ü6a 1. nach der Beendigung der Ausbildung, 2. bevor wir essen, 3. beim Versuch, 4. bis der Zug ankommt, 5. vor dem Regen, 6. während sie arbeitet, 7. vor dem Beginn des Praktikums, 8. Als er/sie in die Firma eintrat, 9. nach dem Abschluss des Studiums, 10. bis man das Rentenalter erreicht, 11. seit seiner Entlassung aus dem Krankenhaus

Modul 2 Mit gutem Gewissen?

Ü1a 1. Unser Handeln wird durch das Gewissen gesteuert. 2. Die Entwicklung des Gewissens wird von Erziehung, Erfahrung, gesellschaftlichen Konventionen oder Normen, Glauben und Erkenntnis beeinflusst. 3. „Gewissensbisse" entstehen, wenn man (bewusst) gegen sein Gewissen handelt. 4. Die Hemmschwelle spielt eine wichtige Rolle, wenn man in Gewissensnot ist und (schnell) eine Entscheidung für eine Handlung treffen muss.

Ü1b 1. Grund, 2. unausweichlich, 3. sich entwickeln, 4. sich äußern, 5. existentiell

Modul 3 Die Welt ist ein Dorf

Ü1 2. beziehen, 3. steigern, 4. durchsetzen, 5. verlagern, 6. profitieren, 7. aussuchen, 8. bestehen

Ü2 pro: 1, 4, 5, 6
contra: 2, 3

Ü3 2. … indem Skype, E-Mails und Videokonferenzen genutzt werden. 3. … indem die Produktion großer Firmen ins Ausland verlagert wird. 4. Heute kann man Produkte bei Firmen in anderen Ländern dadurch bestellen, dass viele Firmen im Internet präsent sind. 5. Viele Produkte werden dadurch billiger, dass die Transportkosten sinken.

Ü4 2. Durch den Firmenkauf von Investoren aus dem Ausland werden häufig Arbeitsplätze abgebaut. 3. Durch Schließung von Firmen im Inland nimmt die Arbeitslosigkeit in den nächsten Jahren zu. 4. Durch die Zunahme der Arbeitslosigkeit erhöhen sich die Sozialausgaben des Staates enorm. 5. Durch die enorme Erhöhung der Sozialausgaben des Staates steigen die Steuern. 6. Durch den Anstieg der Steuern werden die Leute unzufriedener.

Ü5 2. wegen der Verbesserung der eigenen Berufsmöglichkeiten, 3. weil man weltweit mit anderen Firmen Kontakt aufnehmen kann, 4. wegen der Umweltverschmutzung, 5. weil viele Firmen in Billiglohnländer abwandern, 6. wegen der Missachtung grundlegender Arbeitsrechte

Ü6 2. Kleinere Firmen gehen oft pleite, weil die Preise ständig fallen. 3. Weil die Produktionskosten steigen, geraten manche Firmen in Schwierigkeiten. 4. Weil die Konkurrenz immer größer wird, versuchen die Firmen immer billiger zu produzieren. 5. Weil die Gesellschaft schnell altert, fehlen Arbeitskräfte.

Modul 4 Wer soll das bezahlen?

Ü1 1. C, 2. E, 3. B, 4. A, 5. D

Ü2 1. gestartet, 2. erhalten, 3. angegeben, 4. begrenzen, 5. erreiche, 6. ausgeben, 7. umsetzen

Ü3a 1. Beide haben eine Crowdfunding-Aktion gestartet. 2. Sie möchte ein kleines Café eröffnen, in dem es nur veganen Kuchen gibt und guten Kaffee. 3. Er wollte einen regionalen Mitnahmeservice für Päckchen und Briefe aufbauen.

Ü3b 1. die Mindestsumme erreicht, 2. zwei Tage, 3. Sie will das Dankesschreiben an die Unterstützer aufsetzen und Gutscheine für einen Cafébesuch für alle, die Geld eingezahlt haben, vorbereiten und sie möchte mit der Vermieterin sprechen. 4. er sich nicht ausreichend informiert hatte und die Aktion nicht überzeugend dargestellt war. 5. weiter an seiner Idee gearbeitet und das Konzept konkretisiert und verfeinert. 6. Ihre Kuchen sollen über seinen Lieferservice ausgeliefert werden.

Ü4 (1) Begeisterung, (2) Not, (3) aufmerksam, (4) beschäftigen, (5) Besondere, (6) präziser, (7) Bedenken, (8) Sprüche, (9) Risiko, (10) gelassen, (11) unangenehme, (12) Informationen

Ü5 (1) ein Lokal, (2) Kapitalberater, (3) Geschäftsidee, (4) Alleinstellungsmerkmale, (5) Konkurrenz, (6) Marktsituation, (7) Restaurantidee, (8) Vermarktung, (9) Kreditbedingungen, (10) Laufzeit

Aussprache Links- und Rechtsherausstellung

Ü1a Der Sprecher / die Sprecherin möchte die Information besonders betonen und hervorheben oder sehr genau und deutlich sein. Dabei kann die Information gleich zu Beginn besonders betont werden oder sie kann am Ende platziert werden, um eindeutig und präzise weitergegeben zu werden. Wird die Information rechts herausgestellt, wurde zuvor ggf. etwas gesagt, was mehrere Interpretationen ermöglicht.

Ü1b rechts: 1, 3; links: 2, 4

Kapitel 5   Ziele

Wortschatz

Ü1a Wissen erweitern: büffeln, pauken, sich etw. einprägen, Kenntnisse erwerben in, sich etw. aneignen
etwas planen: sich etw. vornehmen, einen Vorsatz fassen, die Weichen stellen für, etw. im Voraus festlegen, sich entschließen zu, einen Entschluss fassen
etwas realisieren: etw. verwirklichen, sich einen Wunsch erfüllen, etw. in die Tat umsetzen, etw. zustande bringen, etw. wahr machen, Ernst machen mit, etw. durchziehen

Ü1b 1. verwirklichen / in die Tat umsetzen / wahrmachen/durchziehen, 2. die Weichen … gestellt, 3. erwerben … Kenntnisse, 4. vorgenommen, 5. büffeln/pauken, 6. habe … Wunsch erfüllt, 7. einprägen/aneignen, 8. entschlossen

Ü2 2. der Vorsatz, 3. der Ehrgeiz, 4. der Plan, 5. der Entschluss, 6. die Motivation, 7. die Zielsetzung, 8. die Intention, 9. das Vorhaben, 10. der Wille

Ü3 Yaliya 93: nächstes – Studium – Danach – Job – flexibel – Sprachen – Englisch – Ausland – Erfahrungen – Beruf – leisten
WellingHH: Zielen – bauen – bekommen – eigentlich – Lebenszielen – verwirklichen – beruflicher – Arbeitszeit – verbleibenden – absolvieren – selbstständig
TomyNeu: dem – klingt – verrückt – ersehnter – möchte – segeln – besuche – Jahren – unheimlich – Schöneres – dem – Meer

Modul 1 Vernetzt

Ü1 1. Kontakte, 2. Forum, 3. Unternehmen, 4. Arbeitsmarkt, 5. Beziehung, 6. Netz, 7. Betreiber, 8. Netzwerk, 9. Austausch, 10. Nachrichten, 11. Datensicherheit, 12. Kollege, 13. Branche

Ü2 (1) zu den beliebtesten Internetseiten, (2) für manchen Menschen (3) werden … ausgetauscht / Gefahr, (4) Darin / denn User sind sich, (5) sammeln / an künftige Arbeitgeber, (6) umzugehen, (7) darin / Registrierung / wahre, (8) So ist es möglich, (9) könnte / werden

Ü3 1. würde … geben, 2. könnte … kommunizieren, 3. müsste … warten, würde … dauern, 4. hätten zur Folge, wäre, 5. würde … bestehen, 6. würden … abhängen

Ü4 1. so …, dass, 2. zu …, als dass, 3. so …, dass, 4. zu …, als dass, 5. so …, dass

Ü5 2. a Programmieren ist so interessant, dass ich es auch gern beruflich machen möchte.
b Programmieren ist zu anstrengend, als dass ich es beruflich machen möchte. 3. a Soziale Netzwerke sind so beliebt, dass immer mehr Menschen Mitglied werden. b Soziale Netzwerke kosten zu viel Zeit, als dass ich mich anmelden würde. 4 a Viele User haben so wenig Bedenken wegen der Datensicherheit, dass sie alle persönlichen Daten preisgeben. b Es gibt zu große Sicherheitslücken, als dass ich persönliche Daten von mir angeben würde.

Ü6 1. d, 2. a, 3. e, 4. f, 5. b, 6. c
2. Die Schule hat zu wenige Lehrer, um Informatikkurse anbieten zu können.
3. Die Mitarbeiter haben zu viel zu tun, um sich um alle Kunden kümmern zu können.
4. Der Betrieb hat zu geringe Mittel, um eine kostenlose Weiterbildung anbieten zu können.

Lösungen zum Arbeitsbuch

5. Die Datensicherheit ist zu wichtig, um leichtfertig mit ihr umzugehen.
6. Computerviren sind zu gefährlich, um auf ausreichenden Schutz verzichten zu können.

Ü7 Musterlösung:
2. Es ist zu hoch, als dass er wirklichen springen würde. 3. Der Preis ist zu hoch, als dass sie die Bluse kaufen würde. 4. Das Wetter ist zu schlecht, als dass sie ihre Gartenparty machen könnte. 5. Das Fahrrad ist zu groß, als dass er damit fahren könnte. 6. Sie ist zu müde, als dass sie den Film zu Ende sehen wollte.

Modul 2 Der Weg ist das Ziel

Ü1 1. verfehlen, 2. stecken, 3. fassen, 4. haben, 5. ablassen, 6. verfolgen, 7. hinausschießen, 8. setzen

Ü3 1 D, 2 A, 3 C, 4 B, 5 E

Ü4 <u>etwas planen</u>: Ich habe Folgendes vor: …, Bis … möchte ich …, Ich denke mir das so: …
<u>Tipps geben</u>: An deiner Stelle würde ich …, Du solltest auf alle Fälle …, Was machst du, wenn …?, Wenn ich du wäre, …
<u>sich rückversichern</u>: Dazu wüsste ich noch gerne, … Mir ist da noch etwas unklar: …

Modul 3 Ab morgen!

Ü2 (1) Trotz, (2) Obwohl, (3) Trotzdem, (4) zwar … aber, (5) Trotzdem, (6) Obwohl, (7) Trotz, (8) zwar … aber, (9) trotzdem

Ü3 1. Obwohl viele Menschen hochmotiviert sind, halten sie ihre guten Vorsätze nicht durch. 2. Benjamin hat Rückenprobleme, dennoch macht er keinen Sport. 3. Trotz der Realisierung ihrer Vorsätze sind manche Leute nicht zufrieden. 4. Viele Leute möchten zwar gesund leben, aber sie essen Fastfood und bewegen sich kaum. 5. Trotz ihrer Bemühungen kann Lena ihre Vorsätze nicht immer umsetzen.

Ü4 1. Zur Verbesserung ihrer Kondition / Für die Verbesserung ihrer Kondition fährt Gesa jetzt viel Fahrrad. 2. Um Frustgefühle zu vermeiden / Damit man Frustgefühle vermeidet, sollte man sich kleinere Ziele stecken. 3. Zur gründlichen Vorbereitung auf eine Prüfung / Für die gründliche Vorbereitung auf eine Prüfung sollte man rechtzeitig beginnen. 4. Zur besseren Zeiteinteilung / Für eine bessere Zeiteinteilung hat Martin einen Lernplan geschrieben. 5. Um sich auf eine Prüfung vorzubereiten, will Martin eine Lerngruppe gründen.

Ü5 2. Um ihre Lebensqualität zu verbessern, / Zur Verbesserung ihrer Lebensqualität verändern viele Leute ihre Gewohnheiten. 3. Obwohl Ben häufig erkältet ist, tut er nichts für sein Immunsystem. / Trotz häufiger Erkältungen tut Ben nichts für sein Immunsystem. 4. Damit die Motivation steigt, / Zur Steigerung der Motivation sollte man sich ab und zu belohnen. 5. Der Abteilungsleiter hatte zwar einen leichten Herzinfarkt, aber er arbeitet weiterhin rund um die Uhr. / Trotz eines leichten Herzinfarktes arbeitet der Abteilungsleiter weiterhin rund um die Uhr. 6. Obwohl Max gut plant, schafft er sein Lernpensum meistens nicht. / Trotz einer guten Planung / eines guten Plans schafft Max sein Lernpensum meistens nicht.

Ü7 1. Person 4, 2. Person 3, 3. Person 1, 4. Person 2, 5. Person 2, 6. Person 3, 7. Person 4, 8. Person 1

Modul 4 Ehrenamtlich

Ü1 <u>1. Grund für Engagement</u>
Text C: Eltern waren auch in der Situation, hätten Hilfe gebraucht
Text D: schon als Kind starke Verbundenheit mit Natur
<u>2. Einstellung gegenüber Engagement vorher</u>
Text C: kostet nur Zeit, bringt persönlich nichts
<u>3. übernommene Arbeiten</u>
Text A: Patenschaft, Treffen einmal pro Woche, normale Dinge wie Eis essen, in den Zoo gehen, bei Schulproblemen helfen
Text B: im Bürgerzentrum bei Veranstaltungen helfen, Aufbau von Bühne, Flyer drucken
Text C: türkische Mitbürger unterstützen, dolmetschen bei Arztbesuchen, Behördengänge, Telefongespräche in ihrem Auftrag führen
<u>4. gemachte Erfahrungen</u>
Text B: macht Spaß, nette Leute kennengelernt
Text D: man kann etwas erreichen, andere motivieren
<u>5. Reaktion des Umfelds</u>
Text B: alle finden Engagement interessant, bleiben aber passiv
Text D: Strafandrohung, Straße wurde nicht gebaut

Aussprache Der Knacklaut vor Vokalen, Umlauten und Diphthongen

Ü2a 1. A, 2. B, 3. B, 4. A, 5. B

Ü2b 1. be|<u>a</u>rbeiten, 2. Ver|<u>a</u>ntwortung, 3. er|<u>i</u>nnern, 4. Spiegel|<u>ei</u>, 5. <u>Eh</u>ren|amt

Transkript zum Arbeitsbuch

Kapitel 1   Alltägliches

Modul 3   Übung 1

○ Guten Morgen, liebe Hörerinnen und Hörer, hier im Morgenmagazin – jeden Morgen um halb acht auf Ihrem Lieblingssender.
Unser Thema heute ist ein inzwischen alltägliches: Es geht um Computer und das Internet. Eigentlich war ja ursprünglich mal die Idee, dass uns Computer und Internet viel Zeit sparen: Zeit beim Erstellen von Übersichten, Tabellen und Kalkulationen, Zeit beim Recherchieren von Informationen oder Zeit beim Versenden von Nachrichten. Aber in der Realität hat man das Gefühl, die neuen Medien kosten uns nur Zeit. Wie kann das eigentlich sein? Und ist das wirklich so? Und wenn es so ist, woran liegt das?
Ich begrüße zu diesem Thema hier bei mir im Studio Herrn Werner Wanko vom Bundesamt für Verbraucherschutz. Hallo, Herr Wanko.

● Guten Tag, ich freue mich auf das Gespräch.

○ Herr Wanko, Sie als Verbraucherschützer sollten sich doch eigentlich freuen, dass die Geräte – Computer und Handys zum Beispiel – immer schneller werden und immer mehr können. Das ist doch eine gute Sache für uns Verbraucher, oder?

● Das stimmt, ja. Die Geräte werden immer schneller, die Speicherkapazitäten immer größer … Das klingt prima und eigentlich sollte man meinen, dass dann letztendlich auch die Arbeit schneller von der Hand geht. Oft blockieren wir uns dabei aber auch selbst. Wenn der Drucker nicht so schnell druckt, wie wir die Seiten gerne hätten, machen wir in der Zwischenzeit nicht einfach weiter mit unserer Arbeit, sondern starren auf die Anzeige und fühlen uns vom Gerät ausgebremst. Die Annahme „Je schneller der Rechner, desto schneller ist man auch mit der Arbeit fertig." stimmt also oft nicht.

○ Können Sie uns denn etwas dazu sagen, um wie viel die Computer in den letzten Jahren schneller geworden sind?

● Bei den ersten PCs, die auf dem Massenmarkt wirklich erfolgreich waren, dauerte es nach dem Einschalten ja schon einige Minuten, bis man zum Beispiel in einem einfachen Textverarbeitungsprogramm arbeiten konnte.
Ein aktueller PC ist mindestens 1.000 Mal schneller, aber bis man nach dem Einschalten loslegen kann, dauert es auch oft noch ein oder zwei Minuten. Das finde ich doch erstaunlich, denn eigentlich sollte man doch sofort loslegen können, wenn die Leistung der Rechner so viel höher ist.

○ Und woran liegt das Ihrer Meinung nach?

● Nun ja, ich vermute dahinter Interessen der Computerbranche. Ich könnte mir gut vorstellen, dass die Geschwindigkeitsvorteile der Hardware nicht optimal an die Kunden weitergegeben werden, denn sonst wäre der Kunde vielleicht so glücklich mit seinem Computer, dass er sich die nächsten Jahre keinen neuen Rechner kaufen würde … So jedoch werben die Computerhersteller bei neuen Rechnergenerationen wieder mit der Schnelligkeit – und wir lassen uns dazu verleiten, einen neuen Rechner zu kaufen.

○ Hm – nun ja, zum Glück sind die Rechner insgesamt ja doch etwas schneller geworden. Wenn ich mich da an meine Studentenzeit erinnere … Da hat alleine das Öffnen einer einfachen E-Mail seine Zeit gedauert.

● Da haben Sie natürlich recht, insgesamt sind die Geräte schon merklich schneller geworden. Aber trotzdem: Eigentlich stehlen uns das Internet und die digitalen Medien wie das Handy unheimlich viel Zeit.

○ Hm, könnten Sie das etwas genauer erklären?

● Gerne. Ich sehe da vor allem drei Faktoren, die uns Zeit kosten.
Der erste Faktor lässt sich mit dem Wort „Inkompatibilität" zusammenfassen. Zwei typische Beispiele hierfür sind zum einen Software, die man zwar installieren kann, die aber trotzdem nicht richtig funktioniert und ständig Fehlermeldungen anzeigt. Bis man dieses Problem wieder behoben hat, geht oft einiges an Zeit drauf.
Zum anderen neue Geräte, die nicht mit den Vorhandenen kompatibel sind. Das ist mir selber erst kürzlich passiert: Ich habe mir einen neuen Laptop gekauft und leider, leider gibt es für meinen Drucker, der noch tadellos funktioniert, keinen passenden Druckertreiber! Die Herstellerfirma bietet – aus welchen Gründen auch immer – kein Update des Druckertreibers für das neue Betriebssystem an. Also, was mache ich? Ich suche stundenlang in irgendwelchen Foren nach Treiber-Alternativen, die dann am Ende auch nicht funktionieren. Und zu guter Letzt habe ich nicht nur viel Zeit verloren, sondern muss auch noch Geld für einen neuen Drucker ausgeben.

○ Stimmt, das kommt mir auch bekannt vor! Was sind denn die anderen Faktoren, die uns Zeit stehlen?

● Der zweite Faktor ist Sicherheit! Beim Hochfahren des Rechners braucht die Antiviren-Software ein

183

Transkript zum Arbeitsbuch

paar Minuten, um sich die neuesten Updates herunterzuladen.
Und alle paar Tage lesen wir Meldungen über neue Sicherheitslücken in gängigen Programmen. Wer diese Meldungen ernst nimmt, verbringt viel Zeit damit, um die Interneteinstellungen des Browsers zu optimieren, angeblich sicherere Updates herunterzuladen, Sicherungs-CDs zu erstellen und immer wieder alles von Virenscannern checken zu lassen. Das beschäftigt uns nicht zu knapp! Und wenn man am Ende noch den Fehler macht, mehrere Anti-Viren-Programme zu installieren, die sich dann gegenseitig als schädliche Programme einstufen und so den Rechner komplett blockieren, dann wird der Zeitaufwand noch größer, um alles wieder zum Laufen zu bringen. Beim Thema „Sicherheit" ist es wirklich schwierig, die Balance zwischen nötigen und unnötigen Maßnahmen – und damit Zeitverschwendung – zu finden.

○ Auch das kommt mir bekannt vor ... Trotzdem, wenn ich so nachdenke, dann sind das alles Situationen, die mir vertraut sind und die mir unglaublich auf die Nerven gehen, aber es sind keine Dinge, die mich täglich aufhalten. Jedenfalls nicht von meinem Empfinden her. Also, ist der Zeitverlust vielleicht doch gar nicht sooooo groß?

● Ja, da sagen Sie etwas: Der größte Zeitverschwender, der sitzt vor dem Computer. Das sind wir selbst, wir und unser Nutzungsverhalten. Das ist der dritte Faktor.
Die meiste Zeit verschwenden wir im Internet. Hier ein halbes Stündchen, um in Facebook die neuesten Posts unserer Freunde zu lesen, da vergleichen, was die gängigen Zeitschriften über die neuesten Fernsehserien berichten und dann vielleicht noch ein kleines Video mit Skateboard fahrenden Katzen ansehen.
Und wenn man mit der Arbeit gar nicht weiterkommt, dann spielt man zur Beruhigung gerne erst mal eine Runde ... Arbeiten kann man später ja immer noch!

○ Ja, liebe Hörerinnen und Hörer, ich weiß ja nicht genau, wie es Ihnen geht, aber ich fühle mich schon gerade ein bisschen ertappt ...
Vielleicht sollten wir deshalb auch überlegen, wie ehrlich es ist, die neuen Medien als Zeitdiebe zu kritisieren. Tatsache ist doch, dass wir schon immer Zeit mit Dingen verbracht haben, die auf den ersten Blick sinnlos oder völlig unwichtig erscheinen. In meinem Fall zum Beispiel Kreuzworträtsel oder Sudokus. Aber vielleicht brauchen wir einfach auch „sinnlose Zeit". Oder eher gesagt: Wer sagt eigentlich, was sinnlos ist? Reicht es nicht, dass wir Spaß daran haben? Kann es dann überhaupt sinnlos sein? Wichtig ist doch hier – wie bei so vielem im Leben – das Maß der Dinge. Wer so viel Zeit mit dem Surfen im Internet verbringt, dass er die notwenigen Aufgaben nicht mehr erledigen kann oder auch keine Kontakte zu Freunden mehr pflegen kann, der hat ein Problem. Aber ich denke, das Problem liegt dann in der Natur des Menschen. Hätte er kein Internet, würde er eben vielleicht zu viele Kreuzworträtsel lösen ...

● Da sagen Sie etwas sehr Richtiges und Sie haben völlig recht: Das Maß der Dinge ist das Entscheidende. Es kann durchaus auch mal richtig und wichtig sein, zwischendrin beim Surfen im Internet etwas zu entspannen und auf andere Gedanken zu kommen. Ich lehne das ja nicht komplett ab. Wenn man sich diese Zeit dann bewusst als Entspannungs- oder Pausenzeit nimmt, spricht aus meiner Sicht gar nichts dagegen. Surft man aber unbewusst und unreflektiert, wundert man sich schnell, wo die Zeit wieder geblieben ist – und warum man seine Arbeit nicht geschafft hat. Vielleicht hilft es, wenn sich jeder ein Zeitlimit setzt, damit die Internetzeiten nicht zu lange werden. Vielleicht nicht mehr als insgesamt eine Stunde pro Tag.

○ Das ist sicher nicht verkehrt. Herr Wanko, ich danke Ihnen für das interessante Gespräch und Ihnen, liebe Hörerinnen und Hörer, wünsche ich ...

Aussprache   Übung 1

A
1. Ham Sie Zeit?
2. Haben Sie Zeit?

B
1. Wollen wir schwimmen?
2. Wolln wir schwimm?

C
1. Bitte nich rauchn.
2. Bitte nicht rauchen.

D
1. Wir könn gut kochn.
2. Wir können gut kochen.

Aussprache   Übung 2

1. Sie sehn das Spiel in 'nem Stadion an.
2. Was wollnse trinkn?
3. Sie könn' in seim Zimmer wartn.
4. Haste maln Euro füa mich?
5. Isse nich schön?
6. Wartnse anna Mensa!

Kapitel 2 — Hast du Worte?

Modul 1 Übung 1

○ … Und jetzt kommen wir zu einem viel diskutierten Thema: „Immer erreichbar – muss das sein?" Wir haben uns dazu mal auf der Straße umgehört und ein paar Meinungen gesammelt. Hören Sie selbst:

● Ach, das ist doch heute ganz normal. Natürlich bin ich immer erreichbar! Wenn ich mein Handy mal zu Hause vergesse, bin ich die ganze Zeit irgendwie unruhig, weil ich dann immer denke, dass vielleicht irgendwas Wichtiges passiert und ich kriege es nicht mit. Oder jemand muss mich dringend erreichen und ich bekomme die Nachricht nicht. Ich versteh' die ganze Diskussion nicht. Die Zeit dreht sich eben weiter und heute ist es normal, dass man immer erreichbar ist. Ich geh' schon davon aus, dass ich meine Freunde immer erreichen kann und wenn jemand den ganzen Tag nicht ans Handy geht, dann nervt mich das auch.

■ Na ja, ich würde mein Handy schon ganz gern mal am Wochenende ausstellen. Aber ehrlich gesagt, geht das nicht. Ich bin Geschäftsführerin einer Werbeagentur und in dieser Branche wird einfach auch am Wochenende oder abends gearbeitet. Wir stehen oft unter Termindruck und wenn plötzlich ein unerwartetes Problem auftaucht, muss ich erreichbar sein. Ich muss dann spontan noch mal in die Firma fahren oder eine Telefonkonferenz einberufen, obwohl ich eigentlich frei hätte. Auch im Urlaub bin ich immer für meine Mitarbeiter erreichbar. Natürlich ist es stressig, nie wirklich eine richtige Auszeit zu haben. Aber so ist das heute in vielen Jobs. Man kann es sich oft einfach nicht leisten, Dinge auf morgen zu verschieben.

▶ Also, ich hab' keine Lust, ständig für alle erreichbar zu sein und deshalb habe ich auch gar kein Handy. Das können die meisten Leute erst mal gar nicht glauben, dass jemand heutzutage freiwillig auf ein Handy verzichtet. Aber wenn ich am Abend Feierabend mache, habe ich wirklich frei. Meine Kollegen könnten mich zwar zu Hause anrufen, aber ich glaube, da ist die Hemmschwelle schon ein bisschen größer, als mal schnell auf dem Handy durchzuklingeln.
Und noch was: Die Leute halten sich viel stärker an Verabredungen mit mir. Weil … niemand kann mich kurz vorher anrufen und das Treffen verschieben. Klar, mir kann dann zwar auch keiner Bescheid geben, wenn er sich verspätet, aber beim Warten bin ich geduldig. Kein Handy zu haben, schafft mehr Verbindlichkeit.

○ Und Sie? Rufen Sie uns jetzt an oder schreiben Sie uns Ihre Meinung auf unserer Homepage unter www.radiopop.de

Aussprache Übung 1a

Bevölkerungszunahme – Eichhörnchen – kulturübergreifend – mikrowellengeeignet – Elektrizitätswerk – funktionstüchtig – Meisterschaftsspiel – Pappschächtelchen

Aussprache Übung 1b

Be völ ke rungs zu nah me – Bevölkerungszunahme
Eich hörn chen – Eichhörnchen
kul tur ü ber grei fend – kulturübergreifend
mi kro wel len ge eig net – mikrowellengeeignet
E lek tri zi täts werk – Elektrizitätswerk
funk tions tüch tig – funktionstüchtig
Meis ter schafts spiel – Meisterschaftsspiel
Papp schäch tel chen – Pappschächtelchen

Aussprache Übung 2a

normales Sprechtempo
1. erziehungsberechtigt
2. fälschlicherweise
3. Fischstäbchen
4. Gänsefüßchen
5. Justizvollzugsanstalt
6. Kirschsaftschorle
7. Kopfsteinpflaster
8. Nachttischlämpchen
9. Relativitätstheorie
10. Schönheitschirurg

langsames Sprechtempo
1. er zieh ungs be rech tigt – erziehungsberechtigt
2. fälsch li cher wei se – fälschlicherweise
3. Fisch stäb chen – Fischstäbchen
4. Gän se füß chen – Gänsefüßchen
5. Jus tiz voll zugs an stalt – Justizvollzugsanstalt
6. Kirsch saft schor le – Kirschsaftschorle
7. Kopf stein pflas ter – Kopfsteinpflaster
8. Nacht tisch lämp chen – Nachttischlämpchen
9. Re la ti vi täts theo rie – Relativitätstheorie
10. Schön heits chi rurg – Schönheitschirurg

Kapitel 3 — An die Arbeit!

Modul 1 Übung 1

○ Wie kann ich als Bewerber punkten? Diese Frage stellt man sich spätestens dann, liebe Hörerinnen und Hörer, wenn man zu einem Vorstellungsgespräch eingeladen ist. Deshalb haben wir heute

Transkript zum Arbeitsbuch

einen Experten im Studio, der uns diese und andere Fragen rund um das Thema „Erfolgreich bewerben" beantwortet. Ich begrüße ganz herzlich unseren Gast Holger Behrens, der als Personalchef für eine große Firma arbeitet. Herzlich willkommen, Herr Behrens.
● Vielen Dank.
○ Herr Behrens, wann haben Sie sich denn das letzte Mal beworben?
● Oh, das ist schon viele Jahre her.
○ Wie sah denn Ihre Bewerbung damals aus?
● Nun, ganz traditionell. Sie hatte eine Seite Anschreiben, eine Seite Lebenslauf, rechts oben war das Foto … Mein Lebenslauf war ziemlich langweilig, eigentlich eine zeitliche Aufzählung von Daten. Damals war mir gar nicht klar, dass das Anschreiben gar nicht das Wichtigste ist, sondern dass der Lebenslauf eine viel größere Rolle spielt. Die Personalchefs wollen nicht nur wissen, wo man gearbeitet hat, sondern auch, was man dort gemacht hat … Also, nicht nur Daten aufzählen!
○ Und wenn man sich heute bewirbt? Was hat sich denn heute im Vergleich zu damals verändert?
● Der größte Unterschied ist, dass man sich heute viel stärker inszenieren muss. Die Personalchefs wollen nicht nur herausfinden, ob der Bewerber für die Stelle qualifiziert ist. Heute muss man in seiner Bewerbung klar formulieren, was einen motiviert und warum man gerade in dieser Firma arbeiten will. Das gilt nicht nur für die schriftliche Bewerbung, das muss der Bewerber auch im Vorstellungsgespräch überzeugend rüberbringen. Sogar die Verantwortlichen von kleineren Firmen bereiten sich heute genauestens darauf vor, was sie den Bewerber im Vorstellungsgespräch fragen wollen.
○ Aber dabei hilft mir als Stellensuchender doch ein großes Angebot an Ratgebern, die man in jedem Buchladen kaufen kann. Hinzu kommen jede Menge Ratgeberseiten im Internet, die sich mit diesem Thema beschäftigen. Das bedeutet doch, viele Fragen sind vorher bekannt!
● Da haben Sie zwar recht, aber dennoch gehen viele Bewerber immer noch relativ unvorbereitet an die Sache ran. Die meisten Ratgeber, die gekauft werden, beziehen sich auf die schriftliche Bewerbung, nicht auf das Vorstellungsgespräch.
○ Aber auf die klassische Frage nach den eigenen Stärken oder Schwächen hat doch mittlerweile jeder eine Antwort parat.
● Stimmt, die Schwächen-Frage kommt noch in nahezu jedem Vorstellungsgespräch vor. Manchmal können Sie darauf erst mal etwas Witziges

antworten wie z. B. „Meine größte Schwäche ist Schokolade.". Das hängt aber von der Branche und von Ihrem direkten Gegenüber ab. Da müssen Sie die Situation richtig einschätzen. Ansonsten sollten Sie bei dieser Frage natürlich nicht mit Ihren schlimmsten Fehlern herausrücken, sondern mit etwas Banalerem wie z. B.: „Auf meinem Schreibtisch ist es nicht immer so ordentlich."
○ Das heißt also: Wichtig ist die spontane Reaktion des Bewerbers?
● Ganz genau! Die andere Seite kann an Ihrer Reaktion erkennen, wie Sie sich in schwierigen Situationen verhalten, ist aber natürlich auch interessiert daran, wie Sie mit Ihren Schwächen umgehen.
○ Worin sehen Sie denn heute die größte Schwäche vieler Bewerber?
● Hm, ich denke, den meisten Bewerbern ist einfach nicht klar, dass sie eine Ware anbieten, nämlich ihre Kenntnisse und ihr Wissen. Sie verstehen nicht, dass sie sich als Arbeitskraft verkaufen und dem Personaler klarmachen müssen, welche Vorteile er aus ihrer Arbeitskraft ziehen könnte.
○ Sehr interessant, Herr Behrens, vielen Dank für all die Infos und wir werden auch gleich noch ein bisschen weiterreden, denn uns erreichen zurzeit schon jede Menge Anrufe mit Fragen zum Thema. Doch bevor wir in die nächste Runde starten, hören wir ein bisschen Musik und die kommt diesmal …

Aussprache Übung 1

1
○ Marina hat einen neuen Job.
● Ah! Das wurde aber auch Zeit.
2
○ Marina hat einen neuen Job.
● Aha! Das wurde aber auch Zeit.
3
○ Marina hat einen neuen Job.
● Soso. Jetzt verstehe ich, warum sie nie Zeit hat.
4
○ Marina hat einen neuen Job.
● Achso! Jetzt verstehe ich, warum sie nie Zeit hat.

Aussprache Übung 2a und b

1A Ah, tut das weh!!!
1B Ah, schmeckt das gut!
2A Jaja, das hab' ich auch schon gehört.
2B Jaja, das kenne ich schon.
3A Ohhh, ich hab' die falsche Antwort geschrieben!
3B Oh! Das wusste ich noch nicht.

Kapitel 4   Wirtschaftsgipfel

Modul 4   Übung 3

○ Hallo Aylin, wie geht's?
● Hi Sebastian. Mir geht es sehr gut, danke! Stell dir vor, gestern hat meine Crowdfunding-Aktion die Mindestsumme erreicht!
○ Echt? Mensch, herzlichen Glückwunsch! Du wolltest ein Café aufmachen, oder?
● Ja. Also kein normales Café, sondern ein kleines Café, in dem es nur veganen Kuchen gibt und guten Kaffee. Ich bin echt schon ganz aufgeregt und weiß gar nicht, was ich jetzt als Erstes machen soll.
○ Wie lange läuft deine Aktion denn noch?
● Noch zwei Tage. Aber eigentlich kann ich jetzt schon loslegen, weil das Ziel ja auf jeden Fall erreicht ist. Aber mal seh'n, vielleicht bekomme ich ja noch viel mehr Geld zusammen, das wär' natürlich toll.
○ Das ist ja super! Aber ich würde jetzt noch nicht zu viel machen, sondern die zwei Tage auch noch abwarten.
● Jaaa, irgendwas muss ich aber unbedingt machen! Ich denke, ich werd' schon mal ein paar Dinge organisieren. Ich könnte zum Beispiel das Dankesschreiben an meine Unterstützer aufsetzen und die Gutscheine für den Cafébesuch für alle, die Geld eingezahlt haben, vorbereiten.
○ Ja, das kannst du tatsächlich jetzt schon machen.
● Und dann spreche ich mit der Vermieterin von dem alten Straßenbahnhäuschen. Vor allem für die Renovierung brauche ich ja das Geld. Ich bin gespannt, was sie sagt, wenn sie erfährt, dass ich das Geld zusammenbekommen hab'. Ich bin wirklich froh, dass die Besitzerin meine Idee so gut fand, dass sie mich gleich selbst unterstützt hat!
○ Mensch, das freut mich wirklich, dass es bei dir geklappt hat. Ich wünsch' dir ganz viel Glück!
● Und ein Gewerbe muss ich dann jetzt auch beantragen, das ist auch wichtig.
○ Ja stimmt, und das dauert dann auch eine Weile, bis das alles durch ist. Ich mag ja solche Behördengänge gar nicht, da beneide ich dich nicht drum … Ich hatte ja auch mal eine Aktion gestartet, aber leider ist für meine Idee nicht genug Geld zusammengekommen.
● Echt? Das wusst' ich ja gar nicht. Was für eine Idee hattest du denn?
○ Ach, die Idee find' ich immer noch ganz gut, aber es hat nicht geklappt: Ich wollte einen regionalen Päckchen- und Brieflieferservice aufbauen. Es fahren ja jeden Tag viele Menschen kreuz und quer durch die Stadt, z. B. um zur Arbeit zu kommen. Da war meine Idee, dass es doch toll wäre, wenn diese Leute auf ihrem Weg, den sie ja sowieso zurücklegen, auch gleich Dinge transportieren, die sonst extra hin und her gefahren werden müssen. Und für den Mitnahmeservice von Briefen, Päckchen oder Paketen hätten sie eine kleine Aufwandsentschädigung bekommen. „Eh auf dem Weg" wollt' ich es nennen.
● Also, die Idee klingt doch eigentlich super. Das ist ja auch viel umweltfreundlicher, wenn weniger Leute auf den Straßen unterwegs sind. Warum hat's denn nicht geklappt? Ich meine, da könnte ja jeder was mitnehmen, ganz egal, ob er mit dem Auto, Fahrrad oder mit öffentlichen Verkehrsmitteln fährt.
○ Habe ich mir auch gedacht, aber wahrscheinlich hatte ich die Idee noch nicht so richtig durchgesponnen. Ich hätte mich z. B. erst mal mit den Firmen in meiner Umgebung absprechen müssen und klären, wie viele Kurierfahrten die so im Schnitt benötigen und wie schnell die Lieferungen dann sein müssen. Eigentlich hab' ich schon vor, dass ich das noch mal angehe, aber eben dann viel strukturierter und mit mehr Konzept dahinter. So im Nachhinein betrachtet, war meine Aktion wirklich nicht überzeugend dargestellt – und auch nicht soooooo toll bis ins Detail geplant. Aber ich hab' seitdem viele Aktionen beobachtet und ich glaube, dass ich jetzt schon ziemlich genau weiß, worauf man achten muss, damit eine Aktion überhaupt eine Chance hat. Außerdem hatte ich die App, über die man sich als Paketlieferer anmelden kann und über die auch die Pakete „aufgegeben" werden können, noch nicht so richtig ausgefeilt. Da hab' ich inzwischen ein besseres Konzept entwickelt und auch schon weiterprogrammiert …
● Ich seh' schon, du wirst das doch noch irgendwann schaffen. Und wenn du so fit bist, dass du die App selber programmieren kannst, das ist doch super! Vielleicht tun wir uns ja auch zusammen und mit deiner Idee können wir dann auch meinen Kuchen ausliefern.
○ Ja, das ist doch eine gute Idee! Also, dann mach du mal dein veganes Café auf und ich versuch' es vielleicht wirklich noch mal. Und dann lassen wir deine Kuchen von Privatleuten ausliefern.
● Ja, das wär' doch toll!
○ Ja, schau'n wir mal. Ich bleib' dran und gebe dir Bescheid, wenn ich die Aktion noch mal starte.
● Mach das, ich warte drauf!
○ Okay. Also ciao und viel Glück mit deinem Café! Ich drück dir die Daumen, dass es gut läuft.
● Danke. Ciao!

Transkript zum Arbeitsbuch

Aussprache Übung 1

A
normal
Ich verhandle nur mit Herrn Schmidt.
links
Herr Schmidt, ich verhandle nur mit ihm.
rechts
Ich verhandle nur mit ihm, dem Herrn Schmidt.

B
normal
Das Betriebsfest hat uns gut gefallen.
links
Das Betriebsfest, das hat uns gut gefallen.
rechts
Das hat uns gut gefallen, das Betriebsfest.

C
normal
Der Chef könnte um 11 Uhr da sein.
links
Um 11 Uhr, dann könnte der Chef da sein.
rechts
Der Chef könnte dann da sein, um 11 Uhr.

Kapitel 5 Ziele

Modul 3 Übung 7

Person 1
Gute Vorsätze? Das ist für mich kein Thema mehr. Das klappt doch sowieso nie. Man nimmt sich immer irgendwas Tolles vor, wie z. B. „Ich lass' mich nicht mehr so stressen. Ich verbringe ab jetzt mehr Zeit mit meinen Freunden. Ich ruf' meine Oma jeden zweiten Tag an. Ich gehe alle zwei Tage ins Fitnessstudio." usw. Das versucht man dann ein paar Wochen und dann gibt man wieder auf und fühlt sich schlecht. Nee, ich hab' keine Lust mehr auf diese guten Vorsätze.

Person 2
Gute Vorsätze sind ja irgendwie auch an bestimmte Jahreszeiten gebunden. Also, ganz typisch ist ja, dass man sich am Jahresende so einiges vornimmt, was man dann im neuen Jahr anders machen möchte. Und kurz vor dem Sommer nimmt man sich meistens auch wieder vor, mehr Sport zu machen oder vielleicht Diät zu halten, damit man dann am Strand oder im Schwimmbad 'ne gute Figur macht. Ich persönlich nehm' mir immer nur Dinge vor, bei denen ich denke, dass ich sie auch schaffen kann. Und immer nur eine Sache. Nie zu viel auf einmal!

Person 3
Ach, warum muss man denn immer perfekt sein? Ständig soll man sich verändern. Ich bin eigentlich ganz zufrieden mit meinem Leben. Das Einzige ist, dass ich gern mehr Zeit für meine Freunde hätte und sie gern öfter sehen würde. Aber das geht im Moment nicht. Ich hab' mich letztes Jahr selbstständig gemacht und da ist es ganz normal, dass ich einfach viel arbeiten muss. Aber es werden sicher auch wieder andere Zeiten kommen. Man muss halt auch mal abwarten können.

Person 4
Also, ich habe in den letzten Jahren eigentlich schon ganz schön viel verändert. Ich gehe jetzt wirklich zweimal die Woche zum Sport. Ich verbringe nicht mehr so viel Zeit wie früher vor dem Computer oder am Handy. Das Surfen im Internet ist ja meistens Zeitverschwendung. Und damit ich auch mehr an der frischen Luft bin, hab' ich mir sogar einen Hund angeschafft. Der hilft mir, mich mehr zu bewegen und meine Faulheit zu überwinden. Und ich geh' jetzt auch regelmäßig ins Fitnessstudio. Jeder kann seine Gewohnheiten verändern. Ich finde, das ist alles nur eine Frage der Disziplin.

Aussprache Übung 1b, c und d

acht – Amt – Auto – älter – etwas – Ehre – Eis – ich – ihr – oder – offen – über – Uhr – unter

Aussprache Übung 2a

1 A be|arbeiten
  B bearbeiten
2 A Verantwortung
  B Ver|antwortung
3 A erinnern
  B er|innern
4 A Spiegel|ei
  B Spiegelei
5 A Ehren|amt
  B Ehrenamt

Aussprache Übung 2b

1. bearbeiten
2. Verantwortung
3. erinnern
4. Spiegelei
5. Ehrenamt

188

Unregelmäßige Verben

abschließen, schließt ab, schloss ab, hat abgeschlossen
abnehmen, nimmt ab, nahm ab, hat abgenommen
abraten, rät ab, riet ab, hat abgeraten
anbieten, bietet an, bot an, hat angeboten
anfallen, fällt an, fiel an, ist angefallen
anfangen, fängt an, fing an, hat angefangen
angeben, gibt an, gab an, hat angegeben
aufgeben, gibt auf, gab auf, hat aufgegeben
angreifen, greift an, griff an, hat angegriffen
annehmen, nimmt an, nahm an, hat angenommen
ansehen, sieht an, sah an, hat angesehen
aufgeben, gibt auf, gab auf, hat aufgegeben
aufstehen, steht auf, stand auf, ist aufgestanden
auftreten, tritt auf, trat auf, ist aufgetreten
aufwachsen, wächst auf, wuchs auf, ist aufgewachsen
ausfallen, fällt aus, fiel aus, ist ausgefallen
auskennen, kennt aus, kannte aus, hat ausgekannt
auskommen, kommt aus, kam aus, ist ausgekommen
ausschlafen, schläft aus, schlief aus, hat ausgeschlafen
aussterben, stirbt aus, starb aus, ist ausgestorben
(sich) ausziehen, zieht aus, zog aus, hat/ist ausgezogen
backen, bäckt/backt, backte, hat gebacken
befehlen, befiehlt, befahl, hat befohlen
behalten, behält, behielt, hat behalten
beheben, behebt, behob, hat behoben
sich befinden, befindet, befand, hat befunden
beginnen, beginnt, begann, hat begonnen
begreifen, begreift, begriff, hat begriffen
behalten, behält, behielt, hat behalten
beibringen, bringt bei, brachte bei, hat beigebracht
beitragen, trägt bei, trug bei, hat beigetragen
beißen, beißt, biss, hat gebissen
bekommen, bekommt, bekam, hat bekommen
beraten, berät, beriet, hat beraten
bestehen, besteht, bestand, hat bestanden
besteigen, besteigt, bestieg, hat bestiegen
bestreichen, bestreicht, bestrich, hat bestrichen
betreiben, betreibt, betrieb, hat betrieben
betrügen, betrügt, betrog, hat betrogen
beweisen, beweist, bewies, hat bewiesen
bewerben, bewirbt, bewarb, hat beworben
beziehen, bezieht, bezog, hat bezogen
biegen, biegt, bog, hat gebogen
bieten, bietet, bot, hat geboten
binden, bindet, band, hat gebunden
bitten, bittet, bat, hat gebeten
bleiben, bleibt, blieb, ist geblieben
braten, brät, briet, hat gebraten
brechen, bricht, brach, hat gebrochen
brennen, brennt, brannte, hat gebrannt
bringen, bringt, brachte, hat gebracht
denken, denkt, dachte, hat gedacht

dürfen, darf, durfte, hat dürfen/gedurft
einbringen, bringt ein, brachte ein, hat eingebracht
eindringen, dringt ein, drang ein, ist eingedrungen
durchhalten, hält durch, hielt durch, hat durchgehalten
durchkommen, kommt durch, kam durch, ist durchgekommen
einfallen, fällt ein, fiel ein, ist eingefallen
eingestehen, gesteht ein, gestand ein, hat eingestanden
einhalten, hält ein, hielt ein, hat eingehalten
einladen, lädt ein, lud ein, hat eingeladen
einschlafen, schläft ein, schlief ein, ist eingeschlafen
einschließen, schließt ein, schloss ein, hat eingeschlossen
eintreffen, trifft ein, traf ein, ist eingetroffen
entscheiden, entscheidet, entschied, hat entschieden
einwerfen, wirft ein, warf ein, hat eingeworfen
einziehen, zieht ein, zog ein, hat/ist eingezogen
empfangen, empfängt, empfing, hat empfangen
empfehlen, empfiehlt, empfahl, hat empfohlen
empfinden, empfindet, empfand, hat empfunden
entfliehen, entflieht, entfloh, ist entflohen
enthalten, enthält, enthielt, hat enthalten
entlassen, entlässt, entließ, hat entlassen
entscheiden, entscheidet, entschied, hat entschieden
entschließen, entschließt, entschloss, hat entschlossen
entsprechen, entspricht, entsprach, hat entsprochen
entstehen, entsteht, entstand, ist entstanden
erfahren, erfährt, erfuhr, hat erfahren
erfinden, erfindet, erfand, hat erfunden
ergeben, ergibt, ergab, hat ergeben
ergreifen, ergreift, ergriff, hat ergriffen
erhalten, erhält, erhielt, hat erhalten
erkennen, erkennt, erkannte, hat erkannt
erscheinen, erscheint, erschien, ist erschienen
ertragen, erträgt, ertrug, hat ertragen
erwerben, erwirbt, erwarb, hat erworben
erziehen, erzieht, erzog, hat erzogen
essen, isst, aß, hat gegessen
fahren, fährt, fuhr, hat/ist gefahren
fallen, fällt, fiel, hat/ist gefallen
fangen, fängt, fing, hat gefangen
feststehen, steht fest, stand fest, hat festgestanden
finden, findet, fand, hat gefunden
fliegen, fliegt, flog, hat/ist geflogen
fliehen, flieht, floh, ist geflohen
fließen, fließt, floss, ist geflossen
fressen, frisst, fraß, hat gefressen
frieren, friert, fror, hat gefroren
geben, gibt, gab, hat gegeben
gefallen, gefällt, gefiel, hat gefallen
gehen, geht, ging, ist gegangen
gelingen, gelingt, gelang, ist gelungen

Unregelmäßige Verben

gelten, gilt, galt, hat gegolten
genießen, genießt, genoss, hat genossen
geraten, gerät, geriet, ist geraten
geschehen, geschieht, geschah, ist geschehen
gewinnen, gewinnt, gewann, hat gewonnen
gießen, gießt, goss, hat gegossen
greifen, greift, griff, hat gegriffen
haben, hat, hatte, hat gehabt
halten, hält, hielt, hat gehalten
hängen, hängt, hing, hat gehangen
heben, hebt, hob, hat gehoben
heißen, heißt, hieß, hat geheißen
helfen, hilft, half, hat geholfen
herausfinden, findet heraus, fand heraus, hat herausgefunden
hervorheben, hebt hervor, hob hervor, hat hervorgehoben
hinnehmen, nimmt hin, nahm hin, hat hingenommen
hinterlassen, hinterlässt, hinterließ, hat hinterlassen
hinweisen, weist hin, wies hin, hat hingewiesen
kennen, kennt, kannte, hat gekannt
klarkommen, kommt klar, kam klar, ist klargekommen
klingen, klingt, klang, hat geklungen
können, kann, konnte, hat können/gekonnt
kommen, kommt, kam, ist gekommen
laden, lädt, lud, hat geladen
lassen, lässt, ließ, hat gelassen
laufen, läuft, lief, ist gelaufen
leiden, leidet, litt, hat gelitten
leihen, leiht, lieh, hat geliehen
lesen, liest, las, hat gelesen
liegen, liegt, lag, hat gelegen
lügen, lügt, log, hat gelogen
meiden, meidet, mied, hat gemieden
messen, misst, maß, hat gemessen
mögen, mag, mochte, hat mögen/gemocht
müssen, muss, musste, hat müssen/gemusst
näherkommen, kommt näher, kam näher, ist nähergekommen
nehmen, nimmt, nahm, hat genommen
nachdenken, denkt nach, dachte nach, hat nachgedacht
nennen, nennt, nannte, hat genannt
reiben, reibt, rieb, hat gerieben
reiten, reitet, ritt, ist geritten
rennen, rennt, rannte, ist gerannt
riechen, riecht, roch, hat gerochen
rufen, ruft, rief, hat gerufen
schaffen, schafft, schuf, hat geschaffen
scheinen, scheint, schien, hat geschienen
schieben, schiebt, schob, hat geschoben
schießen, schießt, schoss, hat geschossen
schlafen, schläft, schlief, hat geschlafen
schlagen, schlägt, schlug, hat geschlagen

schleichen, schleicht, schlich, ist geschlichen
schließen, schließt, schloss, hat geschlossen
schmeißen, schmeißt, schmiss, hat geschmissen
schneiden, schneidet, schnitt, hat geschnitten
schreiben, schreibt, schrieb, hat geschrieben
schreien, schreit, schrie, hat geschrien
schweigen, schweigt, schwieg, hat geschwiegen
schwimmen, schwimmt, schwamm, hat/ist geschwommen
schwören, schwört, schwor, hat geschworen
sehen, sieht, sah, hat gesehen
sein, ist, war, ist gewesen
senden, sendet, sandte/sendete, hat gesandt/gesendet
singen, singt, sang, hat gesungen
sinken, sinkt, sank, ist gesunken
sitzen, sitzt, saß, hat gesessen
sollen, soll, sollte, hat sollen/gesollt
sprechen, spricht, sprach, hat gesprochen
springen, springt, sprang, ist gesprungen
stechen, sticht, stach, hat gestochen
stehen, steht, stand, hat gestanden
stehlen, stiehlt, stahl, hat gestohlen
steigen, steigt, stieg, ist gestiegen
sterben, stirbt, starb, ist gestorben
stoßen, stößt, stieß, hat gestoßen
streichen, streicht, strich, hat gestrichen
streiten, streitet, stritt, hat gestritten
teilnehmen, nimmt teil, nahm teil, hat teilgenommen
tragen, trägt, trug, hat getragen
treffen, trifft, traf, hat getroffen
treten, tritt, trat, hat/ist getreten
trinken, trinkt, trank, hat getrunken
tun, tut, tat, hat getan
überlassen, überlässt, überließ, hat überlassen
übernehmen, übernimmt, übernahm, hat übernommen
übertreiben, übertreibt, übertrieb, hat übertrieben
unterbrechen, unterbricht, unterbrach, hat unterbrochen
unterhalten, unterhält, unterhielt, hat unterhalten
unterlassen, unterlässt, unterließ, hat unterlassen
unternehmen, unternimmt, unternahm, hat unternommen
unterscheiden, unterscheidet, unterschied, hat unterschieden
unterstreichen, unterstreicht, unterstrich, hat unterstrichen
verbergen, verbirgt, verbarg, hat verborgen
verbieten, verbietet, verbot, hat verboten
verbinden, verbindet, verband, hat verbunden
verbringen, verbringt, verbrachte, hat verbracht
vergessen, vergisst, vergaß, hat vergessen
vergleichen, vergleicht, verglich, hat verglichen

verlassen, verlässt, verließ, hat verlassen
verlieren, verliert, verlor, hat verloren
vermeiden, vermeidet, vermied, hat vermieden
verraten, verrät, verriet, hat verraten
verschieben, verschiebt, verschob, hat verschoben
verschlafen, verschläft, verschlief, hat verschlafen
verschwinden, verschwindet, verschwand, ist verschwunden
versprechen, verspricht, versprach, hat versprochen
verstehen, versteht, verstand, hat verstanden
vertreiben, vertreibt, vertrieb, hat vertrieben
vertreten, vertritt, vertrat, hat vertreten
verweisen, verweist, verwies, hat verwiesen
verzeihen, verzeiht, verzieh, hat verziehen
vorgehen, geht vor, ging vor, ist vorgegangen
vorhaben, hat vor, hatte vor, hat vorgehabt
vorlesen, liest vor, las vor, hat vorgelesen
vorkommen, kommt vor, kam vor, ist vorgekommen
vorschlagen, schlägt vor, schlug vor, hat vorgeschlagen
vortragen, trägt vor, trug vor, hat vorgetragen
vertreten, vertritt, vertrat, hat vertreten
wachsen, wächst, wuchs, ist gewachsen

wahrnehmen, nimmt wahr, nahm wahr, hat wahrgenommen
waschen, wäscht, wusch, hat gewaschen
weitergeben, gibt weiter, gab weiter, hat weitergegeben
werben, wirbt, warb, hat geworben
werden, wird, wurde, ist geworden
werfen, wirft, warf, hat geworfen
widersprechen, widerspricht, widersprach, hat widersprochen
widerstehen, widersteht, widerstand, hat widerstanden
wiegen, wiegt, wog, hat gewogen
wissen, weiß, wusste, hat gewusst
wollen, will, wollte, hat wollen/gewollt
ziehen, zieht, zog, hat/ist gezogen
zugeben, gibt zu, gab zu, hat zugegeben
zunehmen, nimmt zu, nahm zu, hat zugenommen
zurechtkommen, kommt zurecht, kam zurecht, ist zurechtgekommen
zurückziehen, zieht zurück, zog zurück, hat zurückgezogen
zwingen, zwingt, zwang, hat gezwungen

Verben, Nomen und Adjektive mit Präpositionen

Verb	Nomen	Adjektiv	Präposition + Kasus
abhängen	die Abhängigkeit	abhängig	von + D
abhalten			von + D
(sich) abmelden	die Abmeldung		von + D
abraten			von + D
achten			auf + A
	die Allergie	allergisch	auf + A
	die Alternative	alternativ	zu + D
ändern	die Änderung		an + D
anfangen	der Anfang		mit + D
		angewiesen	auf +A
sich ängstigen	die Angst		vor + D
ankommen			auf + A
anpassen	die Anpassung	angepasst	an + A
antworten	die Antwort		auf + A
arbeiten	die Arbeit		an + D / bei + D
sich ärgern	der Ärger	ärgerlich / verärgert	über + A
	die Aufgeschlossenheit	aufgeschlossen	gegenüber + D
aufhören			mit + D
aufpassen			auf + A
sich aufregen	die Aufregung	aufgeregt	über + A
ausgehen			von + D
sich auskennen			mit + D
sich austauschen	der Austausch		mit + D / über + A
sich bedanken			für + A / bei + D
sich befassen			mit + D
sich befinden			in + D
befreien	die Befreiung	frei	von + D
sich begeistern	die Begeisterung		für + A
		begeistert	von + D
beginnen	der Beginn		mit + D
sich beklagen	die Klage		über + A
beitragen	der Beitrag		zu + D
		bekannt	für + A
	die Bereitschaft	bereit	zu + D
berichten	der Bericht		über + A / von + D
	die Berühmtheit	berühmt	für + A
sich beschäftigen	die Beschäftigung	beschäftigt	mit + D
sich beschweren	die Beschwerde		über + A / bei + D
bestehen			aus + D
sich beteiligen	die Beteiligung	beteiligt	an + D
beitragen	der Beitrag		zu + D
	die Beunruhigung	beunruhigt	über + A
sich bewerben	die Bewerbung		um + A / bei + D
	die Bezeichnung	bezeichnend	für + A
sich beziehen	der Bezug	bezogen	auf + A
bitten	die Bitte		um + A
		blass	vor + D
		böse	auf + A

Verb	Nomen	Adjektiv	Präposition + Kasus
		charakteristisch	für + A
danken	der Dank	dankbar	für + A
denken	der Gedanke		an + A
diskutieren	die Diskussion		über + A / mit + D
	die Eifersucht	eifersüchtig	auf + A
sich eignen	die Eignung	geeignet	für + A / zu + D
eingehen			auf + A
einladen	die Einladung		zu + D
sich einstellen			auf + A
	die Einstellung		zu + D
	das Einverständnis	einverstanden	mit + D
	die Empörung	empört	über + A
sich engagieren	das Engagement	engagiert	für + A / gegen + A / bei + D
(sich) entfernen	die Entfernung	entfernt	von + D
sich entscheiden	die Entscheidung		für + A / gegen + A
		entscheidend	für + A
sich entschließen	der Entschluss / die Entschlossenheit	entschlossen	zu + D
sich entschuldigen	die Entschuldigung		für + A / bei + D
	das Entsetzen	entsetzt	über + A
		enttäuscht	von + D
	die Enttäuschung		über + A
sich entwickeln	die Entwicklung		zu + D
	die Erfahrung	erfahren	in + D
	der Erfolg	erfolgreich	in + D
sich erholen	die Erholung	erholt	von + D
sich erinnern	die Erinnerung		an + A
sich erkundigen	die Erkundigung		bei + D / nach + D
	das Erstaunen	erstaunt	über + A
erwarten			von + D
	die Erwartung		an + A / bei + D
	die Fähigkeit	fähig	zu + D
fragen	die Frage		nach + D
sich freuen	die Freude		an + A / auf + A
sich freuen	die Freude	erfreut	über + A
		freundlich	zu + D
	die Freundschaft	befreundet	mit + D
		froh	über + A
sich fürchten	die Furcht		vor + D
gehören			zu + D
		gespannt	auf + A
sich gewöhnen	die Gewöhnung	gewöhnt	an + A
glauben	der Glaube		an + A
	die Gleichgültigkeit	gleichgültig	gegenüber + D
		glücklich	über + A
gratulieren	die Gratulation		zu + D
sich halten			an + A

Verben, Nomen und Adjektive mit Präpositionen

Verb	Nomen	Adjektiv	Präposition + Kasus
(sich) halten			für + A
halten			von + D
	die Haltung		zu + D
handeln			von + D
handeln	der Handel		mit + D
sich handeln			um + A
helfen	die Hilfe	behilflich/hilfreich	bei + D
hinweisen	der Hinweis		auf + A
hoffen	die Hoffnung		auf + A
sich informieren	die Information	informiert	über + A
sich interessieren	das Interesse		für + A
	das Interesse	interessiert	an + D
investieren	die Investition		in + A
kämpfen	der Kampf		für + A / gegen + A / um + A
klarkommen			mit + D
sich konzentrieren	die Konzentration	konzentriert	auf + A
sich kümmern			um + A
lachen			über + A
leiden			an + D / unter + D
	die Liebe	lieb	zu + D
liegen			an + D
	das Misstrauen	misstrauisch	gegenüber + D
motivieren	die Motivation	motiviert	zu + D
nachdenken			über + A
	der Neid	neidisch	auf + A
	die Neugier / die Neugierde	neugierig	auf + A
	die Notwendigkeit	notwendig	für + A
	der Nutzen	nützlich	für + A
	die Offenheit	offen	für + A / gegenüber + D
sich orientieren	die Orientierung		an + D
passen		passend	zu + D
protestieren	der Protest		gegen + A
raten	der Rat		zu + D
reagieren	die Reaktion		auf + A
reden	die Rede		von + D / über + A
	der Reichtum	reich	an + D
retten	die Rettung		vor + D
sich richten			nach + D
schmecken	der Geschmack		nach + D
	die Schuld	schuld	an + D
sichern	die Sicherheit	sicher	vor + D
siegen	der Sieg	siegreich	über + A
	die Skepsis	skeptisch	gegenüber + D
sorgen			für + A
sich sorgen	die Sorge	besorgt	um + A
sich spezialisieren	die Spezialisierung	spezialisiert	auf + A

Verb	Nomen	Adjektiv	Präposition + Kasus
sprechen	das Gespräch		über + A / mit + D / von + D
sterben			an + D
	der Stolz	stolz	auf + A
suchen	die Suche		nach + D
tauschen	der Tausch		gegen + A / mit + D
teilnehmen	die Teilnahme		an + D
tendieren	die Tendenz		zu + D
trauern	die Trauer	traurig	über + A
träumen	der Traum		von + D
sich treffen	das Treffen		mit + D
sich trennen	die Trennung	getrennt	von + D
		typisch	für + A
		überrascht	von + D
	die Überraschung	überrascht	über + A
überreden	die Überredung		zu + D
(sich) überzeugen		überzeugt	von + D
umgehen	der Umgang		mit + D
sich unterhalten	die Unterhaltung		über + A / mit + D
sich verabreden	die Verabredung	verabredet	mit + D
sich verabschieden	die Verabschiedung		von + D
	die Verantwortung	verantwortlich	für + A
verbinden	die Verbindung	verbunden	mit + D
vergleichen	der Vergleich	vergleichbar	mit + D
verlangen			von + D
sich verlassen			auf + A
sich verlieben	die Verliebtheit	verliebt	in + A
sich verpflichten	die Verpflichtung	verpflichtet	zu + D
		verrückt	nach + D
sich verstecken			vor + D
vertrauen	das Vertrauen		auf + A
		vertraut	mit + D
verweisen	der Verweis		auf + A
verzichten	der Verzicht		auf + A
sich vorbereiten	die Vorbereitung	vorbereitet	auf + A
warnen	die Warnung		vor + D
warten			auf + A
	die Wichtigkeit	wichtig	für + A
wirken	die Wirkung		auf + A
	die Wut	wütend	auf + A
sich wundern	die Verwunderung	verwundert	über + A
zählen			zu + D
	die Zufriedenheit	zufrieden	mit + D
	die Zurückhaltung	zurückhaltend	gegenüber + D
	die Zuständigkeit	zuständig	für + A
zweifeln	der Zweifel		an + D
zwingen	der Zwang		zu + D

Nomen-Verb-Verbindungen

Nomen-Verb-Verbindung	Bedeutung	Beispiel
sich in Acht nehmen vor	aufpassen, vorsichtig sein	Vor manchen Menschen sollte man sich in Acht nehmen.
Abschied nehmen von	sich verabschieden	Vor der langen Reise hat er von allen wichtigen Menschen Abschied genommen.
die Absicht haben zu	beabsichtigen	Ich habe die Absicht, bald die Prüfung zu machen.
eine Änderung vornehmen	ändern	Jeder Mitarbeiter kann an seinem Passwort eine Änderung vornehmen.
Anerkennung finden	anerkannt werden	Die Ergebnisse der Studie finden weltweit Anerkennung.
ein Angebot machen	etw. anbieten	Die Firma hat mir ein tolles Angebot gemacht.
jmd. Angst machen	sich ängstigen vor	Der Klimawandel macht mir Angst.
in Anspruch nehmen	(be)nutzen, beanspruchen	Wir sollten öffentliche Verkehrsmittel stärker in Anspruch nehmen.
Anteil nehmen	mitfühlen	Ich nehme Anteil an seinem Schicksal.
einen Antrag stellen auf	beantragen	Familie Müller hat einen Antrag auf finanzielle Unterstützung gestellt.
zur Anwendung kommen	angewendet werden	Die teuren Therapien kommen oft nicht zur Anwendung.
zu der Auffassung gelangen	erkennen	Ich bin zu der Auffassung gelangt, dass man sich mehr engagieren sollte.
in Aufregung versetzen	jmd. aufregen, nervös machen	Diese Prognose versetzt viele Menschen in Aufregung.
einen Auftrag geben/ erteilen	beauftragen	Der Chef hat den Auftrag gegeben, alle Dokumente zu überprüfen.
zum Ausdruck bringen	etw. äußern, ausdrücken	Er brachte seine Besorgnis zum Ausdruck.
zur Auswahl stehen	angeboten werden	Heute stehen viele energiesparende Geräte zur Auswahl.
Beachtung finden	beachtet werden	Ihr Crowdfunding-Projekt hat große Beachtung gefunden.
einen Beitrag leisten	etw. beitragen	Jeder kann einen Beitrag zur Verbesserung der Gesellschaft leisten.
einen Beruf ausüben	arbeiten (als), etw. beruflich machen	Dr. Weißhaupt übt seinen Beruf als Sozialarbeiter schon seit 20 Jahren aus.
Bescheid geben/sagen	jmd. informieren	Können Sie mir bitte Bescheid geben/sagen, wenn der nächste Kurs beginnt?
Bescheid wissen über	informiert sein	Über Politik wissen manche Leute immer noch zu wenig Bescheid.
eine Bestellung aufgeben	etw. bestellen	Wir haben unsere Bestellung bereits vor einer Stunde aufgegeben und warten immer noch.
in Betracht kommen	möglich sein	Zur Lösung des Problems kommen mehrere Möglichkeiten in Betracht.
in Betracht ziehen	überlegen	Viele Leute ziehen in Betracht, sich selbstständig zu machen.
Bezug nehmen auf	sich beziehen auf	Mit meinem Leserbrief nehme ich Bezug auf Ihren Artikel über kuriose Gesetze.
unter Beweis stellen	etw. beweisen	Der neue Chef muss sein Können erst noch unter Beweis stellen.
zur Diskussion stehen	diskutiert werden	Verschiedene Lösungen stehen zur Diskussion.

Nomen-Verb-Verbindung	Bedeutung	Beispiel
unter Druck stehen	gestresst sein	Jugendliche stehen heute enorm unter Druck.
Eindruck machen auf	beeindrucken	Das Engagement vieler Leute macht auf mich großen Eindruck.
Einfluss nehmen auf	beeinflussen	Ich möchte auf diese Entscheidung keinen Einfluss nehmen.
zu Ende bringen	beenden/abschließen	Wir müssen die wichtigen Forschungsvorhaben zu Ende bringen.
einen Entschluss fassen	beschließen, sich entschließen	Die Firma hat den Entschluss gefasst, die Produktion ins Ausland zu verlegen.
eine Entscheidung treffen	etw. entscheiden	Haben Sie wegen der neuen Stelle schon eine Entscheidung getroffen?
in Erfüllung gehen	sich erfüllen	Mein größter Wunsch ist in Erfüllung gegangen.
die Erlaubnis erteilen zu	erlauben	Der Chef erteilte den Mitarbeitern die Erlaubnis, in den Pausen im Internet zu surfen.
einen Fehler begehen	etw. Falsches tun	Ich beging einen Fehler, als ich meine Kinder unbeaufsichtigt ins Internet ließ.
die Flucht ergreifen vor	fliehen	Der Dieb ergriff, so schnell er konnte, die Flucht.
zur Folge haben	aus etw. folgen, bewirken	Die Entwicklung der letzten Jahre hat zur Folge, dass neue Technologien stärker gefördert werden.
eine Forderung stellen	etw. fordern	Er stellt ganz schön viele Forderungen.
in Frage kommen	relevant/akzeptabel sein	Es kommt nicht in Frage, dass du schon wieder ein Online-Spiel spielst.
außer Frage stehen	(zweifellos) richtig sein, etwas nicht bezweifeln	Es steht außer Frage, dass neue Technologien für die Wirtschaft wichtig sind.
eine Frage stellen	fragen	Entschuldigung, kann ich Ihnen eine Frage stellen?
in Frage stellen	bezweifeln, anzweifeln	Dass genug für Jugendliche getan wird, möchte ich doch in Frage stellen.
sich Gedanken machen über	nachdenken	Ich mache mir viele Gedanken über Internetsucht.
in Gefahr sein	gefährdet sein	Die Realisierung des Projekts ist in Gefahr.
ein Gespräch führen (mit, über)	sich unterhalten	Wir haben ein interessantes Gespräch über Kriminalität geführt.
einen Grund angeben für	etw. begründen	Für diese Entscheidung wurden keine Gründe angegeben.
Interesse wecken für	jmd. interessieren für	Das Interesse am Lesen sollte bei Kindern schon früh geweckt werden.
in Kauf nehmen	(Nachteiliges) akzeptieren	Wer als Selbstständiger arbeitet, muss in Kauf nehmen, dass er kein regelmäßiges Einkommen hat.
zur Kenntnis nehmen	bemerken, wahrnehmen	Bitte nehmen Sie zur Kenntnis, dass das Surfen im Internet während der Arbeitszeit verboten ist.
in Kontakt treten mit	kontaktieren	Ist er schon mit seinem Anwalt in Kontakt getreten?
die Kosten tragen für	bezahlen	Wer trägt die Kosten für den Unfall?
Kritik üben an	kritisieren	An der derzeitigen Bildungspolitik wird viel Kritik geübt.
in der Lage sein zu	können / fähig sein	Wir sind alle in der Lage, etwas für die Gesellschaft zu tun.

Nomen-Verb-Verbindungen

Nomen-Verb-Verbindung	Bedeutung	Beispiel
auf dem Laufenden sein über	informiert sein	Bist du über die neuesten Entwicklungen auf dem Laufenden?
auf den Markt bringen	etw. (zum ersten Mal) verkaufen	Immer mehr neue Geräte werden auf den Markt gebracht.
sich Mühe geben bei, mit	sich bemühen	Er gibt sich beim Vokabellernen wirklich Mühe.
eine Rolle spielen	wichtig/relevant sein	Bei vielen Problemen von Jugendlichen spielt Langeweile eine große Rolle.
Rücksicht nehmen auf	rücksichtsvoll sein	Wir müssen stärker auf unsere Mitmenschen Rücksicht nehmen.
Ruhe bewahren	ruhig bleiben	Auch in einer wichtigen Prüfung sollten Sie vor allem Ruhe bewahren.
Schluss machen mit	beenden	Mit der Wasserverschwendung müssen wir endlich Schluss machen.
in Schutz nehmen vor	(be)schützen, verteidigen	Das war nicht in Ordnung, aber du nimmst ihn wieder vor mir in Schutz!
sich Sorgen machen um	sich sorgen	Ich mache mir große Sorgen um meinen Freund.
etw. aufs Spiel setzen	riskieren	Wir dürfen unsere Zukunft nicht aufs Spiel setzen.
zur Sprache bringen	ansprechen	Dieses Thema sollte häufiger zur Sprache gebracht werden.
auf dem Standpunkt stehen	meinen	Ich stehe auf dem Standpunkt, dass Jugendliche mehr Unterstützung brauchen.
Stellung nehmen zu	seine Meinung äußern	Ich möchte dazu kurz Stellung nehmen.
eine Verabredung treffen zu/mit	etw. vereinbaren	Welche internen Verabredungen zum Vertrag wurden denn mit Ihnen getroffen?
Verantwortung tragen für	verantwortlich sein	Die Gesellschaft trägt die Verantwortung für die Jugendlichen.
jmd. in Verlegenheit bringen	verlegen machen	Mit seinen Fragen hat er mich in Verlegenheit gebracht.
zur Verfügung stehen für	vorhanden sein, für jmd. da sein	Für das Projekt steht nicht genug Geld zur Verfügung.
Verständnis aufbringen für	verstehen	Ich kann für dieses Problem kein Verständnis aufbringen.
aus dem Weg gehen	jmd. meiden, jmd. ausweichen	Seit dem Streit gehen sie sich aus dem Weg.
Zweifel haben an	bezweifeln	Experten haben Zweifel an der Wirksamkeit dieses Medikaments.
außer Zweifel stehen	nicht bezweifelt werden	Es steht außer Zweifel, dass viele Jugendliche zu viel Zeit am Computer verbringen.

Bild- und Textnachweis

S. 8	1: „Scheidungsgrund" von Jakob Arjouni aus: Ruckzuck – Die schnellsten Geschichten der Welt, Copyright © 2008 Diogenes Verlag AG Zürich; 2: Christian Futscher, Ein Traumtag, © Verlag Volk und Welt, München in der Verlagsgruppe Random House GmbH
S. 9	3: Franz Hohler
S. 10	Foto: Nagy-Bagoly Arpad – shutterstock.com; Text: Auszug eines Interviews mit Marc Wittmann vom 1.12.2013 (www.hna.de), © Peter Klebe / Hessische/Niedersächsische Allgemeine
S. 12	Oliver Missbach – www.modellraketen.info
S. 13	links: Albert Washüttl; Mitte: Miriam Doerr – shutterstock.com; rechts: jennyt – shutterstock.com
S. 14	Syda Productions – shutterstock.com
S. 14/15	Text: „Die Zeit-Raffer" von Patrick Bauer aus SZ-Magazin Nr. 43/2014
S. 16	Oli Hilbring
S. 18	links: Fechner – laif; rechts: Westend61 – picture-alliance
S. 20	Nähmaschine: Kruglov_Orda – shutterstock.com; Schnuller: Igor 72 – shutterstock.com; Strandkorb: papillondream – shutterstock.com; Aspirin: Bayer AG; Klettverschluss: Joris van den Heuvel – shutterstock.com; Kaffeefilter: mayakova – shutterstock.com
S. 22/23	Michael Würfel; Rest: Lizenz durch www.zdf-archive.com / ZDF Enterprises GmbH – Alle Rechte vorbehalten.; Text: Auszug aus einem Interview mit Michael Würfel („Gemeinschaft statt Freiheit") in Heft 03/12 (Die modernen Sklaven) des Magazins „enorm, Wirtschaft für den Menschen", © Lillian Siewert / SOCIAL PUBLISHING VERLAG, Hamburg
S. 24	A: Uli Stein; B: © Fernandez/Distr. Bulls; C: Tobias Schülert
S. 25	D: Til Mette; E: Copyright: Peter Gaymann, Köln; F: Tom Körner
S. 26	Text und Foto links: Dr. Kerstin Cuhls; Text und Foto rechts: Prof. Miriam Meckel
S. 32	Klett-Langenscheidt Archiv
S. 32/33	Text: aus: ZEITmagazin LEBEN, Nr. 26/2008 (gekürzt), © Matthias Stolz
S. 33	Kzenon – shutterstock.com
S. 35	links: Minerva Studio – shutterstock.com; rechts: Creativa Images – shutterstock.com
S. 36	Gulliver Theis / LaBrassBanda
S. 38	Lizenz durch www.zdf-archive.com/ZDF Enterprises GmbH – Alle Rechte vorbehalten.
S. 39	oben und unten: Lizenz durch www.zdf-archive.com/ZDF Enterprises GmbH – Alle Rechte vorbehalten.; A und B: Audioline GmbH; C: HGT B&K GmbH
S. 40	oben: Monkey Business Images – shutterstock.com; unten: Boris Ryaposov – shutterstock.com
S. 41	oben: Tilo G – shutterstock.com; unten: aldegonde – shutterstock.com
S. 42	Bild: Ingmar Decker / www.achecht.de; Text: Dr. Frank Stefan Becker, Siemens AG (gekürzt)
S. 44	oben: arek_malang – shutterstock.com; Mitte: wavebreakmedia – shutterstock.com; unten: ndoeljindoel – shutterstock.com
S. 46/47	Text: Süddeutsche Zeitung Wissen, 16/2007, Katrin Blawat (gekürzt)
S. 50	Foto: Rawpixel – shutterstock.com; Text A: Frankfurter Allgemeine Zeitung, Hochschulanzeiger Nr. 92, 2007; Katja Kasten (gekürzt) © Alle Rechte vorbehalten. Frankfurter Allgemeine Zeitung GmbH, Frankfurt. Zur Verfügung gestellt vom Frankfurter Allgemeine Archiv; Text B: www.staufenbiel.de/bewerbungswissen. Tipps und Informationen rund um den Bewerbungsprozess gibt es auf www.staufenbiel.de/bewerbungswissen (gekürzt)
S. 52	links: © myboshi GmbH 2015; rechts: spottster.com; unten: Konstantin Hert, Athletia Sports GmbH, Köln
S. 54	A: auremar – shutterstock.com; B: Burben – shutterstock.com; C: wavebreakmedia – shutterstock.com; D: Monkey Business Images – shutterstock.com; Rest: Lizenz durch www.zdf-archive.com/ZDF Enterprises GmbH – Alle Rechte vorbehalten.
S. 55	unten: ElenaGaak – shutterstock.com; Rest: Lizenz durch www.zdf-archive.com/ZDF Enterprises GmbH – Alle Rechte vorbehalten.
S. 58	oben: Grafik: RUHR.2010; unten: Takashi Images – shutterstock.com
S. 60	Foto: dpa – picture-alliance; Text: SZ Magazin, Heft 33/2006, Dr. Dr. Rainer Erlinger
S. 61	Text: SZ Magazin, Heft 41/2005, Dr. Dr. Rainer Erlinger
S. 62	Texelart – shutterstock.com
S. 64	Nikolai Sorokin – Fotolia.com
S. 65	Text und Foto: © Stilbruch GbR
S. 66	l i g h t p o e t – shutterstock.com
S. 67	Asier Romero – shutterstock.com
S. 68	Stephan Rappo
S. 70/71	Candy Frame Filmproduktion GbR, Alexander Vafiopoulos
S. 72	A: Jan Mika – shutterstock.com; B: eurobanks – shutterstock.com; C: Maria Sbytova – shutterstock.com
S. 73	links: picture-alliance; Mitte: akg-images – picture-alliance; rechts: United Archives/WHA – picture-alliance
S. 74	Hilch – shutterstock.com
S. 77	oben: Matthias Enter – Fotolia.com.; unten: JiSign – Fotolia.com.
S. 78	von oben nach unten: www.BillionPhotos.com – shutterstock.com; Daxiao Productions – shutterstock.com; okaoka0820 – Thinkstock; Bufo – shutterstock.com; YanLev – shutterstock.com; Text aus www.berliner-zeitung.de von Stephanus Parmann (gekürzt) © Berliner Verlag
S. 80	Thomas Plaßmann
S. 81	links: Alexander Raths – shutterstock.com; rechts: bikeriderlondon – shutterstock.com
S. 83	von oben nach unten: michaeljung – shutterstock.com; Pressmaster – shutterstock.com; l i g h t p o e t – shutterstock.com; Stasique – shutterstock.com
S. 84	Foto: dpa – picture-alliance; Text: www.planet-wissen.de © WDR / SWR / ARD-alpha 2014, Marika Liebsch
S. 86/87	Lizenz durch www.zdf-archive.com/ZDF Enterprises GmbH – Alle Rechte vorbehalten.
S. 88	von links nach rechts: wavebreakmedia – shutterstock.com; Stock-Lite – shutterstock.com; Kara – Fotolia.com; Syda Productions – shutterstock.com; Tewan Banditrukkanka – shutterstock.com
S. 89	Elenathewise – Fotolia.com
S. 92	oben: Studio Araminta – shutterstock.com; unten: Juriah Mosin – shutterstock.com; Text: „Was Deutschland nach der Arbeit macht" (gekürzt) aus n-tv.de, Beitrag vom 27.08.2014, © Nachrichtenmanufaktur GmbH
S. 93	Kzenon – Fotolia.com
S. 94	oben: Marcus Gottfried/toonpool.com; unten: Andrey_Popov – shutterstock.com
S. 97	1 Tappasan Phurisamrit – shutterstock.com; 2 Zlatan Durakovic – Fotolia.com; 3 AndreyPopov – Fotolia.com; 4 askthegeek – Fotolia.com; 5 Lunx – shutterstock.com; 6 komkrit Preechachanwate – shutter-stock.com
S. 102	Monkey Business Images – shutterstock.com
S. 104	von oben nach unten: kite_rin – Fotolia.com; lightpoet – Fotolia.com; Zurijeta – shutterstock.com
S. 105	Olena Talberg – Thinkstock
S. 106	Tanusha – Fotolia.com; Text: „BMW-Mitarbeiter erhalten Ausgleich für Smartphonearbeit" aus der F.A.Z. vom 16.02.2014, © Alle Rechte vorbehalten. Frankfurter Allgemeine Zeitung GmbH, Frankfurt. Zur Verfügung gestellt vom Frankfurter Allgemeine Archiv
S. 107	Syda Productions – shutterstock.com
S. 109	Lemon Tree Images – shutterstock.com
S. 110	oben: Dmytro Buianskyi – shutterstock.com; unten: Jeanette Dietl – shutterstock.com
S. 111	Jeanette Dietl – Fotolia.com
S. 112	dpa-infografik – picture-alliance
S. 116	goodluz – Fotolia.com
S. 118	SZ-Designs – Fotolia.com
S. 119	Dino Butz
S. 120/121	Praktikumsbüro EW (2007): Praktikantenvertrag – ein Beispiel aus dem Studiengang Erziehungswissenschaft an der Universität Duisburg-Essen
S. 121	Gina Sanders – Fotolia.com
S. 125	Kzenon – shutterstock.com; Text zu Assessmentcenter (gekürzt) aus manager-magazin.de, Beitrag vom 07.03.2009, © Sabrina Kurth und Marc Röhlig
S. 130	A davis – Fotolia.com; B Frank May – picture-alliance; C mojolo – Fotolia.com; D Cordula Schurig; E bibiphoto – shutterstock.com
S. 133	© pmv Peter Meyer Verlag 2015
S. 134	Dudakova Elena – shutterstock.com
S. 136	Victoria – Fotolia.com
S. 137	links: Rawpixel – Fotolia.com; rechts: Apurva Media – shutterstock.com
S. 138	United Archives/IFTN – picture-alliance
S. 145	von oben nach unten: Sergey Furtaev – shutterstock.com; Pressmaster – shutterstock.com; auremar – shutterstock.com
S. 147	Twin Design – shutterstock.com
S. 148	1 Lucky Business – shutterstock.com; 2 Ikonoklast Fotografie – shutterstock.com; 3 Ariwasabi – shutterstock.com; 4 gemphoto – shutterstock.com; 5 Max Topchii – shutterstock.com; 6 Michal Ludwiczak – shutterstock.com
S. 149	Text: www.philognosie.net – Anton Kühn
S. 150	oben: Jason Stitt – shutterstock.com; unten: DWaschnig – shutterstock.com
S. 151	wavebreakmedia – shutterstock.com
S. 154	Burkhard Mohr

Quellennachweis DVD/CD

Quellennachweis zur DVD

Kapitel	Name	Länge	Quelle
1	Dorf der Nachhaltigkeit	2:28	Lizenz durch www.zdf-archive.com/ZDF Enterprises GmbH – Alle Rechte vorbehalten.
2	Mit den Händen sprechen	5:46	
3	Wie wird man Landwirt? Foodstylist	2:00 2:51	
4	Perfektes Timing – ein Crowdfunding-Video	7:24	Candy Frame Filmproduktion GbR, Alexander Vafiopoulos
5	Lügendetektor der Zukunft	2:50	Lizenz durch www.zdf-archive.com/ZDF Enterprises GmbH – Alle Rechte vorbehalten.

Musik Kapitel 2: „Vegas Terrace" v. Aleksander Terris © Koka Media / Universal; „Dr. Huxtable" v. Jason Glover, Dominic Glover, Gary James Crockett © Bruton Musik Ltd. / Universal; "Get down and dirty" v. Jason Glover, Dominic Glover, Gary James Crockett © Chappell Recorded Music Library Ltd. / Universal; „If a Fish" v. Billy Conrad, Sam Keaton © Atmosphere Music Ltd. / Universal; „Purely distorted" v. Rik Carter © Atmosphere Music Ltd. / Universal; „Time Windows" v. Stephen Joseph Celi, Frederick Jaso Kron © First Digital Music, ZFC Music / Universal; „City of Light" v. Anthony Edwin Phillips © Atmosphere Music Ltd. / Universal; „Round the Block" v. Jimmy Jeremie Delsart © Koka Media / Universal; „Gossip" v. Guy Jaques Skornik, Elisabeth Dominique Caron © Frederic Leibovitz Editeur Sarl.; „Deserted Mirage" v. Chris Wells © Chappell Recorded Music Library Ltd. / Universal

Audio-CD zum Arbeitsbuch

Track	Modul, Aufgabe	Länge
1	Vorspann	0:12
	Kapitel 1, Alltägliches	
2	Modul 3, Übung 1	8:12
3	Aussprache, Übung 1	0:42
4	Aussprache, Übung 2	0:44
	Kapitel 2, Hast du Worte?	
5	Modul 1, Übung 1	2:28
6	Aussprache, Übung 1a	0:43
7	Aussprache, Übung 1b	1:27
8	Aussprache, Übung 2a – normal	0:43
9	Aussprache, Übung 2a – langsam	1:57
	Kapitel 3, An die Arbeit!	
10	Modul 1, Übung 1	4:14
11	Aussprache, Übung 1	0:47
12	Aussprache, Übung 2a	0:42
13	Aussprache, Übung 2b	1:00

Track	Modul, Aufgabe	Länge
	Kapitel 4, Wirtschaftsgipfel	
14	Modul 4, Übung 3	4:13
15	Aussprache, Übung 1 – A	0:23
16	Aussprache, Übung 1 – B	0:20
17	Aussprache, Übung 1 – C	0:21
	Kapitel 5, Ziele	
18	Modul 3, Übung 7	2:16
19	Aussprache, Übung 1b	1:04
20	Aussprache, Übung 1c	0:54
21	Aussprache, Übung 1d	1:14
22	Aussprache, Übung 2a	1:03
23	Aussprache, Übung 2b	0:46

Gesamtlaufzeit 37:01

Sprecherinnen und Sprecher: Tobias Baum, Simone Brahmann, Farina Brock, Julia Cortis, Walter von Hauff, Detlef Kügow, Florian Schwarz, Kathrin-Anna Stahl, Lukas Veit, Peter Veit

Regie und Postproduktion: Christoph Tampe
Studio: Plan 1, München